张叉◎主编

【第9辑】

四川文艺出版社

北京大学外国语学院教授、博士研究生导师，国际中西文化比较协会会长，中国外国文学学会莎士比亚研究会会长，国务院有特殊贡献专家称号获得者，原北京大学世界文学研究所所长、北京大学文学与翻译学会会长辜正坤于二〇二二年四月二十一日在北京大学外国语学院新楼重题。

## 《外国语文论丛》

## Collected Essays of Foreign Languages and Literatures

## Recueil des Essais de Langues et de Littératures Etrangères

## «Актуальные проблемы изучения иностранных языков и литератур»

## विदेशी भाषा एवं साहित्य का शोध

## 『がいこくげんごぶんがくろんしゅう』

# 目录

## 外国语言学研究



## 外国文学研究



## 比较文学研究

## 外国文化研究



## 翻译学研究

## 外语教学研究

# 外国语言学研究

# 索绪尔与普通语言学再论*

周光亚

四川大学　外国语学院，四川成都　610064

**摘　要**：本文首先澄清赵洪定教授对笔者的《索绪尔与普通语言学》一文的两处误解，接着以辜正坤教授的互构语言学理论为指针，通过取自不同语言的实例，分别在语音、语法和文字层面上探讨了语言文字必然性衍生的语言普遍现象，兼顾由偶然性产生的个例。最后，以宗教文化和姓氏文化为例，讨论了文化与语言文字的关系和互构现象。

**关键词**：语言文字的必然性和偶然性；语音普遍现象和音义阴阳互构；文字普遍现象；语法普遍现象；文化与语言文字的互构；宗教文化；姓氏文化

拙作《索绪尔与普通语言学》在张叉教授主编的《外国语文论丛》第 8 辑上发表之后，令笔者深感欣慰的是，该文不仅获得数百次下载量与几次引用，而且在学术界引起了积极的反响。其中，尤要感谢的是北京大学外国语学院辜正坤教授和四川大学外国语学院赵洪定教授不吝笔墨分别撰写专文对拙作做出回响①。虽然笔者觉得赵洪定教授的文章中对笔者的批评有些是出于误解，而辜正坤教授的文章中有个别提法不够严谨，但两位教授的文章都使笔者获益匪浅，同

---

* 收稿日期：2020 年 11 月 25 日

作者简介：周光亚（1941—　），男，湖南长沙人。澳大利亚麦考瑞大学语言学硕士。四川大学外国语学院教授、硕士研究生导师、博士研究生导师，四川师范大学外国语学院硕士生导师，四川师范大学外事学院教授，加拿大麦吉尔大学访问学者。主要从事普通语言学、语用学及社会语言学研究。

① 详见：辜正坤，《语文的必然性综论》，张叉主编，《外国语文论丛》第 8 辑，成都：四川大学出版社，2018，第 3—25 页；赵洪定，《也谈语言学问题》，张叉主编，《外国语文论丛》第 8 辑，成都：四川大学出版社，2018，第 36—45 页。

时激起笔者继续做学术研究的兴趣和对有关问题做更加深入和广泛的思考。故在笔者年近八旬和做了心脏搭桥手术十二年后之今日萌发撰写此文的念头，本想与两位教授进一步探讨有关语言和文字的问题，但万万没有料到和深感悲痛的是，就在本文完成前的一个半月，赵洪定教授突然辞世，他不但无缘看到此文，更不可能与笔者商榷有关问题了。不过，万幸的是，去年，在他从重庆回成都定居后，我们有过几次晤面，晤面时笔者已就文中所说的几点与他当面交换意见，并得到他的首肯。谨以此文作为对与笔者有五十余年情谊的赵洪定教授的追忆和怀念，兼与辜正坤教授讨论几个学术问题。

## 一、澄清两处误解

赵洪定教授在他的文章《也谈语言学问题》中对笔者产生了两处误解，需要在这里加以澄清。

第一个误解是，他在文章第一节开头批评笔者说，关于语言本质是符号系统的问题，“周教授所说索绪尔‘首先提出’说是站不住脚的”①，并引用佛学密宗和我国公元前3世纪荀子的话，说明早于索绪尔前3000余年，世界上就有人提出过语言是符号的概念了。他的看法是对的，但他误读了笔者原话中“首先”二字的意思。笔者是说索绪尔把“符号性”摆在他的理论的首位，与谁首先提出这一理论无关。如果笔者把这句话改为：“首先，索绪尔提出语言本质是符号系统，其次……”那么就可能不会产生这种误解了。

第二个误解是，他在文章的末尾说，笔者“犯了违背逻辑同一律的错误”②，将种概念的“描写语言学”和属概念的“语言学”相互代替。这不是事实，因为在笔者的文章里根本没有提到描写语言学，只在一处提到“现代语言学是描写性的”③。这句话是说现代语言学的各种学派几乎都摒弃了19世纪之前欧洲传统语法用的规定法（prescriptive），而采用描写法，只是描写的角度和对象各不相

---

① 赵洪定，《也谈语言学问题》，张叉主编，《外国语文论丛》第8辑，成都：四川大学出版社，2018，第37页。

② 赵洪定，《也谈语言学问题》，张叉主编，《外国语文论丛》第8辑，成都：四川大学出版社，2018，第36页。

③ 周光亚，《索绪尔与普通语言学》，张叉主编，《外国语文论丛》第8辑，成都：四川大学出版社，2018，第26页。

同，而不是狭义地指以美国莱纳德·布龙菲尔德（Leonard Bloomfield）[①] 开创的美国结构主义（Structuralism）为代表的描写语言学（Descriptive Linguistics），所以，赵洪定教授偷换了概念，把笔者说的语言研究的一种方法当成语言学的种类，这才是违反了同一律。至于他说 descriptive 一词有“分类”的含义，笔者没有找到根据。既然“描写语言学”或“描写语法”已经为学术界所熟知，就没有必要改动了。

## 二、必然性是语言普遍现象产生的基础

辜正坤教授的文章《语文的必然性综论》在谈到语言和文字的必然性时有一段十分精辟的论述：

> 作为人类来说，构成他们的语言文字符号的制约因素大体上是一致的，这就是：（1）他们都普遍地生活于同一个地球表面，因而只能以地球表面所能提供的认识条件为基础来构建人类自身的语言、文字；（2）他们都普遍地具有基本相同的感知器官：眼、耳、鼻、舌、身、心（大脑）等；（3）他们的感官的感知范围和感知能力也大体具有普遍的一致性。由于这三个原因，尽管人类的语言、文字在微观上存在着不同程度的千差万别，在宏观上却又先天地具有必然的普遍性因素[②]。

笔者完全赞同辜正坤教授的上述观点，并从中得出以下两点启示：

第一，必然性是人类语言和文字的根本性质。

第二，正是必然性导致不同的语言和文字产生宏观上的共性，即语言普遍现象（language universals）。

索绪尔的普通语言学（general linguistics）旨在探索人类语言（也许不包括文字）的共同规律，但又不承认必然性，而只强调任意性。这就产生了如下矛盾：人类语言的一般规律只能通过语言普遍现象才能发掘出来，而语言普遍现象

---

① Leonard Bloomfield：或译“莱纳德·布隆菲尔德”与“莱纳德·布卢姆菲尔德”。

② 辜正坤，《语文的必然性综论》，张叉主编，《外国语文论丛》第 8 辑，成都：四川大学出版社，2018，第 6—7 页。

又是语言必然性导致的结果。因此，离开了语言普遍现象，普通语言学及其分支普通语法（general grammar）、普通语音学（general phonetics）、普通语义学（general semantics）等都成了无米之炊或无的放矢。我们并不否认语言有任意性，但相对由语言必然性归纳出的宏观固有语言普遍现象而言，由任意性（偶然性）衍生的微观语言现象通常是个别的、偶然的或零星的；即使某种语言在其发展的某一阶段出现了与其他语言相似的特点，也多半是短暂的巧合，不具有普遍性和持续性。

辜正坤教授的文章接下来分别对语音、语形、语义、语法等层面上必然性产生的原因以及必然性和任意性（偶然性）的关系做了十分透彻和详细的论述，言之成理，无可厚非①。笔者无意修改和发展辜教授的互构语言学原理，仅想对其中个别说法提出供参考的意见，并补充一些语音、文字、语法和文化普遍现象的例证或例外，以求构建一门“互构普通语言文化学”。

### （一）语音普遍现象

辜正坤教授在肯定人类语言具有必然性特点的同时，又充分说明这种必然性产生的生理原因，并列举 5 个元音和 9 个辅音作为“几乎遍存于一切人类语言”② 的普遍现象。笔者注意到这句话中的“几乎”二字，因为任何规律都有例外。例如，在南非的霍屯督（Hottentot）等“吸气音语言”（click language）中，有成套的吸气辅音却没有吸气元音③。此外，同一个音素在不同的语言或方言里会出现在音长、音色、声调和送气等方面各异的“音素变体”（allophone）。音素变体也可能存在于同一种语言中，例如，在英语中，音素/p/出现在 put 和 pair 等单词的词首时发音有轻微的送气，而出现在/s/的后面（如 span）时不送气④。这些例外是否可用语言偶然性来解释，有待进一步研究。

令笔者更感兴趣的是辜教授发现的音义关系必然性规律，即汉语音义阴阳象

---

① 辜正坤，《语文的必然性综论》，张叉主编，《外国语文论丛》第 8 辑，成都：四川大学出版社，2018，第 6—7 页。

② 辜正坤，《语文的必然性综论》，张叉主编，《外国语文论丛》第 8 辑，成都：四川大学出版社，2018，第 6—7 页。

③ 《辞海》（语言文字分册），上海：上海辞书出版社，1978，第 11 页。

④ ［英］理查兹等，《朗文语言教学及应用语言学词典》，北京：外语教学与研究出版社，2006，第 22—23 页。

构相应律①。但辜教授的这一规律是否适用人类一切（或一些）语言的普遍规律，还是只是汉语（或汉藏语系）的特有现象？从人类对客观世界认识的共同心理和这种心理带来的共同生理特征出发，这一规律也许是语言普遍现象，不过，实践是检验真理的唯一标准。下面，笔者从 10 种不同语系或语族的语言中选取与汉语“远－近”同义的词做了一个比较（为了便于比较，凡不是拉丁字母拼写的文字一律改用相应的拉丁字母，下文同）：

| | 远 | 近 |
|---|---|---|
| 西班牙语 | lejos | cerca |
| 波兰语 | daleko | blisko |
| 匈牙利语 | zsir | ar |
| 土耳其语 | uzak | yakin |
| 印度尼西亚语 | djauh | dekat |
| 阿拉伯语 | baid（بعيد） | qarib（قريب） |
| 希伯来语 | rachok（רחוק） | etsel（אצל） |
| 斯瓦西里语 | mbali | karibu |
| 塔吉克语 | dur（дур） | nazdik（наздик） |
| 阿尔巴尼亚语 | larg | afer |

仅通过一对阴阳词在 10 种语言中的对比显然是无法得出科学的结论的。只要时间和精力允许，笔者还要把这一实验继续下去，选用更多阴阳词组在更多语言中进行对比。也希望对此感兴趣的读者参与实验。但是，为了使得出的结果更加科学和准确，在词组和语言的选择和对比时要注意以下三点：

第一，汉语的字词很多是单音节的，与其他语言多音节词对比的对象应是重读音节中元音音素的发音。但是，当一个汉字与另一个汉字组合成词时，原有的阴阳对立关系就可能消失，例如，“开－关”是一对阴阳词，当它们分别与“心”字组合成“开心”和“关心”时，在意义上就没有任何关联。无独有偶，马来语的 besar hati（直译“大心”）是“开心”之义，但马来语没有 ketjil hati（小心）之说，汉语虽可说“小心”，但其意思与“开心”不构成对立关系。

---

① 辜正坤，《语文的必然性综论》，张叉主编，《外国语文论丛》第 8 辑，成都：四川大学出版社，2018，第 9 页。

第二，选用的字词组应是符合逻辑矛盾律，即构成非此即彼关系的互补反义词（complementaries），如“男－女”“生－死”，最好不要选用符合排中律，语义模棱两可的级别性反义对（gradable pair）①，如“大－小”“长－短”等，因为这类词的所指没有绝对的标准；要因人和物而异，如飞机对汽车而言可说“大”，但对游轮而言却是“小”。

第三，尽可能选择来自不同系属或形态的语言的语料，对于某一民族或国家的语言而言，要选其母语，即第一语言的标准语，而不考虑第二语言或方言。此外，还要结合所选的阴阳对词，考虑使用这种语言的人或国家所处的自然环境和形成的社会心理特征，例如，如果选择“河－溪”做实验，在一般的概念中，“河”总是比“溪”宽。但是，宽度达到何种程度才能是“河”或“溪”并无统一的标准。对于生活在内陆国家的人来说，他们一生中可能只看见过唯一的一条河或溪，所以在他们的语言中不一定有这种区别。又例如，选择“男－女”对字做实验，在一般社会里，“男”字发阳性音，“女”字发阴性音，但在仍处于母系氏族社会的地方的语言中，情况可能恰恰相反。

## （二）文字的普遍现象

人类语言的书写形式，即文字，必然存在普遍相似的特点，这类特点的表现形式在辜教授的文章中已有充分的阐述，毋庸赘言②。世界上的文字都是从图画文字演变成的。图画文字或者叫表形文字，在演变成表意文字之后，接着朝表音文字，即用字母表示语音的字母文字的方向发展。正如毛泽东主席指出的：“文字必须改革，要走世界文字的共同的拼音方向。”③ 汉字的演变过程就是如此：汉字有6000年左右的历史，现行的汉字是从3000年前殷商的图画文字甲骨文和金文演变而来的表意文字，与按《汉语拼音方案》指定的用拉丁字母拼写的文字并行。现今世界上绝大多数文字都是拼音文字。那么，世界文字在拼音化的过程中有些什么普遍现象？在观察了近200种现在仍在使用的语言和文字（不论使用者人数是几十还是几亿）后，笔者观察到以下普遍现象：

---

① 《辞海》（语言文字分册），上海：上海辞书出版社，1978，第11页。

② 辜正坤，《语文的必然性综论》，张叉主编，《外国语文论丛》第8辑，成都：四川大学出版社，2018，第6—7页。

③ 《辞海》（语言文字分册），上海：上海辞书出版社，1978，第33页。

1. 表意文字和表音文字同时使用的。例如，汉字和四川凉山彝文；日文也是这种情况：除了音节文字假名，还保留了部分汉字。

2. 使用历史上创制的拼音文字的：朝鲜文，中国的蒙古文和傣文、锡伯文等，中东和欧洲的希伯来文、希腊文、格鲁吉亚文、亚美尼亚文和非洲的阿姆哈拉文。

3. 使用以引进的外来文字为基础创制的拼音文字的。广泛用外来文字作为基础引进的文字主要有三种：拉丁字母（罗马字母）、斯拉夫字母（基里尔字母）和阿拉伯字母。

首推拉丁字母，世界上现在使用最普遍的语言几乎都是用拉丁字母拼写的，除了只用在科技上的拉丁文本身，还包括英文、德文、西班牙文、意大利文、葡萄牙文等通行于五大洲的文字。我国的汉语拼音和为南方原来没有文字的少数民族制定的民族文字，美国为各族印第安人创制的文字和19世纪为非洲众多语言创制的文字和为越南语创制的越南“国语字”，甚至于以世界语（Esperanto）为代表的人造语言几乎无不以拉丁字母为基础。拉丁字母虽然形体简单，便于识别和书写，但最初只有20个，后来发展到英文的26个。在创制新文字时，势必遇到字母不够的情况。为了标出不同语言中特有的音位，普遍采用在原来拉丁字母上增加符号创造新字母的方法。增加在拉丁字母上的符号在不同语言里各异，大体上有在字母上方加一撇、双撇（法文等），一点、两点（德文、芬兰文、匈牙利文等），一个小圆圈（瑞典文等），表示鼻音的波浪符号（西班牙文、葡萄牙文等），有个别文字的符号是加在字母的中间或下方，例如，波兰文字母表中有在字母“l”拦腰画上一条短横和在a和e的尾上加一小钩，表示鼻元音的字母。除了加符号，另一种普遍采用的方法是合并两个或三个字母表示一个音，常见的有表示辅音的ch、sh、sch、dj、dz、tj、ll等和表示长元音的aa、ii、oo等。土耳其文别树一帜，将字母“i”上的小圆点去掉成另一个字母。

以斯拉夫字母，即俄文字母为基础创建的文字主要分布在苏联境内，包括除波罗的海沿岸三国和格鲁吉亚、亚美尼亚的文字的全部加盟共和国、自治共和国、民族自治州的文字，此外，保加利亚和南斯拉夫的六个加盟共和国以及蒙古国的文字也是在斯拉夫字母的基础上制定的。拉丁字母和斯拉夫字母都脱胎于希腊字母，而希腊字母又源于纪元前的腓尼基字母，腓尼基字母的源头是古埃及象

非一种叫 Twi 的语言据说有单、双、三、复四种数。再说格，英语的名词和代词有主格和所有格两个格，德语冠词和名词有4个格，而俄语名词、代词、形容词和数词有6个格，波兰语有7个格，到了黏着语言（agglutinative language）中，格的数量就大大增加了，几乎所有由介词表示的物与物或人与物之间的过渡关系都用格的结尾来表示，如匈牙利语的“城市”是 város，表示“在城里”就在后面加格结尾－ban 写成 városban。匈牙利语有15个格，芬兰语有22个格。一般说来，介词发达的语言，格的数量就少，反之亦然。

综上所述，世界上各种语言和文字既有由必然性产生的普遍现象，也有由偶然性产生的特殊现象，无论何种现象都呈现音义或形义互构。语言和文字是文化的载体，语言文字各层面上的普遍现象必然要映射到文化上，对文化产生影响。

## 三、文化与语言文字的互构

文化的定义据说多达300余种，一般是“人类在社会实践过程中所创造的物质财富和精神财富的总和”①。文化的内涵如此广泛，语言文字和文化的关系也密不可分。任何一种文化的内容都要通过语文去表现和传承。可以说：离开了语言和文字，人类就只有停留在原始社会。所以，语文是文化的存在形式，文化内容则是语言和文字表达的内容。语文产生于人类社会文化的形成、发展、吸收，反之亦然。文化和语文之间这种作用和反作用的互构推动着人类社会不停地发展和进步。

文化的变迁对语言的语义、语音和语法都会产生不同程度的影响。例如，汉语的“太师”在蒙语中读为“大司”，“夫人”读为“兀真”。文化对语义的影响的典型例子是：美国纳瓦霍（Navajo）族印第安语言里“马”字是 Fi，而这个字原来的所指是“狗”，因为纳瓦霍人在欧洲人来之前根本不知道马，欧洲文化输入后才指“狗”为“马”了。另外，从语义的演变也可以窥视文化的演变，例如，英文 fee（古英语 feoh）原义是“牲口，牛羊”，现在的意义是“经费”②。文化对语法的影响最小，因为语法是语言中最稳定的范畴，下面的例子既可以看成是文化对语言的影响，也可以看成是语言和文化的相互作用：汉语语法原本没

---

① 宋振华、刘伶，《语言理论》，沈阳：辽宁人民出版社，1983，第184、193页。

② 宋振华、刘伶，《语言理论》，沈阳：辽宁人民出版社，1983，第192页。

有“被动态”这一术语。自从引进英语和其他印欧语的“被动态”（passive voice）的概念后，就用于指汉语的“被字句”。由于“被”字有“被迫”的含义，如果用来指社会文化中的正面积极行为时，就带有反讽的意味，如说“某某人被晋级了”。

文化和文字的关系也是互动和互构的。当一个字词从一个文化环境进入不同的文化环境后，它的读音和书写形式都要发生变化，如汉语的“丝”字译成拉丁文 sericus、英文 silk、瑞典文和丹麦文 silke、立陶宛文 szilkaj、希腊文 μετοξ ι 和俄文 шёлк 等词形各异①。以下，通过宗教文化和姓氏文化两个领域里的例子进一步诠释语言文字和文化的关系：

## （一）宗教文化

宗教是一种文化，世界上流行最广的三大宗教，佛教、基督教和伊斯兰教，从源头起就与某种特定语文密不可分：佛教与梵语文，基督教与希伯来语文和拉丁语文，伊斯兰教与阿拉伯语文。任何宗教都要靠语言来传经布道，都要靠文字来书写经典才能发扬光大。其次，宗教语文的单词和术语也大量输入其他语文。例如，英语中来自希伯来文的词语有 amen（阿门）、hallelujah（哈利路亚）、Satan（撒旦、恶魔）等；来自拉丁语的词语有 church（教堂）、angel（天使）、mass（弥撒）等；来自阿拉伯语的词语有 mosque（清真寺）、harem（后宫）等；来自梵文的词语有 Buddha（菩萨）、arhat（罗汉）、nirvana（涅槃）等。这些宗教用语一般音译为其他语文的词，虽然其中一些已经转义为一般语言，但当看到或听到这类词时，通常都会联想到某种宗教和这种宗教及其礼仪、建筑和神职人员。宗教语言还渗透到日常用语中，例如，英语的道别语 Good-bye（再见）是 God be with you（愿上帝与你同在）压缩成的；而乌尔都语的“再见”说 Huta hafez（真主保佑）。

不仅如此，当一种宗教分化成不同教派时，每一教派由于所处的文化环境不同，使用的语言文字也会改变，如佛教分出的南传（小乘）教派使用巴利（Pali）语文，北传或藏传教派使用藏语文或汉语文；又如基督教分成罗马天主教和东正教后，前者使用罗马帝国的官方语言拉丁文，后者使用由希腊字母演化

---

① ［美］肯尼思·卡兹纳，《世界的语言》，黄长著、林书武译，北京：北京出版社，1980，第170页。

出的基里尔字母拼写的文字。希伯来语文与基督教《圣经》文化的消失和再生生动地诠释了语文与文化互相促进的关系。在历史上，希伯来语文一直是犹太民族的宗教、文学和世俗语文，也是书写犹太教经典的文字，基督教《旧约全书》也是希伯来文。随着希伯来语在公元前250年消失，希伯来文也成了一种无人使用的死文字。到了19世纪，一个名叫Eliezer Ben Yehudah的以色列教授通过引入几千个现代词汇的办法使希伯来语文获得了再生，并成为建立于1948年的以色列国的官方语言，与之相应的犹太文化和《圣经》文化也再生和发展①。

### （二）姓氏文化

一个偶然的机会，笔者于2009—2018年被聘请为《中华周氏联谱》编委会的高级顾问，接触到姓氏文化，产生了将中华姓氏文化与世界上其他姓氏文化比较，从中探索姓氏文化的起源和构成上的普遍规律及与语言文字的关系的念头。

中华姓氏文化源远流长，内涵丰富。一般说来，姓产生的时间早于氏。姓是一个家族代代相传的血缘标志，早在几千年前的母系氏族社会中，人们只知其母不知其父，故从母姓。“姓”字是由“女”和“生”组成就说明这一点，所以，最早出现的姓的字形都包含“女”，如“姬”姓和“姜”姓。进入父系氏族社会后，人们开始从父姓。到现代，为了体现男女平等，又有某些人将父母的姓合并作姓。但在最初，平民百姓只有姓，到了春秋战国分封诸侯时，被封的贵族多以封国或封邑为氏，如周公姬旦之子之一被封至侯国，便以“侯”为氏。由此可见，氏起源于地域名称。到了秦初，诸侯国大多数消亡，没落贵族开始改氏为姓。到了汉朝，姓氏便不分了，统称为姓。秦以后的历朝历代中，由于躲避天灾人祸等原因，许多姓氏的人开始迁居全国各地，有的甚至远涉海外，所以，姓的发源地含义逐渐淡化。同姓异源或同源异姓的现象逐渐增多。在通报家门时，为了避免与不同来源的同名同姓者混淆，有时还要说出籍贯，如《三国演义》中的“常山赵子龙”“燕人张翼德”。不过，只要是华人，无论来自何方或者姓什么，都是中华民族的子子孙孙。正是这种血脉相承的纽带使中华民族产生了强烈的凝聚力和民族认同感，而在寻根觅祖的过程中，汉文汉字起了不可忽视的作用。中国人有修家谱的传统，家谱是用汉文书写的。形音互构兼形义互构的汉字具有超

---

① 辜正坤，《语文的必然性综述》，张叉主编，《外国语文论丛》第8辑，成都：四川大学出版社，2018，第14页。

方言和超时空的特点：不同方言区的人看到同一个汉字词时，虽然读音各异，但理会的意义基本一致；2000 多年前创作的《诗经》中的诗歌穿越至今天读起来仍然朗朗上口，所描绘的意境或蕴含的价值观和道德观仍能在今人的脑海里产生同感和共鸣。

说到姓，必然要联系到“名”。如果说姓是由血缘或地缘决定的，有一定的必然性，而名则是由父母或长辈取的，似乎偶然性较强，但也有一定的必然性：我国某些姓氏的人在给子女起名时有按字辈的传统。由字辈决定的是双名的首字。那么，单名或双名的尾字的规律是什么呢？其实，中国人的名最初都是单名，双名是从“字”来的，所以，现在的“名”又叫“名字”。“望子成龙”“生当作人杰”是中华文化的传统观念，为了体现这种观念，父母或长辈在给子女或晚辈起名时往往选用读音响亮、字义积极的字。在这方面，辜正坤教授提出的“汉语音义阴阳象构相应律”（参见本文第二大节第一小节）可供参考。辜正坤教授发现：“含义强烈、正向的言语、文字搭配开口度大的洪亮的发音，含义柔弱、负向的言语、文字搭配开口度小的相对沉钝的发音。”[①] 前者称为“阳性字”发的音是“阳音”，后者为“阴性字”发的音是“阴音”，但要注意的是：规律中的阳阴性并不对应男女两种自然性别。不是说，当一对阴阳词中的阳性词适合用作男孩的名字时，对应的阴性词就一定适合用作女孩的名字，例如，“强－弱”对字中“强”字为阳性，许多男人都名“强”或者其他阳性字：“俊、高、天、东、海”等。“弱”字为阴性，笔者从未见过或听说过有女孩名“弱”。反之亦然，“动－静”对字中“动”为阳，“静”为阴，但鲜有以“动”为名的男孩，而名“静”的女孩比比皆是。这也许是因为中国的传统观念中，女子以“恬静”为美。女孩的单名通常都是适合女性性格或外貌特征的字：“美、芳、艳、丽”等，也有用动植物名的：“凤、鸽、菊、梅”等。至于没有明确阴阳对立的中性字，则其含义或喻义是否正向是取名的主要依据，如“虎”字寓意“勇猛”，常用作男名，而“狐”字寓意“狡猾”，男女都不用来起名。在取单字名时，除了字义的褒贬，还要考虑这个字与姓是否构成一个词。如果构成的词的所指是正面的，如“明朗”就很好，如果所指是负面的，则不宜，如姓“吴”一般不可以“常”为名。在翻译外国人名时，也要考虑译名在我国文化中是否有

---

① 辜正坤，《语文的必然性综述》，张叉主编，《外国语文论丛》第 8 辑，成都：四川大学出版社，2018，第 14 页。

所指，所以美国第40任总统罗纳德·威尔逊·里根（Ronald Wilson Reagan，1911—2004）的姓“Reagan”不能译为指太白金星的“李庚”，美国第45任总统唐纳德·约翰·特朗普（Donald John Trump，1946— ）的姓“Trump”有人译成“川普”，也不恰当，这是因为“川普”是“四川普通话”的缩写。

一般说来，双名听起来比单名响亮、清晰。在按字辈起名时，双名的首字代表字辈，尾字在给男孩起名时可选用上述的“阳性字”，当然也要考虑首尾两字在意义上的关联，如“国强”“国栋”“志民”等都是很好的名字。在没有字辈关系时，如果没有恰当的字作首字，一般都用表示属有关系的“子”或“之”作首字，如“子健”“之琳”等。

说完中国人的姓名，我们再来看其他国家的姓名，先从我国的周边国家说起。

朝鲜半岛和越南受中华文化的影响最深，他们很多姓氏的源头都在中国，而且迁入后没有经历大规模的改姓。日本文化在古代虽然深受中华文化的影响，但在姓氏方面影响却较小。日本人在江户时代只有贵族才配有姓氏，平民是有名无姓的。1870年，明治天皇为了征兵、征税和登记户口等需要，颁布《平民苗字容许令》，许可原来没有姓氏的平民拥有姓氏，但已经习惯有名无姓的日本普通人对此反应迟钝。于是，天皇不得不在五年之后再次颁发《平民苗字必称令》，硬性规定每个日本人都得有姓氏。于是，许多日本人就随意给自己起个姓，有些姓取自居住地的自然环境，如住在松林中的就姓“松下”，住在山上的就姓“山上”，住在田中的就姓“田中”，住在渡口边的就姓“渡边”等。

地处中华文化圈和印度文化圈之间的缅甸，在文字上受印度的影响，但语言仍然属于汉藏语系，是声调语言。现代的缅甸人与古代的日本平民一样，男女都有名无姓。他们通常在自己名字前加一个前缀，以区分性别和长幼。例如，成年或少年男子名字前加“貌”（Maung），相当于中国人为表自谦在姓名前加上“弟”或“兄弟”；而当旁人要称呼长者或有地位的人时，通常都加上“吴”字，如吴努、吴奈温等，这个“吴”不是姓，而是对男士的尊称，相当于“先生”，对女士的尊称是“杜”。

上述文化可以统称为东方文化，下面再看看地处东西方文化交会处的阿拉伯文化和俄国文化在姓氏方面的特点：

阿拉伯人的姓名的结构是：名+父名+祖父名+来源部落或地方名，如沙特阿拉伯前国王费萨尔的全名用拉丁字母拼写是 Faisal ibn Abdulaziz ibn Abdul Rahman。请注意在这一串姓名之间两处都有 ibn，是阿拉伯语“儿子”的意思，汉语音译为“本”或“伊本”。如果把这一姓名用中文音译加意译，就是：“拉赫曼部落的阿齐兹阿卜杜尔之子阿卜杜尔之子费萨尔”。姓名包含的发源地和辈分信息可谓充分，但过于烦琐。所以，通常就只用名字或前面加 ibn 的父名来称呼阿拉伯人，如 ibn-Sina（伊本西纳）。阿拉伯人的名字通常有伊斯兰文化特色，如 Muhammad（穆汉默德）、Ismail（伊斯迈尔）等。鉴于阿拉伯字母大小写不分，元音需要用加在辅音字母上下的附加符号来表示，所以，即使是阿拉伯人，有时也很可能读错他们的全名。

俄国人的姓名的结构是：教名 + 父名 + 姓。俄国人信奉东正教，教名多借用《旧约全书》中传说的亚伯拉罕的儿子雅各（Jacob）的 12 个儿子的名字，尤以 Иван（伊凡）最普遍，姓中很多是从名派生出来的，男人的姓很多以 - ов 或 - ев（ - 夫）结尾，女人的姓以 - ова 或 - ева（ - 娃）结尾，这两个结尾正好是俄文名词复数和单数第二格的结尾，第二格是所有格，所以笔者推测俄国人的姓有“……家”的意思，如 Иван Иванов（伊凡 · 伊凡诺夫）的含义是“伊凡家的伊凡”，София Андреева（索菲亚 · 安德列耶娃）是“安德列家的索菲亚”之意。姓也有由表示职业或身份的名词派生出来的，如由 рыбак（渔夫）派生的姓 Рыбаков（雷巴科夫），如 Сергей Рыбаков（谢尔盖 · 雷巴科夫）可能是“渔夫家的谢尔盖”之意。有些男人的姓还可以在姓后再加上形容词结尾 - ский（ - 斯基），女人的姓加 - ская（ - 斯卡娅），就更有“属于某家”的意思，如 Вышинский（维辛斯基）、Крупская（克鲁普斯卡娅）。俄国人的父名或父称一般以 - ич 结尾，放在姓和名之间，所以俄国文豪托尔斯泰的全名是：Лев Николаевич Толстой（列夫 · 尼古拉耶维奇 · 托尔斯泰）。只有在很正式的场合，俄国人才用全名或教名加父名称呼，以示礼貌，但在日常交际时，用姓或名称呼就够了。

与阿拉伯人和俄国人的姓名比较起来，中国人的姓名简练得多，只有姓和名，没有父名。其原因可能有两点：第一，中华文化有“避讳”的传统，子女忌讳直呼或提及父亲的名字；第二，汉字是连在一起书写的，一个字是和前面的字还是与后面的字组成一个词，只可意会。如果把父亲的名字插在姓和名之间，如唐太宗李世民把他父亲李渊的名字插在自己名字的前面，变成“李渊世民”，就莫名其妙了。

以英语为母语的人的姓名一般的结构是：教名 + 自取名 + 姓，如 Peter Paul Rubens（彼得·保罗·鲁本斯）。英语国家的人大多数信奉基督教，所以，教名和自取名常取自耶稣12门徒的名字，这些教名在欧洲其他语言里也很常用，只是要发生音变，例如，俄文的 Ivan（伊凡）就是英文的 John（约翰）和德文的 Johann（约翰）、法文的 Jean（让）、西班牙文的 Juan（胡安）、葡萄牙文的 Joan（若安）等。

英语的姓氏随意性较强，许多自然界的事物的名称都可用作姓，如姓 Stone 斯通（石头）、Flowerdew 弗劳尔迪（花露）等的都有，也有与地理环境有关的，如 Hill 希尔（山丘）、Brook 布鲁克（溪流）等，还有来自身份或职业的，如 Pope 浦帕（教皇）、Hunter 亨特（猎人）、Baker 贝克（面包师）等。但也有许多姓是由名字或名字加 son（子女）派生的，如 Jackson（杰克逊）、Johnson（约翰逊）、Peterson（彼得逊）、Williamson（威廉逊）等都是使用频率很高的姓。从这类姓的结构看，放在“子女”前面的名字是表示属有关系，如 Johnson 是 John's son（约翰的儿子）的意思，由于英语名词与汉语名词一样，可以词形不变就用作前置定语，所以就省去了所有格结尾。这种形式的姓也常出现在日耳曼语族斯堪的纳维亚语支的语言中，如著名的丹麦作家安徒生的姓 Andersen、语言学家叶斯柏森的姓 Jespersen 等。不过，拉丁语族的诸语言是没有所有格形式的，这种属有关系只有通过介词来表达，于是，法语国家和西班牙语国家的人的姓名中就出现了介词 de，如法国前总统戴高乐的全名 Charles de Gaulle（意为“高卢的夏尔”），语言学家索绪尔的全名是 Ferdinand de Saussure，西班牙大作家塞万提斯的全名是 Miguel de Cervantes Saavedra。葡萄牙语和意大利语国家的人的姓名中就多有介词 da：Vasco da Gama（瓦斯科·达·伽马）、Da Vinci（达·芬奇）。这里的 de 和 da 的读音均与汉语表属有关系的“的”字相近，语法功能也差不多，不知这是一种偶合，还是跨文化的音义互构。荷兰语和德语虽属日耳曼语族，不知是否受拉丁语的影响，也分别在姓名里用介词 van（音译“梵”）和 von（音译“冯”）来表示属有关系，如 Vincent van Gogh（文森特·梵高）、Moltke von Helmuth（毛奇·冯赫尔穆斯）等。

综上所述，姓是代表一个家族血缘关系的符号，表示“群体”概念，而名是代表家族中某个成员的符号，表示的是“个体”概念。姓和名之间的这种“群－

个”关系在不同语文中通过音义或形义互构来体现。在汉语文、朝鲜语文、越南语文等东方语文及匈牙利语文中，姓放在名的前面，符合这些民族的习惯，按“从大到小”顺序，直到个体。例如，说日期的顺序是“年、月、日”；说地址的顺序是“国名、省名、市名、区名、街名、门牌号、楼号、户号”。为了说清楚姓名是由哪些汉字组成，中国人还要把汉字的形状说出，例如，一个叫 Cheng Ming 的人说了姓名后，还要加上“Cheng 是禾旁程，Ming 是日月明”一句话。这是否也是音形义互构现象？

西方语文的习惯与东方语文刚好相反，是“从小到大”，指个体或最小范围的词放在最前面，指群体或大范围的词依次放在后面，直至最大，例如，日期的顺序是“日、月、年”，如 20，Nov. 2020；地址的顺序是“门牌号、街或路、城市、州、邮编、国”，如“40 West，20th Street，New York NY 10011 - 4211，USA”。因此，指家族的“姓”放在指个人的“名”的后面是顺理成章的。西方语文中姓和名的关系除了看顺序，还可以通过语法和词汇手段来明确，例子可以参看上文。

姓名是一种社会语文符号，同其他语文符号相比，姓名这种符号的必然性更强。姓氏是祖传的，名是父母或先辈起的。一个人从出生时起，便有了自己的姓名，并带着它进入社会，成为伴随他一生一世的社会符号，即使死后，这一符号也是他曾作为社会人存在过的法律证明。正如东汉许慎在《说文解字》中说的“名，自命也，从口从夕”。虽然姓名不需要社会的约定俗成，但在现代法治社会中，却必须得到国家权力部门的认可，才能证明该姓名所有者取得了合法的社会存在。这种必然性使得更改姓名不能随心所欲，在中华文化里，改名更姓属于背祖离宗的叛逆行为，是要受到社会和家族谴责的，所以，《三国演义》里，两次改姓的吕布被斥为“三姓家奴”；意识到这一点，《水浒传》里鲁智深说：“洒家行不更名，坐不改姓。”一般说来，改姓可以是个人行为，如父死母改嫁，儿女要改为继父的姓，也可能是全族人的群体行为。全族人改姓的原因有的是因为居住地发生变化，也有因为政治环境的变化而不得不改的，例如，“周”姓本源于“姬”姓，古代姬姓的一支为敌人所逼，迁到陕西岐山下一块叫作周原的地方，自此这一族人便被称为周族。周武王姬发灭商建周朝后，他们仍姓姬。公元前 256 年，周朝为秦国所灭后，周赧王的儿子之一被贬到现河南平舆，为了纪念故国，便改姬为周，但当时并未获得全族人的一致认可。到了唐朝，为了避唐玄宗李隆基的讳，一些姓姬的人就改姓周了。在国外，也有因政治而改姓的例子：塔吉克斯坦总统在苏联时期按俄国习惯姓 Рахманов（拉赫蒙诺夫），塔吉克斯坦独立后，现改为自己民族姓 Рахман（拉赫蒙）。与改姓相比，改名似乎随意一些。不过，无论是改姓还是改名或者姓名都改，都要经过一定的法律程序后得到国家机关的承认才能在社会上使用，不然，就会给自己和家人带来一系列的恶果。其实，在这一点上，姓名和别的社会符号是相同的，人类社会中的事物，包括人自己的名称和译名都是不能随便改动的。如要改变，除了提出改变方案的人或部门要具备一定的权威，改动的方案还必须获得有关机构对其可行性的认可，才能在言语社会或行业内通行，否则，就只可能是短命的 nonce expressions（临时用语）。

以上是笔者多年对语言文化思考的一些不成熟看法，其中很多都不过是些推测，牵强附会和谬误在所难免，敬请读者诸君不吝指教。

# 现代西方语言哲学中的专名问题论说*

罗　苹

四川师范大学　外国语学院，四川成都　610101

**摘　要**：专名本来是语词中最简单的一支：一边是名字，另一边是它所指的东西，两者通过实指之类的方式联系起来。但在现代，特别在20世纪上半叶，专名问题却成为西方语言哲学家们研究的核心，并且有关专名的许多问题迄今仍无定论。本文从专名和通名的界定、专名有无意义、专名指称的实现方式、专名的指称特性四个方面对西方语言哲学家们的代表性论述进行了梳理总结，并得出一些自己的结论，以期能更加全面深入地认识专名问题。

**关键词**：现代西方语言哲学；专名问题；论说

专名本来是语词中最简单的一支：一边是名字，另一边是它所指的东西，两者通过实指之类的方式联系起来。但在现代，特别在20世纪上半叶，专名问题却成为西方语言哲学家研究的核心。有关专名和通名的界定、专名有无意义、专名实现指称的方式等问题一直存在着分歧。伯特兰·阿瑟·威廉·罗素（Bertrand Arthur William Russell，1872—1970）就认为，许多困难的问题都是由于专有名称而产生的①。本文拟就专名的有关问题进行梳理总结，并得出一些自己的结论，以期能更加全面深入地认识专名问题。

---

* 收稿日期：2019年8月23日

基金项目：四川省教育厅四川师范大学基础教育课程研究中心2020年度规划项目“中学俄语教学中的文化意识培养研究”（项目编号：川KY 202011）阶段性成果。

作者简介：罗苹（1975—　），女，四川简阳人，俄语语言文学博士，四川师范大学外国语学院教授，翻译硕士俄语笔译方向研究生导师，主要从事俄语语义学、翻译理论与实践研究。

① ［英］罗素，《人类的知识》，张金言译，北京：商务印书馆，1997，第87页。

## 一、专名和通名的界定

约翰·斯图尔特·密尔（John Stuart Mill，1806—1873）对如何区分专名和通名的问题进行了众所周知的尝试。根据他的观点，专名没有内涵，专名概指叫该名称的个体，但它并不表明或暗示这个个体的任何属性，它的作用是指示我们所谈论的事物，而不是介绍该事物的任何情况。而另一方面，诸如“人”这样的通名，除了概指“彼得”“约翰”以及其他无数的人，还内涵某些特征：物质性、动物性、理性以及我们称之为人的某种外形①。也就是说，密尔主张按照是否具有内涵意义来界定一个名称是专名还是通名：不具有任何内涵意义的事物名称就是专名，反之则是通名。

与密尔不同，弗里德里希·路德维希·戈特洛布·弗雷格（Friedrich Ludwig Gottlob Frege，1848—1925）把专名理解得非常广泛，认为不论词、复合指号或表达式，只要指称一个单一的对象，就可以看作是一个专名。他说：“……我在这里将‘指号’或‘名称’理解为任何作为专名起作用的表达式。专名的指称因而是一个特定的对象（就这个词最广泛的意义而言）……一个单独的对象的名称可以由几个词或者不同的指号组成。为简便起见，以后任何一个这样的名称，我们都把它看作是一个专名。”由于弗雷格认为一个对象的名称可以由一个至数个词或指号组成，因此他所说的“专名”既包括通常所说的专有名词，如“伦敦”“丘吉尔”等，也包括限定摹状词，如“那个穿蓝制服的人”等。弗雷格在讨论地点状语子句、时间状语子句时还说：“从逻辑的观点看来，地点、日期和时间间隔都是对象；因此，一个关于特定地点、时刻或一段时间的语言符号，都必须看作专名。”他有时甚至把语句也看作专名，他说：“对于任何一个陈述句，当我们关心的是其中语词的指称时，就可以把这个陈述句看作是专名。”②在西方语言哲学家中间，把专名的范围理解得如此广泛，弗雷格可以说是独一无二的。

继弗雷格之后，罗素也主要致力于研究专名。罗素认为，专名和通名的重要区别在于，专名基本上只能指一个事物，而通名则指某一类事物中所有的事物，

---

① ［丹麦］叶斯柏森，《语法哲学》，何勇译，北京：北京语文出版社，1988，第68页。

② 涂纪亮，《英美语言哲学概论》，北京：人民出版社，1988，第28—29页。

不管它们的数目有多大。专名只有在这个名称所指的对象存在着的情况下才有意义，通名则不受此限制。

詹斯·奥托·哈里·叶斯柏森（Jens Otto Harry Jespersen，1860—1943）则认为，密尔和他的追随者们过多地强调名词的所谓的词典意义，而偏废了名词在说话或文章的特定情景中的上下文意义。他认为，说话人对名词的实际运用和听话人对名词的理解是最重要的。每当专有名词用于实际的言语时，对说话人和听话人来说，专有名词的价值在于它只表示一个具体的事物，并且只限于那个特定的事物①。在叶斯柏森看来，对于专名，不能仅从语言体系上来把握，还应从语词在言语中的实际应用的角度加以考察。他认为，在专有名词与普通名词之间无法划一条明确的界线，它们之间的区别只是量的区别，而不是质的区别。一个名词总是内含着以它为名的那个人或物的特征，即区别于他人、他物的特征。所表示的东西越是个别或越特定，该名词的选择就越可能是随意性的，它就越接近或成为专有名词②。

由此可以看出，关于专名和通名的界定问题没有定见。

## 二、专名有无意义

长期以来，人们对于专名有无意义的问题一直存在不同的看法。

对于专名意义的讨论可以追溯到柏拉图（Platon）。柏拉图在《泰阿泰德篇》中讨论了专名问题，提出专名没有含义的观点。以后的密尔等人也认为专名没有意义。

密尔认为专名只有外延，没有内涵。他说："专名是没有内涵的，它们指示用它们称呼的个体，但是它们并没有指出或蕴涵这些个体具有什么属性。"他说，我们可以给一个个体以一个完全没有意义的名称，我们把这个名称称为专名，这个词表示我们所谈论的是哪种东西，而没有告诉我们任何关于这种东西的事情。专名属于对象本身，而不依赖对象的属性继续存在与否。密尔引用《天方夜谭》中阿拉伯强盗的故事，把专名比作强盗们用粉笔在某幢房屋上画的记号。他说，当我们使用专名时，我们的行为在某种程度上类似于强盗们用粉笔在房屋上做记

---

① ［丹麦］叶斯柏森，《语法哲学》，何勇译，北京：北京语文出版社，1988，第69页。
② ［丹麦］叶斯柏森，《语法哲学》，何勇译，北京：北京语文出版社，1988，第77页。

号时心中的打算。我们的确不是像强盗们那样给对象本身打上标记，我们在自己的脑海里把它与对象的观念联系到一起，以便每当我们看到或想到这个标记时，我们就会想到这个个别的对象①。

弗雷格和罗素都反对密尔的这个观点，认为专名有内涵。弗雷格认为专名的意义就是对专名的摹状说明。个体是无法定义的，对个体只能做摹状说明。专名的意义是客观的，假定我们发现它可以有十种摹状说明，那么这一定是它本身就有的意义②。

罗素曾认为专名具有独立意义，它的意义就是它所代表的对象。但后来他看出了这种观点的局限，因而改变看法，认为专名的意义是它与所指对象的一种关系。罗素认为通常所说的专名，如“苏格拉底”“亚里士多德”等属于普通专名，并把这类专名称为“缩略的摹状词”，因为它的指称对象是依据于关于指称对象的一系列摹状词加以确定的。罗素关于普通专名是缩略的或伪装的摹状词的看法，表明他认为普通专名是有内涵的或有含义的。

到了20世纪下半叶，彼得·弗里德里克·斯特劳森（Peter Frederick Strawson，1919—2006）、索尔·阿伦·克里普克（Saul Aaron Kripke，1940—　）等语言哲学家又恢复了密尔的观点，认为专名没有内涵或含义。斯特劳森在谈到语词的“描述性意义”时，认为不同类型的名称具有不同程度的描述性意义。他说，纯粹的名称不具有任何描述性意义（除了把它作为名称加以某种使用而获得的那种意义）。在他看来，专名，即他所说的纯粹的名称是专门用来指称而不具有任何描述性意义的，也就是不具有内涵或含义的，除了把它作为名称加以某种使用所获得的那种意义。这相当于密尔所说的专名无内涵。斯特劳森是这样说的：“不知人名不等于不知语言。这正是我们之所以不谈论专名的意义的原因（但是说专名是无意义的则不行）。”③

到20世纪70年代，克里普克进一步发展了这一观点，他不仅否认专名具有内涵或含义，甚至否认通名具有内涵或含义。克里普克强烈反对弗雷格、罗素、维特根斯坦的专名理论。他认为，专名绝不等于某一个特称描述语。我们通常可以用多种不同的描述语来描述专名所称的对象，那么，哪一个描述语是那个专名

① 涂纪亮，《英美语言哲学概论》，北京：人民出版社，1988，第26页。
② 王路，《弗雷格思想研究》，北京：社会科学文献出版社，1996，第160页。
③ ［英］斯特劳森，《论指称·语言哲学》，北京：商务印书馆，1998，第437页。

的意义？像维特根斯坦（Wittgenstein）和塞尔（J. R. Searle）那样用不确定的一组描述语来代替唯一的描述语仍然是错误的，从根本上说，关于亚里士多德的各种描述都是经验事实，不是分析命题。为了否定弗雷格、罗素等人关于专名和通名都具有内涵或含义的观点，克里普克特别提出"固定的指示记号"和"非固定的指示记号"这两个新概念。他说："如果某个指示记号在一切可能的世界中都指示同一个对象，我们就称之为固定的指示记号；如果不是如此，我们就称之为非固定的指示记号。"① 他认为专名和通名都是固定的指示记号，它们在一切可能的世界中都必定指示同一个对象，根本不依赖于专名和通名的所谓的"内涵"或"含义"。

从以上介绍可以看出，关于专名有无意义的争论，存在着两种不同的看法：一种是以密尔、斯特劳森、克里普克等人为代表，认为专名无意义，另一种以弗雷格、罗素为代表，认为专名有意义。我们认为，关于专名有无意义的争论实际上是关于专名是否表达概念的争论。认为专名不表达概念时，毫无疑问就会得出专名没有意义的看法；相反，坚持专名表示单独概念，反映单一对象的基本属性时自然会认为专名也有意义。我们认为专名没有普通名词所表示的那样的概念意义。普通名词表示的意义是从一类事物中抽象出来的本质属性。它是该类事物特有的，同时又是该类事物中每一分子共有的。这些本质属性构成普通名词的意义的核心，使普通名词在语言体系内即使孤立地存在也能直接向人们提供有关对象的信息。而专名表示的对象是个体，个体是无法定义的。如果承认单独概念的存在，则很难有统一的标准。因为有多少人用某个专名，就有多少关于这个专名的单独概念。在语言体系内专名除了表示它所命名的对象拥有这个名字，不表达对象的任何特征。但是没有概念意义并不等于没有含义。如果专名代表的对象没有独自的特征，人们怎么能够把它从世间万物中区分出来，并把它与它的名称联系起来呢？人们又怎么能够把一个专名所指的事物和另一专名所指的事物区分开呢？叶斯柏森也曾指出，"当你第一次听到某个人的名字或第一次在报纸上看到某人的名字时，他对你来说不过是个名字而已。然而，你越经常听到他，越了解他，这个名字对你意味的东西也就越多"②。当我们使用某个专名的时候，我们实际上是知道它意味着什么的，也就是说，我们知道它的含义。塞尔说："除非

① 涂纪亮，《英美语言哲学概论》，北京：人民出版社，1988，第33—34页。

② ［丹麦］叶斯柏森，《语法哲学》，何勇译，北京：北京语文出版社，1988，第70页。

名称具有含义，否则它似乎无法具有所指，因为除非名称具有含义，否则的话，它如何与有关对象相关联呢？”① 俄国学者沙都洛夫斯基认为，密尔、克里普克与叶斯柏森按照各自的逻辑都是正确的：在语言体系中，专名是空词，但它的空并不是偶然的，它空是为了填满，……正因为专名是空的，它在使用的过程中才能被填入各种各样的内容。由此可见，对于专名的意义，必须从语言体系和语词在言语中的实际应用这两个不同的角度同时加以考察。专名没有概念意义，但有含义。

## 三、专名指称的实现方式

专名只与特定对象而不与一类事物相联系。它不反映一类事物的本质属性，是没有概念内容的符号。因此，专名指称对象确定的依据便不像概念词那样：凡是符合一个通名内涵所包括的那些基本属性的事物永远都是这个名称的所指，因此它们也不能像通名那样，既可指类，又可指类中任一分子、每一分子、类中某一部分、类中不确定分子或任何一分子。那么，专名依据什么来确定指称呢？在这个问题上，仍然存在两种不同的意见。

以罗素等人为代表的一种观点认为：专名的所指由含义决定。普通专名的指称对象是根据对象是否符合名称所包含的描述内容或摹状词内容来加以确定的。后来，又有人提出，名称的指称对象之被确定，不是根据一个单一的摹状词，而是根据一组或一簇摹状词，名称的指称对象就是从某种意义上说满足了该家族中足够数量的或大多数的摹状词的那种东西，或者说，满足一组摹状词的足够多数量的那个对象就是与这组摹状词相联系的专名的指称②。

路德维希·约瑟夫·约翰·维特根斯坦（Ludwig Josef Johann Wittgenstein，1889—1951）前期关于专名的想法和罗素相去不远。在《逻辑哲学论》里，维特根斯坦提出，所有命题都可以还原为基本命题，基本命题则是由简单符号或真正的名称组成的。真正的名称对应于简单对象。名称具有指称而不具有含义，或者说，名称的意义就是它的指称。复合符号通过定义化约为简单符号，“每个被定义的符号都通过用以定义它的那些符号进行指称；而定义则指示了途径”。可以

① ［美］塞尔，《专名·语言哲学》，北京：商务印书馆，1998，第521页。

② 涂纪亮，《现代西方语言哲学比较研究》，北京：中国社会科学出版社，1996，第378页。

说，简单名称直接指称对象，而复合符号则通过意义（定义）进行指称。和弗雷格相参照，可以更清楚地理解维特根斯坦的“意义/指称理论”：在弗雷格那里，意义在同一平面上引导指称，而在维特根斯坦这里，意义在于把复杂符号还原为简单符号，真正说来，只有简单符号才指称。

以克里普克等人为代表的另一种观点则认为：很难找出一个恰当的限定摹状词来代替诸如“亚里士多德”这个专名。举出亚里士多德的任何一个特征，都只不过是举出亚里士多德的某种偶然的特征。簇摹状词理论虽比摹状词理论合理一些，但仍然不能克服这个困难。克里普克认为，一个专名指称一个对象，这不取决于这个对象具有某种特殊的识别标志。“丘吉尔”这个专名之所以被应用到丘吉尔的头上，并不是由于丘吉尔这个人体现了“丘吉尔”这个专名的含义由以构成的那些特性，而是由于丘吉尔出生时就被他的父母取了这个名字，其他人认识他后也用这个名字称呼他，如此等等①。这便是克里普克的“历史－因果理论”。在克里普克看来，尽管一个名称也许是随着确定所指对象的标准一道引入语言的，但这个标准并不是名称的意义，也不是用来确定意义的——这里根本谈不上意义。

在专名问题上持与克里普克相近看法的重要哲学家有希拉里·怀特哈尔·普特南（Hilary Whitehall Putnam，1926—2016）。但和克里普克略有不同，普特南不那么强调专名承传的因果链条，他强调的是专名使用的集体性和社会分工：使用某一名称的人不一定对所指对象有充分的认知，但这个语言集团中却有一些人知道这一点，别的人通过和那些专家的联系保证了他们正确地使用某个专名。在这个主张里，有没有专家不是主要的事情，关键是分工和集体性：指称不是由个人理解决定的，而是由整个语言共同体的能力决定的。

后期的维特根斯坦也不再认为名称的指称等于名称的含义：“用‘含义’一词来指称与词相对应的东西，不合语言的习惯。这样做混淆了名称的含义和名称的承担者。N. N. 先生死了，我们说这个名字的承担者死了，而不说这个名字的含义死了。”名称的承担者（指称）不是名称的意义，虽然我们经常通过实指来解释名称的用法。

在这个问题上，塞尔的看法似乎有些折中。他说：专名具有含义吗？如果这问的是专名是否被用来描述或详细说明对象的特性，那么回答是“否”。但是，

① 涂纪亮，《现代西方语言哲学比较研究》，北京：中国社会科学出版社，1996，第387页。

如果问的是专名是否与它们所指称的对象的特性具有逻辑上的联系，那么回答是“是的，以一种不太严格的方式”。他首先考虑我们如何学会和教会专名的用法，无论通过实指还是通过描述，“我们总是通过某些特征来识别该对象的”。我们通过特征到达对象，这在专名问题上意味着什么呢？意味着专名通过描述才能有所指，意味着“名称具有意义”。然而另一方面，如果我们主张专名具有意义而这意义是对其指称对象的特征描述，那么我们就会碰上如下一整排重大困难：以此名称做主语的关于对象的陈述都是分析的；每当对象变化，名称的意义也要发生变化；对于不同的人，名称的意义也不同；等等。为解决这些困难，就必须审视专名和描述语的区别。在塞尔看来，两者的基本区别在于专名“一般来说并没有特别指明它们所指称的对象的任何特征”。专名这种设置的优点本来就在于我们可以避免只能通过描述一个对象来指称它这种困境，使我们不必被迫回答哪些是这个专名的特别规定。一个专名相当于“充分多的，但并未对具体数量做出规定的陈述”。简化说，专名等于一组数目足够多的描述语，但具体等于多少描述语，等于哪些描述语，则都是不确定的[1]。塞尔把专名比喻成衣架那样的东西，可以用来挂住不同的描述语。不过无论怎样，有一点大家的意见是一致的：专名固定在自己特定的对象上，该对象独具该专名亦是该对象有别于其他客体的特性之一。专名的指称不依赖于使用者，不依赖于语境，也不需概念做中介。它即使在语言体系中也有实指特点。

不过无论怎样，有一点大家的意见是一致的：专名固定在自己特定的对象上，该对象独具该专名亦是该对象有别于其他客体的特性之一。专名的指称不依赖于使用者，不依赖于语境，也不需要概念做中介。它即使在语言体系中也有实指特点。因此，专名与对象之间的指称关系是典型的二元指称关系。

## 四、专名的指称特性

根据上述专名的意义特性和专名指称的实现方式，我们将专名的指称特性归纳成以下三类。

① ［美］塞尔，《专名·语言哲学》，北京：商务印书馆，1998，第528页。

### （一）直接性

由于专名没有概念意义，它的指称对象有以确定的依据便不像表概念的名词那样：凡是符合一个名称内涵所包括的那些基本属性的事物永远是这个名称的所指，并且名称与对象之间的关系是通过概念作为中介的间接关系。而专名不依赖概念确定指称，专名与对象之间的关系是直接的。专名具有“透明性”，透过专名似乎可直接看得见它所指的对象。所以，“不了解一个专名的内容等于不知道它与对象的相关性；不了解普通名词的内容意味着不知道它与概念的相关性”。

### （二）固定性

专名的指称对象是独一无二的、固定的。专名固定在自己特定的对象上，该对象独具该专名亦是该对象有别于其他客体的特性之一。叶斯柏森认为：“每当专有名词用于实际的言语时，对说话人和听话人来说，专有名词的价值在于它只表示一个具体的事物，并且只限定于那个特定的事物。”① 专名的这种固定在某个确定对象上的特点保证了专名在语言和言语中指称的唯一性和确定性。它即使在语言体系中孤立存在，它也总是与确定的具体对象联系。专名的指称不依赖于使用者，也不依赖语境，专名与对象之间的指称关系是典型的二元指称关系。

### （三）有限性

专名指称的有限性表现在两方面：一方面指专名的所指对象仅仅为个体，它不能像普通名词那样既可指类，又可指类中任何一个分子、每一个分子、类中不确定分子。另一方面，专名所涵盖的对象是有限的，并非语言外所有个体都有专名。从专名所表述的对象看，大致有以下几类：人名、动物名、地名、天体星座名、特指的组织机构名、特指的书报杂志名、历史上的重大事件名等。

---

① ［丹麦］叶斯柏森，《语法哲学》，何勇译，北京：北京语文出版社，1988，第69页。

# 外国文学研究

起来[①]。但是人们也可能会认为，地理批评具有自己的内在逻辑，也带来了一种独特的文学批评方法。文学空间需要一种适合其动态复杂性和想象力的地理学理论和实践方式。

正如韦斯特法尔所说，严格意义上的地理中心理论所带来的问题之一是语料库。如何确切地知道哪些文本可以合理地构成一组有意义的材料，用来分析某一地理位置的文学表征呢？如果詹姆斯·乔伊斯的作品中所表达的都柏林是非常有限的，因为它依赖于单一作者或他的少数作品的视角，那么又有多少代表都柏林的作者和文本可以成为爱尔兰首都地理研究的可信起点呢？一个地理批评家要宣布其研究是完整的，需要有多少关于都柏林或者以都柏林为背景的诗歌、长篇小说、短篇小说以及戏剧来支撑呢？又需要多少地理调查、游记、旅行手册、历史著作、信件或明信片来支撑、补充或润色呢？谁来评判是否将所有的材料都考虑在内？怎么会知道呢？即使是一个遥远偏僻的地方也会被许多不同流派的作家标以多重标签，这对于任何试图探索这个地方的意义的地理批评家来说都是一件难事。

另外，浩瀚的文字资料和神话般的地位使地理批评家很难对有些地方进行科学的有价值的分析，比如巴黎或罗马。正如韦斯特法尔所说的那样："想对这些热点地方进行彻底的地理批评研究几乎是不可能的。"所以必须建立选择性原则，因为即使是再大的语料库也不可避免地会遗漏很多材料[②]。无论批评家们多么不愿意，还是需要进行大量的排查审校从而进行选择。因此，地理中心理论似乎从一开始就注定其真正旨在避免偏见。

埃里克·普列托提出的严格地理中心理论的另一个潜在问题是，它没有充分考虑到力量和观点的冲突，这些力量和观点左右了各种空间被地点化的方式。普列托指出，韦斯特法尔关注的重点是可以理解的，其已出现在传统文学的高地（"hauts lieux"或"high places"）中，即具有独特文化和地形特征并且孕育了大

① See, e. g., Marie-Laure Ryan, Kenneth Foote, and Maoz Azaryahu's *Narrating Space/Spatializing Narrative: Where Narrative Theory and Geography Meet*, Columbus, OH: Ohio State University Press, 2016; see also the wide variety of essays in Emmanuelle Peraldo's edited collection, *Literature and Geography: The Writing of Space throughout History*, Newcastle-upon-Tyne: Cambridge Scholars, 2016.

② Bertrand Westphal, *Geocriticism*, pp. 126 - 127.

量文学作品的地方[1]。在2012年修订版地理批评项目《文学、地理以及地点的后现代诗学》中，普列托纳入了各种类型地方的文本，包括一些“非场所地区（nonplaces）”，如临时搭建的棚户区或者法国郊区，以及已经确定的、可识别的地方[2]。这类地理批评通过研究某些类型的社会空间是否适合研究和解读，从而促进了对文学表现和空间联系性的理解。从某种程度上说，地理批评不仅需要检验真实和想象的文学世界，而且也需要考察其可能性所需的条件。

当然，韦斯特法尔很清楚这一点。在《地理批评》的续著《可能世界》中，韦斯特法尔挑战了“空间感知表现是稳定的和直观的”这一观点。例如，尽管地图经常给人留下这样的印象，即在任何特定时刻，其表面上描绘的图形空间的地理知识都是完整的。但韦斯特法尔认为这是一种特殊的西方或欧洲中心现代性概念的误导性特征[3]。

在韦斯特法尔看来，纵观历史，西方国家通过直接的帝国主义和科学实践的方式或其他的方式一再试图关闭世界空间开放之门。从绘图实践看，韦斯特法尔发现了在某些非西方艺术中西方现代绘图压力下的反地理学，例如阿兹特克人的视觉艺术，远东的绘图以及澳大利亚原住民的吟唱诗等。在这些空间和场所中，对替代方式的地理批评探索不仅催生了对世界的新见解，而且还揭示了迄今为止未知的纯粹欧洲中心模式可能隐藏的元素。

韦斯特法尔提出的这个“可能世界”概念，使解决实际的指称问题成为可能。在他的早期著作中，他认为这一指称问题是最难解决的，但在构建地理批评理论时又必须解决。当然，雨果的《巴黎圣母院》中的巴黎与“真正的巴黎”是不同的，因为前者显然是虚构的人物过着他们虚构的生活的文学环境。但雨果

---

① Eric Prieto, “Geocriticism, Geopoetics, Geophilosophy, and Beyond”, *Geocritical Explorations: Space, Place, and Mapping in Literary and Cultural Studies*, ed. Robert T. Tally Jr., New York: Palgrave Macmillan, 2011, p. 22.

② See Eric Prieto, *Literature, Geography, and the Postmodern Poetics of Place*, New York: Palgrave Macmillan, 2012.

③ Here one might think of Marlowe's “blank space [s] of delightful mystery” in Joseph Conrad's *Heart of Darkness*. In “Geography and Some Explorers”, Conrad praised the “honest” maps that left unknown or unexplored territories blank rather than filling them with fanciful creatures or allegorical illustrations. Of course, what is left unsaid is the degree to which even scientific maps are projecting figural representations that stand in for “real” places, and these are no more or less real in an objective sense than the dragons or sea serpents of antique charts.

的巴黎也不是巴黎，这一点同样显而易见①。在《可能世界》中，韦斯特法尔能够避免偏见和无知的干扰，同时考虑文学和“真实世界”中出现的地方。这有点像詹尼·瓦蒂默的“弱思想”概念，因为“可能世界”表达了谦卑的态度，而有了这样的态度，地理批评家就必须探讨地理批评研究的主题②。

作者认为，这个问题就是世界本身。任何有价值的地理批评理论都必须积极全面地与周遭世俗相融，虽然世俗是世界的一部分，但这指的不单单是世俗或平凡的事物。地理批评对世界秉持一种包容整个空间和社会关系的态度，而空间和社会关系又构成了文学绘图，这些文学绘图是以各种方式产生的，而这些方式是为了理解或塑造这个世界。简而言之，无论表面上是真实的还是想象的空间，地理批评方法都可以将文本作为文学绘图来处理，而这些绘图能帮助我们理解现实世界。地理批评必然属于这个世界，世界文学中的地理批评可能会揭示其多样和变化空间中新颖的表现形式③。

尽管作者和韦斯特法尔都希望将地理批评与其他批评理论或学说分开，但是我们都不会将其定义得如此狭隘，以至于忽略了一些有用的材料和方法，而这些材料和方法能加深我们对文学、空间和地方的理解。因此，人们经常使用暂定性或临时性语言。读者可以感受到我们对包含各种方法和文本的渴望，而不会忽视所研究的地理批评这个课题。事实上，我们本想给《地理批评》的英文版定一个较为模糊的标题，比如“走向地理批评理论”，但最后我们认为简单的标题更为合适，因为它更能激发人们对关于地理批评或相关批判实践的性质的讨论。韦斯特法尔的著作介绍了地理批评的本质，同时也邀请其他人参与讨论、进行争论、提出反对以及倾听和支持。无论如何，《地理批评》《空间性》和其他一些杰出学者最近的作品，都可以成为地理批评探索的出发点。

地理批评不是一切问题的答案，却有可能引发更多问题。地理批评探索、寻

---

① Robert T. Tally Jr., *Spatiality*, London and New York: Routledge, 2013, pp. 79 – 86.

② Gianni Vattimo, “Dialectics, Difference, Weak Thought”, *Weak Thought*, ed. Gianni Vattimo and Pier Aldo Rovatti, trans. Peter Carravetta, Albany, NY: SUNY Press, 2012, pp. 39 – 52.

③ Westphal's most recent book, *La Cage des méridiens*, addresses this worldliness head on. Indeed, I view this as the culmination of the geocritical trilogy (with *Geocriticism* and *The Plausible World* as the first two parts), as Westphal's complicated critical and theoretical trajectory has taken him from discrete places to multiple worlds and on to the planet itself, while also recursively finding his way back to a grounded, earthly (*geo*critical) practice. Amy Wells, “Bending the Bars of the Meridian Cage,” *American Book Review* 37, 6, 2016, pp. 7 – 8.

求、调查、挖掘、读取、描绘一个地方，但它不可能提出一个完整的范例来代表一个地方，不仅不可能，甚至不可取。乔治·佩雷克写了一本书，名为《穷尽性探索巴黎》(*An Attempt at Exhausting a Place in Paris*)，我们对他表示尊敬，但穷尽性地探索一个地方并不是我们所感兴趣的。但地理批评确实允许我们以某地为起点，来考虑我们自己对空间和地点的感知在多大程度上决定了我们对世界及其内部所有人的态度，同时也认识到了地方、空间和空间关系在积极地塑造我们，使我们成为个人或集体的主体，并影响我们体验世界的方式，同时让我们对世界进行反思。这些相互促进的过程凸显了我们普遍存在于世界中的处所意识，揭示了绘图的必要性，同时也强调了地理阅读的重要性，它是理解我们所居住和想象的空间的具象地图的关键。

许多目前从事空间人文学科的学者，包括一些用“地理批评”描述自己的研究的学者，挑战了我和韦斯特法尔的观点，还有些学者的立场与我们任何一个人的观点都截然不同。这是一件好事，因为这项浩大的工程促进了对地理批评工作的探索精神，而且研究方法的多样性有利于地理批评的总体发展。毫无疑问，随着越来越多的批评家探索文学的空间、地点和绘图——特别是一些其他领域的新型学者——地理批评的实践和解读会进一步增加。即使迄今为止地理批评的形式还不可预见，但未来定将成为文学和文化研究的重要组成部分。

地理批评是一种观察文学空间的方式，它不仅包括读者和作家通过文本认识到的地方，还包括人们自身关于空间和地点的体验和所存在的空间情境。地理批评既强调空间性本身，同时也把目光集中在文学方面，包括那些赋予了我们空间化的存在感却总是不被认为是文学的文化器物。在以“地理批评”之名进行研究的过程中，地理批评可用于提出新问题，开展不同方式的阅读，参与其他学科方法，并理解和阐释人们存在的空间和绘图方式。如今以空间为导向的文学批评和文化研究激增，地理批评未来的发展可谓是大有可为。这些上下求索的读者和作家，有的沉浸在空间的视角中，有的投身于广阔的宇宙，有的目光笔直地注视着地平线，他们将继续对这些领域进行描绘和探索。

# 世界文学评价标准的创立与争议

## ——重估诺贝尔奖的初衷及首位文学奖得主*

龚　刚

澳门大学　中文系，澳门　999078

**摘　要**：首位诺贝尔文学奖得主普吕多姆的影响力远逊于同时代的托尔斯泰、易卜生、左拉等文学巨匠，但是，在诺奖光环的照耀下，普吕多姆进入了世界文学的殿堂，成为世界知名的法国诗人，虽然相对于辉煌灿烂的法国文学传统中诸如雨果、巴尔扎克、福楼拜、左拉等小说巨匠，瓦雷里、马拉美、魏尔伦、波德莱尔等诗歌巨星，普吕多姆只是世界文坛上空不甚炫目的一颗星，但他却是世界文学史上不能遗漏的小人物。普吕多姆获得首届诺贝尔文学奖的理由是，“其诗作展现了崇高的理想主义、艺术的完美与罕见的情感与理智的融合”。虽然百年来对于诺贝尔文学奖的评审标准及相应结果一直都有争议，虽然百年来诺贝尔文学奖的评审标准变化不定、难以拿捏，但理想主义、技艺完美及以后出现的族群代言性这三条标准大致贯穿始终，且对世界文学的评判体系的产生发挥着潜移默化的作用。

**关键词**：诺贝尔文学奖；世界文学评价标准；普吕多姆

1895年11月，在巴黎的瑞典－挪威俱乐部，瑞典化学家、硝化甘油炸药发

* 收稿日期：2021年9月26日

作者简介：龚刚（1971—　），男，浙江杭州人，北京大学比较文学与世界文学博士，清华大学哲学系博士后，澳门大学南国人文研究中心学术总监、中文系教授、博士研究生导师，扬州大学访问讲座教授，浙江大学比较文学与世界文学研究所客座教授，澳门中国比较文学学会会长，《外国文学研究》编委，《文学评论》外审专家，《澳门人文学刊》主编，主要从事中国现代文艺思想史、伦理叙事学、比较诗学研究。

明人诺贝尔（Alfred Nobel）签署了他的临终遗嘱。其中提到捐出其遗产中的一大部分钱设立诺贝尔奖。这份遗嘱公之于世后，在瑞典和国际社会都引发了很大争议。诺贝尔的家人反对设立诺贝尔奖，诺贝尔指定的颁奖人也拒绝执行他的遗愿。纷扰五年后，诺贝尔奖于1900年成立，并于1901年首次颁奖，共有六人获奖，包括化学奖一位，物理学奖一位，生理学或医学奖一位，和平奖两位。文学奖得主是法国诗人、哲学家普吕多姆（Sully Prudhomme）。

与同时代的托尔斯泰（Leo Nikolayevich Tolstoy）、易卜生（Henrik Johan Ibsen）、左拉（Émile-Édouard-Charles-Antoine Zola）等文学巨匠相比，普吕多姆作为法国高蹈派（French Parnassian School）的成员，只是世界文学天空中不算炫目的一颗星，至今已罕有人注意到他的光芒。既然普吕多姆并非当时最佳，诺奖评委为何将首个诺贝尔文学奖的桂冠颁给他？

首先需要回顾诺贝尔设立诺贝尔奖及诺贝尔文学奖的目的与宗旨。诺贝尔在遗嘱中明确要求，诺贝尔奖应颁予对人类贡献最大的人（have conferred the greatest benefit to humankind）①。

对于文学奖，他要求“将其颁予创作出体现理想主义倾向的最优秀作品的作者”（“to the person who, in the field of literature, produced the most outstanding work in an idealistic direction”）。他同时强调，诺奖的遴选不应考虑国籍，也不限于北欧，而应授予全世界最值得尊敬的人②。

1901年12月10日，首届诺贝尔奖颁奖典礼在瑞典首都斯德哥尔摩举行。普吕多姆因病未能出席，转由法国一位部长出席典礼并代领获奖证书及奖章。

瑞典研究院常任秘书威尔森（C. D. af Wirsén）为普吕多姆的颁奖仪式致辞。他在致辞中透露，瑞典研究院收到了大量推荐信，诸多享有世界声誉的作家都在被推荐之列。评委们只能从中选出一位。经过极为严格的审核与甄选，评委会决定将首届诺贝尔文学奖授予法兰西学院的诗人兼哲学家普吕多姆。

普吕多姆生于1839年3月16日，1865年出版诗集《诗节与诗》（*Stanzas and Poems*），奠定其作为卓越诗人的地位。此后，普吕多姆出版了多部诗集与哲学、美学论著。

威尔森在颁奖致辞中指出，不少诗人的想象主要指向外界，是对生活和外在

---

① https://www.nobelprize.org/alfred-nobel/alfred-nobels-will/

② https://www.nobelprize.org/alfred-nobel/alfred-nobels-will/

世界的反映，但普吕多姆却具有内省的天性（introvert nature），既敏感，又细腻。他的诗作基本不描写形象和外在环境，即使有，也如同其诗性沉思的一面镜子。超越世俗的疑思、忧伤和对灵境的热爱，是其诗作的常见主题，它们以成熟的形式和雕塑般的美呈现于笔端，干净而凝练。他的诗色彩丰富，很少借助音乐旋律，却善于以多变的形式表达情思。高贵的，深思的，莫名忧伤的，他的灵魂在诗中揭示了自身，温情脉脉，却不是多愁善感——可以说是一种伤感的智性（a sorrowful analysis），在读者中引起忧郁的同情①。

普吕多姆出生于第一次鸦片战争前一年。其父是工程师，不幸于普吕多姆两岁时因病去世。普吕多姆自幼体弱，因而好静不好动，常独自遐想，养成了好思辨的习惯。青少年时期，他热爱科学，期望在科学技术领域施展抱负，曾做过工程师，后因疾病加重无法继续科学研究，转行做了律师。但对诗歌的兴趣及探索生命真谛和人生使命的热情，最终使他成为诗人和哲人。

他的首部诗集《诗节与诗》面世后，引起诗坛关注，随后出版的两部诗集《孤独》（*Les solitudes*）、《徒劳的柔情》（*Les vaines tendresses*）主要表现内心的孤寂和失恋的哀痛，延续了感伤抒情的风格。但他并没有沉溺于个人的情感世界难以自拔，而是从一己悲欢出发，逐步转向深入探究人生的价值与意义，分别于1878年、1888年出版了哲理诗集《正义》（*La justice*）和《幸福》（*Le bonheur*）。此外，普吕多姆所生活的时代，正是法国饱经动荡浮沉的19世纪下半叶，其间发生的重要历史事件包括普法战争、推翻第二帝国、建立第三共和国等等。诗人内心深处的民族情感一再被激荡，奋笔写下诸多凝结着爱国热情和民族情怀的诗篇，结集为《战争印象》和《法兰西》这两部诗集。其中感愤于普法战争法方战败屈辱的诗篇，可与都德的散文名篇《最后一课》相辉映。

山不在高，有仙则灵。中西方有不少诗人、哲人喜爱山林生活，并且将他们的超迈情怀与理想信念寄托于高山林泉。

徐志摩曾说，觅一座幽静的山，得一佳侣相伴，即是人生至境。他心仪庐山，盛赞此山令他的性灵鲜活流动，可以使他摆脱新月社歌舞、麻将加应酬的颓靡生活。

海德格尔特意在德国南部托特瑙堡村附近的山坡上建了一间小木屋，对他来说，这间木屋不仅是可以安顿肉身的物理空间，更是神秘思维与隐蔽法则的显灵

① https://www.nobelprize.org/prizes/literature/1901/ceremony-speech/

之地，极大地启迪了他的哲思。陶渊明的南山，西方浪漫主义诗人的阿尔卑斯山，则早已成为文坛佳话。

19 世纪末，法国出现了一个与古希腊的神山有着深刻精神联系的诗派，它介乎浪漫主义与象征主义之间，俨如两者之间的过渡。这个诗派名为帕纳索斯派（Parnassianism），意译为高蹈派。帕纳索斯（Parnassus）是希腊中部一座山脉的名称。这座山临近科林斯湾，在古希腊神话中，它是文艺女神缪斯的故乡，也是太阳神阿波罗的居住之地，因而可以视为艺术与澄明的象征。

帕纳索斯派得名于这批诗人于 1866 年创办的刊物《当代帕纳索斯》（*Le Parnasse contemporain*）。他们对浪漫主义诗歌中过度的感伤情绪和过强的社会政治介入意识感到不满，因而主张情感的超脱（emotional detachment）、精神的高蹈与艺术的完美（artistic perfection）。他们既信奉法国唯美主义诗人戈蒂耶“为艺术而艺术”的原则，又推崇对生命的哲学性反思①。

从美学精神来看，帕纳索斯派更接近澄明静观的日神精神，而非迷狂忘我的酒神精神。普吕多姆作为帕纳索斯派的成员，在风格取向上，经历了由酒神精神向日神精神的转变，在情感内涵上，经历了由沉溺情伤到超脱静观的转变。

总体来看，普吕多姆的诗可分为抒情诗、哲理诗两类，其中《天鹅》《眼睛》《银河》《裂缝的瓶》等诗流传颇广。央广网曾经介绍过表现天鹅悠游行止及空灵意境的《天鹅》一诗，法国人印象更深的则是其抒情诗代表作《裂缝的瓶》。《裂缝的瓶》收录于《诗节与诗》，是其抒情诗代表作。这是一首表现失恋之恸的情诗。诗人一直深爱表妹，写了很多诗寄情遣怀，《裂缝的瓶》即其一。诺奖评委坦承，普吕多姆的抒情小诗（smaller lyric compositions）比其说教长诗更具吸引力②。

《裂缝的瓶》创作于 19 世纪 60 年代。当时的诗人因为眼疾放弃了工程师专业，转而学习法律。他在巴黎的一间律师事务所担任文员，工余时间兼修哲学。在此期间，他为了疗治情伤开始尝试写诗。他一直深爱着他的表妹，但后者长大后却嫁给了别人，这使他大受打击，因而写了诸多抒情诗以宣泄内心的痛苦和孤寂之感，同时表达了虽不可得却终生不渝的爱情。他也的确终身未娶，临终的时候在他妹妹的陪伴下安静地死去。

---

① https://en.wikipedia.org/wiki/Parnassianism

② https://www.nobelprize.org/prizes/literature/1901/ceremony-speech/

《裂缝的瓶》一诗正是对爱情的祭奠，诗思细腻感伤，表达精确而蕴含哲思，结构工整，形式精美，虽是内心创痛甚深，却能做到以冷静、克制的语气加以表现，迥异于19世纪末浪漫主义诗人澎湃汹涌、不可抑勒的呼告式抒情，充分体现了法国高蹈派力求精确、客观与克制的诗学取向。

普吕多姆的组诗《少女》和《裂缝的瓶》一样，也是表现失败的爱情，其中有几句真实地表现了他对表妹的永无希望永不磨灭的爱情，令人动容，试译如下：

再也没有看到她、听说她，
再也没有大声念她的名字，
但对她的爱在不知不觉中滋长，
永远爱她。永远！①

与《少女》一诗的情难自抑相比，《裂缝的瓶》一诗更多地表现出“伤感的智性”：

往往也是相爱的手，（Souvent aussi la main qu'on aime）
轻轻一触便伤着了心；（Effleurant le coeur，le meurtrit）
裂开了缝隙在心头，（Puis le coeur se fend de lui-même）
爱情的花儿便凋零。（La fleur de son amour périt）②

有心的读者自能发现，此诗的法文原文隔行押韵，形式工整，具有古典主义的谨严。

普吕多姆获得首届诺贝尔文学奖时，已过花甲之年。从百年诺奖史来看，他的获奖年龄并不算大，2020年获得诺奖的美国诗人格吕克已近耄耋之年。

普吕多姆对19世纪末以来的西方浪漫主义运动颇为抵触，而与主张远离现实政治、致力精确唯美之艺境营造的高蹈派较为投合。他试图创造一种像科学一样受理性完美驾驭的诗歌。他的努力得到了首批诺奖评委的肯定，他们盛赞其诗

① https://www.poesie-francaise.fr/poemes-rene-francois-sully-prudhomme/

② 中译为方敬，原诗见：https://onbeing.org/poetry/le-vase-brise-broken-vase

是高尚理想主义与完美艺术性的明证，同时极为罕见地将内心的情感与头脑中的思想融为一体。

不过，众多瑞典艺术家与批评家却对这一个评审结果极度不满。他们认为，俄国的托尔斯泰才是当之无愧的获奖人选。的确，在当时健在的各国作家中，托尔斯泰是成就最高的大文豪。诺奖评委之所以捧瓦而弃玉，是因为在他们眼中，托尔斯泰是无政府主义的支持者，他的宗教观又有些荒诞不经。这样的评审思路，一方面勉强可以说是对诺贝尔本人所确立的理想主义宗旨的应和与奉行，另一方面则为百年来诺贝尔文学奖评审无法摆脱政治、宗教等非文学因素的影响开了先例。

为了纠正诺奖评委的过失，瑞典艺术家与批评家们给托尔斯泰联名写了一封致歉信。信中称，“托尔斯泰不仅是万众景仰的文坛领袖，并且是最伟大最深刻的诗人，因而是诺贝尔文学奖的最佳人选”（“In specific, we see in your person not only the most revered patriarch of today's literature, but also for us the greatest and most profound poet who, in our opinion, should have been the first to be thought of, even if you yourself never strove for this sort of reward.”），“诺奖评委的评选不能代表艺术家的观点，也不能代表公众的评价，作为瑞典文艺界成员，有必要指出这一点，以免其他国家会误认为，艺术受到赞赏，不是因为其卓越品质和非凡造诣”（“We feel ourselves very much called upon to let you know that, as a consequence of its current membership, we consider the institution which has control over said Prize reflects neither the view of the artists nor of public opinion. It must not be other countries' impression that art which comes from free-thinkers and freely creative persons, even among our remotely residing citizens, is not appreciated as of the finest quality and of a status greater than all others.”）①。

自航海大发现开始，人类走向了全球化进程，万国博览会是全球化的缩影和助燃剂。伴随全球化进程，国际组织与国际标准应运而生。万国博览会不仅是各国科技文化成就的展示，也有类似奥斯卡金像奖式的选优评优功能，其评审范围遍及世界文化与科技工业的最新成果。巴拿马博览会就设有评委、“审查”等职。美术馆评委纽豪斯认为：“离精彩的日本美术馆不远处便是中国艺术馆。中国艺

---

① *To Leo Tolstoy*. cf. https://blog.bookstellyouwhy.com/sully-prudhomme-leo-tolstoy-and-the-first-nobel-prize

术馆令人无比遗憾。展品呈现的色彩一片混乱，完全没有东方艺术的纯熟。"① 有"女审查"至工艺馆参观，斥责中国工艺裹足不前，"犹熟睡耶"②。当时中国的丝绸、茶叶销路几乎被意大利、日本、印度等国阻断，并非材质不好，而是因为制作工艺不佳。其时为民国北洋政府时期，中国百废待举。从评委、"审查"的意见中，可以窥见科技、文化领域国际标准的端倪，如创新意识、"纯熟"的工艺与均衡协调的美感等。

与万国博览会、国际电影节等相似，诺贝尔文学奖也是全球化时代对全人类的文明成就进行评估的一种方式。虽然百年来争议丛出，但诺贝尔文学奖迄今仍然是全球最有影响力的文学奖项，它逐渐建构起了世界文学的实际疆界，强化了世界文学的意识，也在无形中形成了一套引领世界文学、评估世界文学的国际标准。哈佛大学达姆罗什教授（David Damrosch）在《什么是世界文学》（"What Is World Literature?"，2003）一文中，描述了世界文学的三种基本模式，即一部文学作品可以是经典的作品，或杰出的作品，或作为观察世界的窗口。经典文学往往指古代具有权威性的作品，如儒学经典就是如此，维吉尔和荷马也是如此，这些作家的作品是真正意义上的世界文学作品；然后就是那些现代的但并未有定论的作品，杰作确实是歌德定义世界文学的基本观点，因为那些作品确实艺术上是优秀的，即使在今天这些作品也在流通并得到读者的认可；但也有一类作品，即使没有伟大的文化传统，也没有一篇书评能够认可它，但它毕竟被译成了多种语言，那也可以被看作是世界文学。这在很大程度上体现了现代文学市场的作用，伏尔泰的《老实人》在出版的第一年就被译成十种语言，甚至在当时并未被收入任何文选，也没有受到任何批评性反应，但竟也成了世界文学，其原因就在于它的流通，在于它的意义和品质得到了人们的认可。

首位诺贝尔文学奖得主普吕多姆的《裂缝的瓶》《天鹅》《银河》《眼睛》等诗堪称杰作，但并未达到伟大经典的高度，其影响力远逊于同时代的托尔斯泰等世界级文豪。但是，在诺奖光环的照耀下，普吕多姆进入了世界文学的殿堂，成为在世界知名的法国诗人，虽然相对于辉煌灿烂的法国文学传统中诸如雨果、巴尔扎克、福楼拜、左拉等小说巨匠，瓦雷里、马拉美、魏尔伦、波德莱尔等诗

① 程玲，《巴拿马太平洋万国博览会上中国形象的传播》，《重庆邮电大学学报》（社会科学版）2017年第29卷第4期，第130页。

② 程玲，《巴拿马太平洋万国博览会上中国形象的传播》，《重庆邮电大学学报》（社会科学版）2017年第29卷第4期，第130页。

歌巨星，普吕多姆只是世界文坛上空不甚炫目的一颗星，但他却是世界文学史上不能遗漏的小人物。普吕多姆获得首届诺贝尔文学奖的理由是，“其诗作展现了崇高的理想主义、艺术的完美与罕见的情感与理智的融合”（“in special recognition of his poetic composition, which gives evidence of lofty idealism, artistic perfection and a rare combination of the qualities of both heart and intellect.”）①。虽然百年来对于诺贝尔文学奖的评审标准及相应结果一直都有争议，虽然百年来诺贝尔文学奖的评审标准变化不定、难以拿捏，但理想主义、技艺完美及以后出现的族群代言性这三条标准大致贯穿始终，且对世界文学评判体系的产生发挥着潜移默化的作用。

① https://www.nobelprize.org/prizes/literature/1901/summary

# 国立西南联合大学与莎士比亚*

原一川[1]　原　源[2]

1. 云南师范大学　外国语学院，云南昆明　650500

2. 云南师范大学　外国语学院，云南昆明　650500

**摘　要**：本文使用文献研究法，首先，讨论了抗日战争时期在云南昆明八年之久的国立西南联合大学外文系的莎士比亚教学和研究，包括课程设置、授课教师、教学方法和论著等；其次，还分析讨论了国立西南联合大学的博雅教育对中国莎士比亚教学与研究的影响；文章最后认为，国立西南联合大学对中国莎学研究的巨大贡献功不可没。

**关键词**：西南联大；莎士比亚；影响与贡献

抗日战争时期，国立西南联合大学（以下简称西南联大）外文系在中国昆明办学期间（1938—1946）培养了毕业生202人，曾在外文系学习、三校复原后分发至北京大学西语系和清华大学外文系学习的学生有140余人。西南联大不仅培养了一大批抗日战争时期的翻译人才，还涌现出中国诗歌史上著名的“中国新诗

---

* 收稿日期：2019年2月12日

作者简介：原一川（1957—　），男，山西榆社人，澳大利亚拉筹伯大学语言学博士，云南师范大学外国语学院教授、研究生导师，曾任云南师范大学校长，教育部高等学校外语类专业教学指导委员会英语分会委员，国际多语教育协会中国区多语能力与多语教育研究会会长，教育部国家基础教育实验研究中心特聘外语研究员，中国西部外语教育研究会副会长，上海外语教育出版社特约编审，云南省外语教育学会会长，云南省中学外语教学研究会副会长，云南省小学外语教学研究会会长，云南省高校高级职称评委会委员外语学科组组长，云南省高校高级职称评委会委员等职务，主要从事英语语言文学、应用语言学以及汉语国际教育教学与研究。

原源（1986—　），女，山西榆社人，香港教育大学英语教育硕士，云南师范大学外国语学院讲师，主要从事大学英语教学与研究。

派”，保存了抗日战争时期的重要科研学术力量，培养了一大批卓有成就的优秀人才，为中国和世界的发展进步做出了杰出贡献。除此之外，西南联大外文系还培养了一批著名的威廉·莎士比亚（William Shakespeare，1564—1616）研究专家，为中国莎学的发展与跻身于世界莎坛发挥了不可磨灭的作用，这是众所周知、不可否认的。目前，西南联大外文系的研究成果丰硕，大多围绕战时记事、人才培养模式、通才教育、课程设置、教授群体、“新诗派”和盟军译员等内容，而西南联大的莎学研究文献却寥寥无几。西南联大对莎士比亚教育和中国莎学所做出的贡献，历史是不会忘记的。为弥补西南联大研究莎学文献不足的这一局限，本文将讨论西南联大通才教育莎士比亚教学，西南联大对中国莎士比亚研究的贡献等问题。

## 一

中国抗战时期，地处云南昆明的西南联大文学院包括了中国文学系、外国语文学系、历史学系、哲学系和心理学系。外国语文学系（以下简称联大外文系）由清华大学和北京大学外国语文学系以及南开大学英文学系组建的，是联大文学院最大的系，外文系教授叶公超（原北京大学外语系主任）担任系主任。1937年11月，长沙临时大学时期，文科各系在南岳圣经学校上课。1938年暑期，云南省蒙自县分校撤销，外文系随文法学院各系迁昆明，第二年秋开始在大西门外昆华农业学校上课。1939年新校舍落成后，外文系办公室及图书室位于新校舍东北角。1940年10月，叶公超离校，外文系主任由柳无忌（原南开大学英文系主任）暂代。不久后，柳无忌赴重庆中央大学任教，系主任由陈福田（原清华大学外文系主任）继任。1943年秋，陈福田休假离校，系主任由莫泮芹代理。1944年10月，莫泮芹赴美国，由吴达元短期代理系主任。陈福田返校后仍继任系主任。1946年初，陈福田先回北平，筹备清华复校事，联大外文系主任由杨业治暂代。

文学院各系教师一般都在12至14人，而联大外文系教授最多时达20余人，荟萃了三校名师，有清华的陈福田（哈佛大学硕士）、吴宓（哈佛大学硕士）、叶公超（剑桥大学硕士）、吴达元（法国里昂大学文学院硕士）、杨业治（哈佛大学德语系文学硕士）等人，北大的莫泮芹（哥伦比亚大学博士）、冯至（海德堡大学哲学博士）、闻家驷（法国巴黎大学、格林诺布尔大学）等，南开的卞之琳（1947—1949牛津大学研究员）、柳无忌（耶鲁大学博士）、罗开南等人，短

德等。先后讲授这门课的教师有吴宓、叶公超、闻家驷、温德、杨业治、莫泮芹、李赋宁等。“欧洲文学史”由吴宓讲授，课程内容广博，不仅包括西欧、北美文学，还兼及俄国、东欧，以及印度、波斯、日本等国文学，为学生提供广阔的视野和系统世界文学知识。讲授“英国诗”的教师有燕卜荪、温德、莫泮芹等。“西洋戏剧”一学年称“英国戏剧”，由柳无忌、赵诏熊讲授。“莎士比亚”也称“莎士比亚研究”，先后由燕卜荪、温德、陈嘉担任授课教师。还有选修课，如“英国文学史”由柳无忌讲授，“欧洲古代文学”“人文主义研究”“中西诗之比较”由吴宓讲授，“欧洲中古文学史”由杨业治讲授，“文艺复兴时代文学”由钱锺书讲授，“伊丽莎白时期文学”“英国诗史”由白英讲授。

与莎士比亚课程相配合，其他西洋文学课有关莎士比亚的内容都是必讲的内容之一。吴宓每讲授一次“欧洲文学史”时，总要尽力重读他已熟悉的内容，特别是莎士比亚的作品。这些课程和莎士比亚课程点面结合，纵横交叉，通专相得益彰，在相当大的程度上将求学者引入了博大精深的莎士比亚世界，为他们今后深入研究莎士比亚奠定了坚实的基础。高雅脱俗的言谈举止和气质，学术大师的气度与为莎学献身的精神来自会通东西之精神思想的学术涵养。通博精深的学术境界需要高雅的志趣来提升，而莎士比亚课程的开设为这种提升提供了可能。①

1939 年 8 月 23 日，西南联大恢复清华大学研究院文科研究所，在外国文学部的招生考试中莎士比亚及其相关课程“西洋文学史”“英国浪漫主义诗人”“英国戏剧”等均被列为考试科目。可见西南联大把莎士比亚及其相关知识的掌握列为研究生必备的素质之一。

## 三

在联大外文系开设莎士比亚课程影响最大的应首推威廉·燕卜荪教授。燕卜荪 1906 年 9 月 27 日生于英格兰约克郡，出身于贵族家庭，是英国著名文学批评家和诗人。1925 年，进入剑桥大学主修数学专业，两年后获到学位考试第一名。但是，出于对文学的热爱，1927 年他改学文学专业，两年后获得文学学位，并且写出他的成名作《朦胧的七种类型》（*Seven Types of Ambiguity*），代表作品还有

---

① 李伟民，《莎士比亚与清华大学——兼论中国莎学研究中的“清华学派”》，《四川戏剧》2000 年第 5 期，第 13—17 页。

《田园诗的几种形式》《使用传记》等。他在诗歌创作上认同艾略特及玄学派，在文学批评上则师承新批评主义代表艾弗·阿姆斯特朗·瑞恰慈（Ivor Armstrong Richards，1893—1979）。1937 年应北京大学外文系主任叶公超之邀，燕卜荪来北大任教。不久抗战爆发，燕卜荪与学校共进退，他与叶公超同行第一批达到南岳。燕卜荪赶到长沙加入西南联大的前身长沙临时联合大学。为躲避轰炸，学校在长沙西南里的南岳村复课。当时学校大局未定，图书奇缺，燕卜荪的书又没有从北京带来，因此，这给燕卜荪一个大展身手的好机会。三年级修的“莎士比亚”连课本都没有，燕卜荪凭借惊人的记忆力整段背诵《麦克白》（*Macbeth*）写在黑板上，再逐一讲解，一时传为佳话。后经对照，相差无几。但据巫宁坤回忆是整部《哈姆雷特》（*Hamlet*）。据赵瑞蕻回忆，是“整段整段《奥赛罗》，还有乔叟和斯宾塞”。或许记忆有偏差，但是唯一可以确定的是在长沙，燕卜荪靠记忆力上课。燕卜荪的记忆力之强和他对祖国文学遗产的热爱，让联大的学生敬佩不已。赵瑞蕻说：“这一层使人想起当年秦始皇焚书坑儒以后，天下无书，大部分全凭那些白发皓首的大儒将经书整部整篇背诵出来，那种传奇一般的神异的故事。”① 在云南蒙自国立西南联合大学分校时，燕卜荪开设了“英国诗”和“莎士比亚”两门课程，“燕卜荪先生的课更有一种诱人的力量——那是除了敬仰之外，更有新鲜与好奇这两种潜力”②。李赋宁先生回忆道：

> 燕卜荪教授教导我如何从语言一词多义的特征和语言的含混性的角度深入发掘作品的含义，对作品进行深入的分析。燕卜荪教授批改学生的作业或作文，非常细致、认真，使我能够避免华丽、空洞的词句，学会用明确、朴素的语言直截了当地表达思想③。

他热烈的授课方式让学生身临其境，不久学生就由对他的好奇转为由衷的钦佩与感动。在联大外文系学生的回忆文章中，燕卜荪总是那样特殊又亲切，不谙世事又极具才智。而燕卜荪给西南联大带来的不仅是英诗课、莎士比亚课、英国

---

① 赵瑞蕻，《离乱弦歌忆旧游》，武汉：湖北人民出版社，2008，第 49 页。

② 赵瑞蕻，《离乱弦歌忆旧游》，武汉：湖北人民出版社，2008，第 48 页。

③ 李赋宁，《饮水思源话恩师》，庄丽君编，《世纪清华》，北京：光明日报出版社，1998，第 253 页。

诗人的气质，更是他所代表的一代西方诗人的精神内涵①。

罗伯特·温德是美国人，曾就读于沃巴什学院（Wabash College），获得文学学士学位，毕业时入选美国大学优等生全国荣誉学会，还获得哥伦比亚大学比较文学系的校级奖学金。因付不起学费，他仍留在沃巴什学院，并在短短的一年内获得硕士学位。他与当时美国意象派诗人埃兹拉·庞德（Ezra Pound，1885—1972）有过短暂的共事，他们曾在一起谈论文学分期的观念，并保持了一年多的通信。温德先后在沃巴什学院、西北大学和芝加哥大学任教。1923年因闻一多推荐，温德来华任教，他先在东南大学任教，1925年由吴宓推荐到清华大学任教。他深受学生尊敬，又因在清华大学外文系工作时间长，被学生称为“老温德”②。李赋宁曾在文章中提及温德在西南联大教书之事，称：

> 温德先生的“莎士比亚”课教得极为生动。他能表演剧中的每一个重要角色。他讲《李尔王》和《麦克白》，其效果简直等于在上演莎翁的悲剧。他表演Macbeth和Lady Macbeth的对话，用两种不同的声音来产生喜剧效果。我听过Empson、耶鲁的Mack教授和Prouty的莎士比亚课，各人有自己的教法。但是温德先生的莎士比亚课最为生动、感人③。

1939年10月24日，西南联大常委会召开专题会，特聘孙家琇女士为外国语言文学讲师。孙家琇原籍浙江余姚，1914年生于天津。在她身上兼有南方人的秀逸和北方人的奔放两种性格。父亲曾任天津水产学校校长和教育厅长，几位兄妹都曾留学美国。在家庭环境的熏陶下，她从小学习努力，就读天津中西女学时，成绩全班第一。1933年毕业时被保送到燕京大学英语系。两年后获美国加州米尔斯大学（Mills University）奖学金，入英国文学系。她经常想着要给中国人争光。1937年以优异成绩取得学士学位，入选美国大学优等生全国荣誉学会，这是美国一个由成绩突出的大学生、研究生组成的荣誉学会。她在米尔斯上学时利用暑期去俄

① 王燕，《西南联大外文系的文化精神——外文系与联大群》，《潍坊师范学院学报》（社会科学版）2004年第1期，第81—85页。

② 陈雪芬，《西南联大外文系教授群体研究》，《黑龙江高教研究》2017年第10期，第99—103页。

③ 陈雪芬，《西南联大外文系教授群体研究》，《黑龙江高教研究》2017年第10期，第99—103页。

勒冈大学和加州大学等校的莎士比亚研究班学习。1937—1939 年，她进入蒙特霍留克大学（Montauk University）研究院，攻读 16—17 世纪英国戏剧文学，获硕士学位。她还曾任该校实验剧场教师一年。1938 年夏，她在哈佛大学剧本创作班学习时，写了抗日的独幕剧《富士山上之云》，在蒙特霍留克大学实验剧场公演过。1938 年，她看到一美国人偷拍的南京大屠杀纪录片，被激发起来的爱国心、民族恨，使她无法在国外待下去，迫切要求回国抗日。她路经欧洲，与先赴柏林的巫宝三先生结婚，一同回国[①]。由于孙家琇在美国专攻莎学研究，所以她的加盟增加了新鲜血液和新生力量，联大外文系莎士比亚教学和研究无疑得到极大的加强。

## 四

在中国莎学发展史上，有一批著名莎学家为中国莎学的发展做出了不可磨灭的贡献，这就是受惠于西南联大的学人。几十年后，这些西南联大毕业的学子或任教的教师都不约而同地选择了莎士比亚，并且在莎学研究领域做出了重大贡献，促进了中国莎学的发展，为中国莎学能跻身于世界莎坛，对中国莎学走向世界发挥了不容忽视的重要作用[②]。

林同济于 20 世纪 50 年代后期的研究兴趣集中于莎士比亚校勘，译有《丹麦王子哈姆雷的悲剧》。讲师陈嘉曾发表长篇论文《莎士比亚“历史剧”中所流露的政治见解》等多篇论文，其莎学研究成果大都包括在遗著《莎士比亚文集》中。柳无忌译有莎剧《该撒大将》并发表论文多篇。卞之琳除发表大量莎学研究论文，还译有《莎士比亚悲剧四种》，著有《莎士比亚悲剧论痕》。杨周翰发表《论莎士比亚的悲剧〈哈姆雷特〉》等多篇重要论文，主编《莎士比亚评论汇编》。孙家琇在莎学研究上取得了令中外莎学界瞩目的成就，除发表大量莎学论文外，著有《论莎士比亚四大悲剧》《莎士比亚与现代西方戏剧》，主编《莎士比亚辞典》。王佐良着力于莎剧语言的探讨，著有《莎士比亚绪论——兼及中国莎学》。李赋宁著有《莎士比亚的〈皆大欢喜〉》《莎士比亚的〈理查二世〉》等文章。黄雨石翻译了莎士比亚杂诗。郑敏用散文翻译了《裘力斯·恺撒》《李尔

---

① 孙家琇，百度百科［O/L］，https：//baike. baidu. com/item/% E5% AD% 99% E5% AE% B6% E7% 90% 87/2860748?fr = aladdin. 2018/5/24.

② 李赋宁，《饮水思源话恩师》，庄丽君编，《世纪清华》，北京：光明日报出版社，1998，第 253 页。

王》，著有《恺撒大帝—— 一颗多截面的钻石》与《〈李尔王〉的象征意义》。贺祥麟主编的《莎士比亚研究文集》为中华人民共和国成立后出版的第一本莎士比亚论文专集。许国璋后来虽然没有专门从事莎士比亚研究，但他于20世纪80年代发表了《莎士比亚十二赞》《爱默生论莎士比亚》《莎士比亚的语言》以及《梁实秋谈翻译莎士比亚》。许国璋对梁实秋、朱生豪译莎的追忆以及对朱译本极高的评价，晚年到外地给学生讲授莎士比亚，表明暮年的许国璋仍极为钟情莎士比亚，这与他早年在清华和西南联大受的莎士比亚教育有着千丝万缕的渊源。

孙家琇在中华人民共和国成立后，历任中央戏剧学院戏剧文学系主任、教授，国务院学位委员会学科评议组成员，中国莎士比亚研究会副会长、会长，文化部艺委会委员，中国文联第四届委员，中国剧协第三届理事。两次获“全国三八红旗手”称号，是第六届全国政协委员。编著有《论莎士比亚四大悲剧》《马克思、恩格斯和莎士比亚戏剧》《莎士比亚与现代西方戏剧》；论文有《从〈裘力斯·恺撒〉看莎士比亚的历史、政治意识》《莎士比亚大悲剧的“前奏”——〈裘力斯·恺撒〉》《莎士比亚笔下的悲剧性人物——勃鲁托斯形象及其艺术创新》《莎士比亚的英国历史剧——从〈爱得华三世〉可能是莎作谈起》等。孙家琇的莎学研究在新时期以来的中国莎学研究领域占有极为重要的位置。她是中国莎学取得“复兴”和长足发展的30多年中最重要和影响最大的莎学学者之一。她的莎学研究论著也是最重要的中国莎学研究基本文献。她又是老一辈莎学家中以马克思主义和辩证唯物主义、历史唯物主义为指导研究莎剧，将书桌上的纯学术莎学研究与舞台上的莎剧演出研究结合得相当紧密的莎学家之一。她的许多论著和学术观点在中国莎学研究史上都是开先河的，有筚路蓝缕、开卷海内的风雅之声和摇笔云飞之势①。

在这些莎学专家中，有多人分别担任中国莎士比亚研究会会长、副会长、理事，为中国莎士比亚研究会创始人，多次参加世界莎学研讨活动，在中国莎士比亚戏剧节和上海国际莎士比亚戏剧节期间发挥了领导力量。他们培养了中华人民共和国第一批莎士比亚研究的硕士、博士，这一切都与他们早期在三校和国立西南联合大学接受的莎士比亚教育、莎学研究氛围难以分开。历史将不会忘却，人们会永远牢记西南联大对中国莎士比亚教育和研究所做的巨大贡献。

---

① 李伟民、李黎，《将飞更作回风舞——孙家琇莎学研究思想》，《重庆邮电学院学报》（社会科学版）2003年第5期，第79—82页。

# 姜峯楠《呼吸》写作风格刍议*

任　欢

成都文理学院　外国语学院，四川金堂　610401

**摘　要**：姜峯楠是美国当代最优秀的华裔科幻作家之一，《呼吸》是他最新短篇小说集《呼吸》中的一篇颇具代表性的同名作品。本文结合姜峯楠的人生经历、专业阅历，对《呼吸》这篇科幻小说的写作风格进行了研究。

**关键词**：姜峯楠；《呼吸》；写作风格

姜峯楠（Ted Chiang，又名特德·姜，1967—　）是美国当代最优秀的华裔科幻作家之一。他的作品多为短篇、中篇，数量不多，不过，却获评为最佳美国短篇小说系列，这是文学界的最高荣誉之一。他最新出版的短篇小说集《呼吸》（*Exhalation*：*Stories*）中的《呼吸》（"Exhalation"）是一篇科幻小说，其写作风格很有特色，很值得研究。

《呼吸》通过一个超现实的恐怖情景，讲述了一个严峻的发现。在这个小说构建的世界中，人们通过更换充满氩气的铝制圆柱体（他们的"肺"）来维持生命活动。在空气补给站进行的最基本的更换铝制圆柱体的活动也成了维持人际关系的一种方式。对公告员几次计时错误的研究发现，根据小说主人公、一名解剖科学家的推测，这与时钟本身无关。原来，在利用机器驱动的大脑中，这位科学家给自己做了手术，他打开自己的头来观察自己思想的实时运行，结果发现了这个宇宙的真相。解剖科学家对解剖自己的过程中所经历的奇怪时刻做了描述：

---

* 收稿日期：2021 年 9 月 12 日

作者简介：任欢（1986—　），女，四川盐亭人，英语语言文学硕士，成都文理学院外国语学院讲师，主要从事英美文学、英语教学研究。

看到这些不停摆动的金叶，我明白了空气不像我们通常所想的那样，仅仅为实现思维的引擎提供动力。事实上，空气恰恰是我们思维的媒介。我们的思维就是一种气流的模式①。

与此同时，主人公的大脑也在直视着死亡：

身体锁在固定支架上，大脑四处悬挂在实验室里——那么做是不可能的。我能看见自己喧嚣的思维引发大脑中的叶片飞速运动，这反过来又增长我对这种约束状态的不安。在这样的时刻恐慌起来可能会导致死亡：被噩梦般困住的同时再不自由地扭动身体，挣扎着对抗身体的束缚，直到空气耗尽②。

小说中描写的这种场面着实令人感到惊悚，不过，也的确使人感到新奇。主人公自我解剖的场景描写有一种陌生的亲密感，这与主人公生存的世界紧密相关。小说使这种情景的展现无法成为一个属于人类的故事，这是这篇小说创造的另一个世界。这并不是一个简单描述关于气候变化或是环境保护的问题，故事展现给我们的是一种完全陌生的生命形式所经历的不可逆转的灾难。姜峯楠在小说中把故事牢牢地控制在叙述人——主人公的视角之下，尽管主人公的发现引起了集体恐慌，但是他却欣然地接受了对自己命运的安排。在姜峯楠的小说中，世界即将毁灭这件事情给予了人类一个反思的机会，并以一种温柔的、能够使人感同身受的方式展现出来。"你的探险者同伴们将会读到我们留下的其他书籍，通过你们合理思考，我们的整个文明将重获新生。"③ 小说并不是在简单地肯定生命的价值，而是在探索这种人类的和非人类的特殊的共鸣，探索人类的和非人类的生命存在的本质和价值是如何通过特定的经历甚至是死亡而产生的。

由此可见，姜峯楠在《呼吸》中体现出来的写作风格是十分独特的。那么，我们不禁要发问，他为什么会形成这样的写作风格呢？其实，要寻找到这个问题的答案并不困难。他这种独特的写作风格可以追溯到他特殊的个人经历上。1967

① ［美］特德·姜，《呼吸》，耿辉等译，南京：译林出版社，2019，第47页。
② ［美］特德·姜，《呼吸》，耿辉等译，南京：译林出版社，2019，第50页。
③ ［美］特德·姜，《呼吸》，耿辉等译，南京：译林出版社，2019，第54页。

年，姜峯楠出生于美国，是一个典型的“理科男”。他毕业于常春藤大学之一的布朗大学，取得的学位是计算机科学。1989 年，他加入了“克莱里恩工作坊”，其目标是培养科幻作家的写作。可以说，他经历了系统的计算机专业学习，接受了系统的计算机专业培养，或者说，受到了潜移默化的计算机专业的影响，这就造就了他系统性和逻辑性都很强的思维方式，从而在小说中创造出奇妙乃至于令人震撼的虚幻世界来。也正是由于他的计算机专业知识，他创造出的故事才更符合逻辑，才更具有可信度。即使是在一些天马行空的场景设定中，也由于他赋予小说强有力的内在逻辑性而让人叹为观止且心悦诚服。在《呼吸》中，主人公对自己的大脑进行自我解剖这一环节进行了详尽的描写，其过程虽然复杂、精密，但是却具有极强的逻辑性，能够使读者清楚地了解到主人公所在世界的运行机制。姜峯楠的每一部科幻作品都是如此，不仅构思精确、深思熟虑，而且无论看起来多么牵强附会、不可思议的幻想，都能以他个人独特的语言风格十分生动、有效地表现出来，都能够让人立刻沉浸其中，让人反复玩味，《呼吸》就是这样的一个极佳的例子。

有比较才能有鉴别。较之于其他科幻作家，姜峯楠确有其独特之处。

姜峯楠的科幻作品之所以能够广受读者的欢迎和评论家的赞誉，一个主要的原因就是他能够运用具有逻辑性的语言，将人类的超乎寻常的想象力表现在作品之中。他的文学语言具有高度的抽象性和概括性，这样的语言在他的作品中更能够营造出一种与众不同的、带有温度的诗意语境，使科幻文学作品的内容不仅仅局限于对科技、宇宙战争等方面的表述，而是开拓了将科学技术、人文社会和宗教信仰等多领域学科和元素融入科幻文学作品，从而得到统一的新局面①。

大部分科幻作家在对未来的各种可能性以详细周密的文字进行描绘时，大多数读者可能都无法猜想到事情可能的结局是什么，从而不得不疲于阅读那些复杂而冗长的开头，以便寻找到最终的答案。相比之下，姜峯楠却善于使用精练且富有逻辑的语言对一些深刻的话题进行分析、处理，这无疑能吸引读者更加高兴、愉悦地顺着他的思路前往他笔下创造的温暖且具有魅力的小说世界。《呼吸》就是这样的一篇作品。

在《呼吸》这篇小说中，姜峯楠以第一人称的视角讲述了一个惊人的发现：从宇宙诞生的那一刻起，故事的结局其实就已经注定了。在姜峯楠创造的这篇小

---

① 姜虹，《特德·姜文学作品中诗意的生命思考》，《文学教育》2013 年第 12 期，第 16 页。

说的世界中，人们普遍认为“空气是生命之源”，但是事实并非如此，他们每天消耗的并非空气，而是气压差。一旦各方气压达到均衡，就代表着空气将无法进行流动，人们也将失去思考与行动的能力。对于这一悲伤结局的命运注定，主人公并没有像其他人一样感到惊慌失措、六神无主，而是勇敢地面对，想方设法去阻止这一悲剧结果的出现。姜峯楠是用一种平静而且乐观的语气来描述这一悲剧结局的。姜峯楠在《呼吸》中体现出独特而且具有温度的语言艺术，这使得他科幻背景下发生的悲伤故事显得十分贴近人心，甚至触碰到了人心底最柔软的地方。大多数人与故事中试图扭转局面的人相似，他们都不愿意直面悲伤的故事结局，不愿去承认“我”即将消失这一残酷、冰冷的事实。然而，姜峯楠却用他那温暖的语言文字告诉所有人，人存在过这件事情就是世界上最美好的事情。“仔细想想，得以存在便是一个奇迹，能够思考就是一件乐事。”①

在《呼吸》这篇小说的末尾，主人公在给探索者的留言中写道：

> 我希望你不要因为知道结局而感到悲哀，希望我们的探险不仅仅是为了搜索充当储气槽的其他宇宙，希望你们在求知欲的激发下，渴望见识宇宙呼出一口气能产生什么结果。因为即使一座宇宙的寿命可以预测，宇宙中生命的多样性也是无法统计的。我们的建筑，我们的美术、音乐和诗词，我们各自的生命；没有一个可以预测，因为这些都不是必然的②。

整段文字中并没有体现主人公对未来的悲哀，而是用一种积极的态度来对现在所经历的一切进行肯定性的评价。姜峯楠像是用文字去拥抱、温暖每一个对未来充满恐惧的人，仿佛用温暖的双手抚慰着他人的心灵：尽管结局早已经注定，但是你的生命依旧熠熠生辉。

姜峯楠的语言文字总是能为读者带来新鲜的体验，他那平静的叙述真是对心灵的一击，让人阅读之后陷入深深的思考，这正是他小说语言具有“温暖”特质的有力证明。

毫无疑问，《呼吸》这篇科幻小说涉及了生命的话题。从不同角度出发，可以对于生命做出各自不同的解释。从生物学的角度来说，生命是生物体所表现出

---

① ［美］特德·姜，《呼吸》，耿辉等译，南京：译林出版社，2019，第55页。

② ［美］特德·姜，《呼吸》，耿辉等译，南京：译林出版社，2019，第55页。

来的自身繁殖、生长发育、新陈代谢、遗传变异以及对刺激产生反应等复合现象。从宿命论者的角度来说，生命是可以等同于命运的①。在姜峯楠有温度的语言表述和他营造的唯美语境的烘托下，这篇科幻作品在不同的方面体现了作者对于生命这一话题的思考：生物生存能力本身是什么，生存活动中价值的体现是什么，已经注定的命运安排是什么，凡此种种，不一而绝。

在《呼吸》中，主人公在发现了这个宇宙的秘密时并没有表现出过分的惊慌失措，而是平静地去面对“宇宙终将毁灭”这一惨痛的命运，这在一些意欲千方百计延长宇宙时间的人群中显得格格不入、出类拔萃。的确，在突如其来的“死亡通知”下，大多数人都会试图去扭转悲剧的结局。小说的主人公坚信维持生命活动的气压趋于平衡这一过程是无法逆转的，命运是无法改变的，然而，他并没有丧失信心，而是依旧对世界抱以最美好的期待。生命的真正意义究竟是什么，不管怎么说，生命的存在本来就是一个奇迹。宇宙以什么形式诞生，“我”的存在也由此开始。姜峯楠在这篇小说中告诉我们的一个道理：即使结局无法改变，我们生命每一瞬间的闪耀都是具有不可否认的价值、意义的。

姜峯楠在《呼吸》中所要表达的意思应该是，大凡世间的事情，结果其实并不重要，重要的是一个人所经历的过程。小说主人公在一次偶然想法的驱使下，为了寻找世界的真相而对自己的大脑进行解剖，并且从中得知了宇宙终将归寂的事实。这种自我解剖的过程令人心惊胆战，得知的结局又让人黯然神伤，但却是主人公勇于探索美好新世界的一种可贵的尝试。他惊喜地发现：“虽然我们的宇宙在滑向均衡的过程中也许只能静静地呼气，但它繁衍出的这个丰富多彩的宇宙却是个奇迹。”② 换句话说，在宇宙诞生之前，一切都是没意义的，而在宇宙毁灭之后，一切也是没有意义的，我们生命的意义存在于从宇宙的诞生到毁灭之间的这整个过程。如果过于纠结事物的开始与结果，而忽略它存在的过程，那么，这件事物将失去它存在的意义。就如我们的生命一般，无论是感叹诞生还是灭亡，都没有意义，重要的是我们如何把这短暂的一生变得更加闪耀，更加夺目，更加璀璨。这跟中国传统文化中儒家的人生价值观具有某种程度的契合，《周易·乾》中讲：“天行健，君子以自强不息。”③《论语·泰伯》中说：“士不可

---

① 姜虹，《特德·姜文学作品中诗意的生命思考》，《文学教育》2013 年第 12 期，第 16 页。

② ［美］特德·姜，《呼吸》，耿辉等译，南京：译林出版社，2019，第 55 页。

③ 阮元校刻，《十三经注疏》上册，北京：中华书局，1980，第 14 页。

以不弘毅，任重而道远。”①

虽然姜峯楠没有对美好事物进行直接的描绘，但这并不妨碍他对美好事物的向往，也不妨碍读者对于茫茫宇宙生发出无限的遐想。就像《呼吸》的主人公一样，他在进行自我解剖时，瞥见了脑部件内惊人的机械结构：

> 就算看到的内容不多，我也能断定这是我见过的最具美感的复杂机械，超越了我们制造的一切，它毫无疑问具有非凡的起源。眼前的这一幕令我兴奋得不知所措。我又严格地从美学角度出发，品味了好几分钟，然后才继续探索。②

即使在如此恐怖的解剖过程中，主人公也善于发现美，欣赏美；即使了解了残酷悲伤的真相，也依旧乐观，依旧感叹生命的美好。这无疑可以引出一种积极的人生态度，从这一点来看，姜峯楠这篇小说所传递的是正能量。

第一次品读姜峯楠的《呼吸》，可能会对他的语言文字产生一种复杂、晦涩之感。然而，只要慢慢品读、细细研究，就能够发现其中的魅力，为作者在小说中营造出的温柔所感动。在他的科幻作品中，总会出现让人屏住呼吸感叹其巧妙构思与独到思考的情节，他的科幻小说的情节发展太过于出人意料但是又十分符合逻辑发展。在语言的运用上，姜峯楠形成了与传统科幻作家截然不同的风格，文字精练，又带有区别于其他人的温暖与平和之气。他不会将笔墨着重用于大场面的描绘，而是将文字聚焦在心灵的共鸣与灵魂的碰撞之上，这也是他成为科幻创作界黑马的一大原因。

姜峯楠在科幻小说创作上之所以获得巨大成功，一个重要的原因是他将对生命的思考融合在了科幻的题材之中，这不仅使他的作品充满思想，而且还使他作品的艺术造诣更上一层楼③。读者不仅可以发挥自己的无尽想象，在姜峯楠创造的科幻小说世界中尽情漫步，而且在阅读的过程中可以与作者的思想无限接近，对于读者来讲，这又是一种新奇的体验。

在《呼吸》中，姜峯楠不仅展示给读者一个全新的世界，向读者介绍了这个

---

① 阮元校刻，《十三经注疏》下册，北京：中华书局，1980，第2487页。

② ［美］特德·姜，《呼吸》，耿辉等译，南京：译林出版社，2019，第44页。

③ 赵芝眉，《科幻中的美与自我》，《北方文学》2017年第2期，第187—189页。

世界的故事，同时，也将读者带入这个世界，仿佛读者也是他创造的这个世界的一份子。困扰着主人公的问题同样也困扰着读者，这样，就达到了很好的共情效应。姜峯楠的《呼吸》不仅在文学意义上使人感到愉悦和享受，同样在思想上更让人获得无限的灵感与启示，是艺术性与思想性有机结合的产物。许昌学院外国语学院副教授刘向辉认为，姜峯楠的创作具有“开放性、哲思性、先锋性”的特点[①]，是很有道理的。其实，他的《呼吸》也具有这样的特点，尤其是“哲思性、先锋性”这两点，十分贴切。

姜峯楠“虽然20多年来只创作了十几个中短篇小说，却几乎拿遍了科幻文学界的所有大奖，令人惊异的是居然四次斩获雨果奖和星云奖这两个科幻文学领域的至尊奖项”[②]。评论家大卫·布林说，姜峯楠“将值得用于一部长篇小说的点子、才智、鲜活的想象和少见的洞察力凝结在短篇小说中”。而对于别具一格的故事内容，评论家朱诺特·迪亚兹说，姜峯楠的作品“光芒万丈、荡气回肠，令人脑洞大开”，从“整体来看，姜峯楠开启了一个全新的科幻文学书写模式”[③]。2012年、2016年，姜峯楠两次应邀为“克莱里恩工作坊”的导师，专门就如何创作科幻文学作品对学生进行指导。其实，姜峯楠在科幻小说创作方面所表现出的写作风格对中国今后的科幻小说的发展也具有较高的参考、借鉴价值。

---

① 刘向辉，《一个理科男的走红背后》，《博览群书》2018年第2期，第109页。
② 刘向辉，《一个理科男的走红背后》，《博览群书》2018年第2期，第106页。
③ 刘向辉，《一个理科男的走红背后》，《博览群书》2018年第2期，第106页。

# 论列夫·托尔斯泰思想的矛盾性*

杨尚雨

四川师范大学　文学院，四川成都　610068

**摘　要**：马克思主义唯物史观认为，人类历史作为物质世界的一部分，决定了生活在某一时代的某一区域的人的社会意识。托尔斯泰所生活的时代，正是俄国社会急剧变化、激荡发展的时代。而这样的时代背景，也使这位出身贵族而对农民抱有深厚感情的伟大作家出现动荡甚至自相矛盾的思想成为必然。本文将从托尔斯泰在其作品中所体现出的战争与和平观、个人欲望与社会道德观及世俗与宗教信仰观出发，探索托尔斯泰复杂的思想，揭示出其内在的矛盾性。

**关键词**：侵略战争；本能欲望；自己的宗教

列夫·托尔斯泰（Лев Николаевич Толстой，1828—1910）是一位享誉全球的批判现实主义作家，他的作品自诞生以来已经影响和启发了无数对人生问题进行艰苦探索的青年。罗曼·罗兰（Romain Rolland，1866—1944）曾在《名人传》（*Vie de Beethoven*，*Vie de Michel-Ange*，*La Vie de Tolstoï*）中将托尔斯泰评价为“俄国的伟大的心魂，百年前在大地上发着光焰，对于我的一代，曾经是照耀我们青春时代的最精纯的光彩”①。一个多世纪以来，关于托尔斯泰的研究著述可谓层出不穷，浩若烟海。但是，对于托尔斯泰的研究主要集中在了其作品和托尔斯泰主义上，少有对其思想的矛盾性及产生这种矛盾的时代原因、思想矛盾性的发展

---

* 收稿日期：2021年9月26日

作者简介：杨尚雨（1999—　），男，河北保定人，四川师范大学文学院2021级比较文学与世界文学专业硕士研究生，主要从事比较文学与世界文学研究。

① ［法］罗曼·罗兰，《名人传》，傅雷译，长春：时代文艺出版社，2020，第201页。

及变化和这种矛盾性在其作品中的体现进行论述的文章，更不用说这方面的著作了。因此本文拟通过对比分析托尔斯泰作品与时代之间的关系和托尔斯泰三部经典著作《战争与和平》（*Война и мир*）、《安娜·卡列尼娜》（*Анна Каренина*）、《复活》（*Воскресение*）思想内核的内在联系，对托尔斯泰思想的矛盾性及其变化进行揭示。

## 一、战争与和平的矛盾

1828 年，俄国作家列夫·托尔斯泰诞生在图拉省的一座贵族庄园。从此，俄国文坛迎来了最耀眼的一颗明星，俄国文学的爱好者们亦共同拥有了一片圣地。就是在这座庄园里，托尔斯泰完成了他的经典著作《战争与和平》《安娜·卡列尼娜》及许多中短篇小说，赋予了这个庄园以不朽的生命力。在他的众多作品当中，形形色色的人物和情景都取材于此，这里是托尔斯泰笔下人物的共同家园。托尔斯泰自己曾这样说过："没有雅斯那亚·波利亚纳，我很难想象俄国。"

然而，仅仅依靠想象而"创造出的"俄国，是远远够不上托尔斯泰在作品中所表现出来的那般深刻而广大，他也无法得到全世界广大读者的尊崇喜爱。所谓"在群众面前把你的资格摆得越老，越像个'英雄'，越要出卖这一套，群众就越不买你的账。你要群众了解你，你要和群众打成一片，就得下决心，经过长期的甚至是痛苦的磨炼。"① 正是如此。丰富的阅历使托尔斯泰得以更好地体会整个俄国社会：幼时即丧父丧母，随家中亲戚长大的托尔斯泰在 1845 年进入喀山大学学习后，受姑妈影响，迷恋上流社会的生活以致成绩不够理想，后在经历了反思与忏悔后，为摆脱这种生活而加入了军队，并参与了俄国军队的军事行动。从上流社会到军旅生涯的这段转变对托尔斯泰来说意义重大，这既为他之后所产生的对下层人民的深切同情与托尔斯泰主义埋下了伏笔，也为他早期的创作奠定了坚实的实践基础。正是在这一时期，托尔斯泰开始了笔耕之路，并逐步形成了自己的战争与和平观。

战争与和平是一对意义极为宏大的词汇，它们共同概括了人类历史上的重大活动，人类在战争与和平之间的微妙平衡中走到了今天。绝对的战争代表着反人类的法西斯，绝对的和平也只是宋襄公式的迂腐仁义。而在战争与和平之间的夹

---

① 毛泽东，《在延安文艺座谈会上的讲话》，北京：人民出版社，1991，第 851 页。

缝中，人们逐步形成自己对世界的观念。托尔斯泰与当时的普通人相比，既受过良好的教育，又拥有职业军人的身份，这使他对战争与和平的感悟必然要比常人深刻得多，复杂得多。因此，分析托尔斯泰的战争与和平观也就具有了一定的价值。

在对托尔斯泰所表现出来的战争与和平观进行分析之前，需要对托尔斯泰所经历过的三场战争进行简单的梳理：一是俄法战争，此系拿破仑为实现其获得整个欧洲霸权所发动的一场针对俄国的战争。此役初期，俄军在巴尔克莱的指挥下节节败退，引起俄国社会的强烈不满，遂更换为库图佐夫代替指挥。在库图佐夫的指挥下，俄军主动放弃莫斯科，并实施坚壁清野的策略，致使法军在饥寒交迫的困境下丧失了原有战斗力，最终大败而归，仅剩三万余名士兵返回法国国境。二是高加索战争，由沙俄政府发动，实质为沙俄政权为达到其殖民政策的目的而进行的一场非正义的战争。在战争伊始即遭遇高加索人民的顽强抵抗，持续三十多年。最终以高加索被征服，沙俄获得胜利而告终。三是克里米亚战争，又称东方战争，因主要战场位于俄国的克里米亚半岛而得名，这是俄国为争夺国家在波罗的海、地中海的权益而与土耳其和欧洲所进行的一场战争，结局是俄国战败，成为十月革命的间接性诱因。综观这三场战争，其实质都是欧洲几个大国在进入帝国主义时代后为争夺殖民地霸权和资源所发动的非正义战争。列宁（1870—1924）曾说："战争是政治通过另一种手段的继续。任何战争都是同产生它的政治制度分不开的。某个国家，这个国家的某个阶级在战前长期推行的政治，这个阶级在战时必然地和不可避免地会继续加以推行，只是变换了行动方式而已。"①由此也便可推断出，俄国沙皇作为帝国主义政权的代表，其不仅仅对其他国家的人民凶残暴虐，继而穷兵黩武抢占利益，对待本国人民也是一样残忍。因此，对于一个爱好和平并对人民大众饱含深情的作家而言，这种性质的战争中只有英勇反抗、浴血奋战的人民才是值得歌颂的，而高高在上的法国皇帝拿破仑或是俄国沙皇，则都被看作是高傲自大、穷兵黩武的化身。这在他的作品中便有所体现。

托尔斯泰的众多战争小说中，影响力最为深远的当属《战争与和平》。作品以俄国的显赫贵族博尔孔斯基、别祖霍夫、罗斯托夫和库拉金四大家族的经历为整个故事的主要线索，通过安德烈·博尔孔斯基、皮埃尔·别祖霍夫等主要人物形象的塑造，描绘了一幅波澜壮阔的俄国卫国战争史诗。在这部小说中，作者除

---

① ［俄］列宁，《列宁军事文集》，北京：中国人民解放军出版社，1981，第335页。

了对反抗侵略的俄国人民进行歌颂和赞美，也表现出了对俄国的对立面——拿破仑所率领的法军的厌恶。最突出的特点，就是对法军主帅拿破仑，用“欲抑先扬”这个攻无不克、所向披靡的战神进行讽刺与揭露。他先是在作品的开头，通过一场宴会上的激烈辩论，借皮埃尔之口对拿破仑进行了诸如“处死昂吉安公爵，对国家有其必要性。拿破仑不怕由他一个人负全责，我认为这正是他精神伟大之处”①，“是因为波旁王朝逃避革命，使人民陷入无政府状态。只有拿破仑善于理解革命，战胜革命，因此，为了全体的利益，他不可能因可惜一个人的生命而趑趄不前”②。此类的夸赞，将拿破仑塑造成了一个代表人民、代表先进力量、精明能干而又勇于担责的伟大革命者形象。但随着战争的不断深入，拿破仑逐渐暴露出了自己侵略者的贪婪本性，对他的描写也就变成了罗斯托夫眼中的“骑马的姿势很难看”③“脸上堆出一副令人不愉快的做作的笑容”④。尤其在作品的尾声，托尔斯泰轻蔑地指出18世纪末西方各民族的骚动和他们的东进，是拿破仑的生活远远不够说明的。彻底否定了这个不可一世的法国皇帝，并对人民的作用予以充分的肯定。这样的思想是带有唯物史观色彩的，也侧面印证了列宁将托尔斯泰称为“俄国革命的镜子”的原因：人民是社会变革的决定性力量。

更为可贵的是，托尔斯泰对侵略战争的厌恶超越了民族和国家的概念，是一种全人类的对和平的希冀与向往。他所反对的不只是某一场战争的侵略者，而是战争本身。在托尔斯泰之前，诸如莱蒙托夫、马尔林斯基等俄国文坛的知名作家对战争的描写都是带有浓烈浪漫主义色彩的，他们笔下的战场千篇一律，由雄壮的骏马、威武的俄国战士、擦得雪亮的军刀和败亡的敌人这类二元对立的事物所构成。这样的战场失去了它的真实性，变成了炫耀俄国武力的平台。而托尔斯泰则敢于撕破“中世纪的罩衫”，将战场上的血腥、死亡和恐惧的原貌展现出来，从而深刻而鲜明地表达了他对战争的谴责。在《战争与和平》中，每一处战场细节的描写都能让人感受到绝望的气息——“有两个士兵架着一个满头流血、没有

---

① ［俄］列夫·托尔斯泰，《战争与和平》，刘辽逸译，北京：人民文学出版社，2015，第108页。

② ［俄］列夫·托尔斯泰，《战争与和平》，刘辽逸译，北京：人民文学出版社，2015，第110页。

③ ［俄］列夫·托尔斯泰，《战争与和平》，刘辽逸译，北京：人民文学出版社，2015，第2195页。

④ ［俄］列夫·托尔斯泰，《战争与和平》，刘辽逸译，北京：人民文学出版社，2015，第2196页。

戴帽子的伤员。他喉咙里呼呼噜噜直响，不住地吐血。"① "这些不幸的人便只好挤来挤去，泡在彼此的血泊里……各种不同的呻吟声、叹息声、嘎哑声，以及有时候盖过这一切声音的刺耳的尖叫声，充满了整个房间……军医们绷着脸，挽起袖子，跪在伤员们面前，借着医士手里的烛光，用手指伸进子弹伤口里去探摸，不顾那些受难者的可怕的呻吟和哀求，把打断了的，还挂着的四肢翻来翻去。"②这样的描写没有了辉煌与荣耀，只是叹息和悲哀。作者便是用这样深刻含蓄的描写，在《战争与和平》一书中表现他对侵略战争的厌恶。

不过，对战争的厌恶并没有影响作者对战争的判断和客观评价。从作者的笔下我们可以看出，他肯定战争对一个人具有磨砺和重塑的作用。例如全书的主人公皮埃尔·别祖霍夫。在故事的开端，皮埃尔并不是一个讨人喜欢的角色，他是老公爵的私生子，常口出狂言且不通世故，在贵族宴会上大谈俄国的敌人拿破仑的好处，显得放肆失礼。并且他酗酒成性，时常用酒精以麻醉自己的精神。即使在对过往的放纵生活表现出忏悔而加入共济会后，也不能恪守教规，放下手中的酒杯。此外，他并不是一个脚踏实地的人，而是一个空想主义者，他试图去改善农民的生活时，所做的也不过只是与友人畅谈理想。更不要提他胡思乱想更是使他认为自己是被历史赋予了特殊使命，要去完成刺杀拿破仑，拯救整个俄罗斯民族的英雄。不过，在这次刺杀行动失败后，皮埃尔终于得以接触到真实的战场以及他尝试去改变的俄国底层民众，方才开始了真正的觉醒。他意识到了从前的自己是何等荒谬，并在与农民的对话中明白了自己生命的意义，最终完成了自我救赎。

除皮埃尔之外，另一个主人公安德烈·博尔孔斯基身上也体现了托尔斯泰对战争的肯定，不过这是一种"负面的肯定"。安德烈本身是一个拿破仑的崇拜者，他最为热切的愿望就是在战场上击败他的偶像。但是，奥斯特里茨的惨败使他被法军俘虏，并狼狈地与拿破仑进行了面对面的接触。在伤愈归来后，他对自己过往的价值观进行了反思，并对战争深恶痛绝，成了一名反战者。并在故事的最后以重伤而死的结局，完成了他反对战争的使命与信念。安德烈的牺牲一方面可以被当作是托尔斯泰对战争磨砺人的肯定，但另一方面也是对战争的讽刺：狂热的

① ［俄］列夫·托尔斯泰，《战争与和平》，刘辽逸译，北京：人民文学出版社，2015，第961页。

② ［俄］列夫·托尔斯泰，《战争与和平》，刘辽逸译，北京：人民文学出版社，2015，第962页。

战争爱好者否定了战争存在的合理性，并最终为反对战争而死。

总体来看，托尔斯泰对战争呈反对态度，但并非全盘推倒。这样的态度也使托尔斯泰在对待战争的观念上显现出了矛盾，也影响了他之后的创作。

19 世纪可谓俄国文学作品迎来大爆发的一个时期。从普希金开始，再到果戈理的“自然派”，继而发展至陀思妥耶夫斯基和托尔斯泰两座高峰。与此同时，随着文学作品一同壮大的还有俄国的现实主义文学理论。当别林斯基那篇产生了重大反响的《1847 年俄国文学一瞥》一文在评价果戈理时提出了“使小说更靠近现实，使之称为现实底一面镜子”的观点后，车尔尼雪夫斯基和杜勃罗留波夫又从生活与艺术的关系、人民性等角度发展了俄国的现实主义文学理论。而到了托尔斯泰这里，他在《艺术论》中明确地表示作家的创作要顺应时代，反映时代，符合现实。可以说，托尔斯泰在创作战争小说，宣扬其战争与和平观时践行了他的观点。在短篇小说《袭击》中他曾提出过这样一个观点：“我认为，每逢危急关头，人人都得做一番选择：出于责任感的选择，就是勇敢；出于卑劣感情的选择，就是怯懦。因此，一个人出于虚荣、好奇或者贪婪而去冒生命的危险，不能算勇敢；反过来，一个人出于正当的家庭责任感或者某种信仰而避开危险，不能算怯懦。”① 一个未曾经历过战争的人绝不会写下这样的文字，得到这种对生命和勇敢的独特认识，是战场上的亲身经历给他带来的深邃思考。就像同时代的俄国作家陀思妥耶夫斯基一样，没有经历过刑场上与死神的擦肩而过，对生死的描写与剖析就不会那么深刻。托尔斯泰完美地展示了那一代战争中成长起来的年轻人共同的心路历程：都渴望战争，了解战争，通过战争来考验自己是否已经成了一个勇敢的男人，但又在经历了一系列的残酷斗争后怀疑自己的思想，最终对战争呈现出和以往截然不同的观点。

同时，战争也催生了托尔斯泰对人性和欲望的思考。而这也是《战争与和平》一书和之后的《安娜·卡列尼娜》之间的内在联系。《战争与和平》中的俄国贵族们各有各的生活，或是对政局变化担忧而对自己的产业采取某些保护措施，或是担忧国家前途命运而跨马提刀保卫祖国；或是不顾国家和民族，一心放荡享乐。而《安娜·卡列尼娜》中的和平年代的贵族们只是过着千篇一律的看戏、闲谈、男人工作女人养家的机械式生活。毫无波澜的生活压抑了安娜的天

---

① ［俄］列夫·托尔斯泰，《袭击—— 一个志愿军的故事》，草婴译，上海：上海文艺出版社，2016，第 3243 页。

性，人们不用再像战争年代那样时刻顾虑着生活甚至身家性命，于是个人欲望开始对社会的道德准则和道德规范进行挑战与质疑。而战争，作为纯粹的暴力的行为，实质上是一种欲望的宣泄和挥洒，是力量的充分展示。战争结束，欲望的倾泻也就再一次地被规则限制，如何发泄及不合理的发泄所导致的后果，便成为作者所关注的重点。对战争过后的思考，一定程度上催生了《安娜·卡列尼娜》的诞生。从这一点来看，《安娜·卡列尼娜》与法国作家福楼拜笔下的《包法利夫人》有着异曲同工之妙——它们都诞生于一个英雄主义落寞的时代，男人们逐渐变得冷漠机械。而在追求狂欢享乐的人性本质的催动下，和平年代里最终酿出了欲望的苦酒。

托尔斯泰对战争的厌恶不可否定，但他也不断地从战争中获得对生命的新解释和新思考，从而促成了托尔斯泰整个世界观和价值观的形成。而战争过后，一切恢复了正常，欲望与社会道德之间的矛盾，开始成为托尔斯泰思想的主题。

## 二、个人欲望与社会道德的矛盾

在《战争与和平》全卷出版八年后，托尔斯泰完成了他的第二部巨著《安娜·卡列尼娜》。与《战争与和平》相比，作者在《安娜·卡列尼娜》中将视角从广阔的欧洲大陆转移到了俄国的贵族家庭上面。这代表着托尔斯泰的思想变得更为深化和具体，从宏大的社会与国家层面转移到了具体的生产生活层面。整部小说包含了两条主线：一条是安娜与卡列宁、渥伦斯基三人之间的情感纠葛；一条是地主阶级改革家列文与吉娣之间的爱情故事和列文在村庄进行的改革。这两条主线看似平行，实则是一种思想的两个方面。一方面，两条线索的主人公安娜和列文都有着对爱情的渴望和对自由的向往；另一方面，两者的境遇和选择却是完全不同的——安娜在丈夫卡列宁，一个机器般的冷漠官僚的精神压力下，与在车站偶遇的年轻贵族渥伦斯基发生了不洁的关系。看似安娜打破了社会道德的约束，勇敢地追求自己的幸福。但随着时间的推移，安娜方才发现她与渥伦斯基的爱情与她的理想相差甚远。最终，在违背了社会道德与失去了精神支柱后，安娜失措地选择了卧轨的方式，结束了自己的一生。而同样追求爱情的列文，则是通过在乡村实行各种各样的改革措施，在与大自然的拥抱中不断地完善自我灵魂，并不懈地以合乎社会道德的方式追求心上人，终获爱情的果实。同样的追求，换来的却是不同的结果。截然相反的结局当中，蕴藏着托尔斯泰个人欲望与社会道德观念的深刻矛盾性，并借助人物表现了出来。

（一）从头到尾的矛盾

“申冤在我，我必报应”①，这是《安娜·卡列尼娜》一书的扉页所引用《圣经》中的一句话，大意是指只有上帝有权利去裁判人间的罪恶，而生活在世俗当中的人则没有评论的资格。作为一个虔诚的宗教信仰者，托尔斯泰在自己的作品中引用神学典籍中的话语并不罕见。但在书的扉页引用这句话，像是在为读者传递这样一个隐藏的信息：虽然我创造了安娜·卡列尼娜这个形象，但对安娜的行为我无法做出任何评价，安娜最终的结局也并非我刻意为之，而是上帝的旨意。从这里也可以有一个大胆的推断，即托尔斯泰在安娜身上赋予了一种同情而不愿其死亡，但在写作时因社会与现实问题存在，安娜不得不香消玉殒。这样，我们便可以看出托尔斯泰思想上的矛盾性。

首先，作者在作品中不止一次地借书中人物之口，表示安娜的行为是一种违背了社会道德的行为。很明显，虽然安娜是循着人的本能欲望行事，而所做的事情也是在受到了思想上、精神上的压迫后一种宣泄苦闷的行为，但作者依旧认为这是违背了社会道德的。可是，作者并没有像在《战争与和平》中那样以画外音的方式对安娜的行为进行任何评价，而是客观陈述了一个悲剧故事。这是托尔斯泰的一种抉择：固然违反了社会道德，但这样的行为却是符合人性本能的。究竟应该采用何等的评判方式？安娜的行为究竟可不可以被原谅？作者并没有给出答案，而是将问题留给了读者。

其次，安娜的爱情悲剧，很大程度上是她的丈夫卡列宁一手造成的。作为一个政府部门中的高官，卡列宁看似为人正派，关心爱护妻子，注意维持家庭和谐。但他对待安娜的态度始终是冷漠无情的，安娜像是同一个只会处理公务的机器生活在一起一样，品尝不到任何的快乐与幸福，唯一的精神支柱就是自己的儿子。可卡列宁又对和安娜的关系表现出了忠贞不贰的态度，多次原谅了安娜的不洁行为。他同样是一个充满了矛盾的人物，他的任何行为放在世俗标准上来衡量都是合情合理的，可他又是安娜悲剧的起点。从塑造卡列宁这一形象的角度来看，托尔斯泰对社会道德也有所怀疑：既然一切都合乎道德，那么安娜又怎会因

① ［俄］列夫·托尔斯泰，《安娜·卡列尼娜》，周扬、谢素台译，北京：人民文学出版社，1989，第1页。

此而经历一系列动荡最终卧轨自杀？卡列宁冷漠、虚伪，但又是贵族们眼中的模范，那么社会道德是否有什么不合理的地方？最终，借助安娜和卡列宁这对身上充满了矛盾的夫妻，托尔斯泰在个人欲望和社会道德观中的内部矛盾便浮现了出来：个人欲望和社会道德之间的关系一旦失控，就会导致悲剧的发生。安娜的死正是对这一矛盾调和失败的结果，是矛盾运动的必然选择。

在安娜的悲剧中，托尔斯泰展示了这对矛盾的不可调和。但依照辩证法的原理看待，矛盾双方如果运用得当的方法并非不可调和。而这对矛盾的调和性，托尔斯泰通过列文的故事展现了出来。

### （二）安娜的反面

与安娜的悲惨命运相比，全书另一条主线的主要人物列文要幸运得多，结局要光明得多。根据托尔斯泰在青年时期曾尝试对自家庄园进行改革，以改善农民生活的真实经历来看，列文的身上有着托尔斯泰的影子。不同的是，托尔斯泰在现实中的改革以失败而告终，而列文的改革却相当成功。这也更可以印证作家对这一人物形象所寄予的厚望和喜爱。而列文本身，也是托尔斯泰思想中，关于个人欲望和社会道德之间矛盾调和的产物。他和安娜作为小说的两条主线，实质就是托尔斯泰思想矛盾的两个方面。

首先，从列文的思想入手，来探究这种调和性的根源。与小说中的其他贵族不同，列文生活在莫斯科的郊外，不时会进到城中与自己的老朋友或是哥哥柯兹尼雪夫面见谈天。这样的生活环境，使列文始终对俄国的农民和乡村生活抱有一种深厚的情感，并尝试着为他热爱的这些事物做些微薄的贡献。这样的情感与以他的哥哥为代表的一批城中贵族不同——对列文来说，乡村是他生活的地方，在这里他付诸了情感，实施了行动，与农民们一道进行了各种生产活动。而对他的哥哥来说，乡村只是个供他消遣和休养的地方，是净化都市腐败堕落影响的消毒剂。这样的思想上的差别，颇类似于中国古代盛唐时期的山水田园派诗歌的两位代表人物王维和孟浩然。作为一个朝廷官员，信仰佛教的王维把所游历的山水和闲居的村庄当作是洗退官场浮华，追求隐逸思想，达到人与自然和谐共生境界的“桃花源”，故而王维笔下的乡村生活都是极富有美感的风景画。而对于一生布衣、不曾踏入仕途的孟浩然来说，他要在乡村生老病死，度过一生。虽有出仕之心但总没有机会，便纵情于山水和农人之间。这也使他的诗歌呈现出了一种语言古朴自然，清新流畅，带有一种叙事性色彩的独特风格。

不同的思想，造就不同的命运，与莫斯科社交圈显得格格不入的列文将大部分时间都花费在了土地上。在托尔斯泰看来，这种对农村进行有效改革的个人理想（这也是列文心中的一种欲望），是完全符合社会道德的。此时的俄国在经历了俄法战争、农奴制改革和西欧派与斯拉夫派的论战后，已开始将视角转移到了农民身上，越来越多的文学作品开始书写农民的生活。这对于本就对农民有着深厚情感的作家来说更是一种内在的鼓励，在这种鼓励的推动下，列文最终实现了自己的理想，完成了改革。这不仅仅是列文的成功，也是托尔斯泰调和自己思想中的矛盾的成功。

其次，就是在列文的爱情生活中，托尔斯泰也展示了他思想中个人欲望与社会道德之间的矛盾的调和。列文的爱情不如安娜那般热烈激荡，但却是一波三折的。他的爱人吉娣与他并不是一见钟情的；相反，吉娣在面对列文的第一次求婚时还拒绝了列文，转而选择了渥伦斯基。这样的挫败感困扰了列文很长时间，他在乡村继续着实干，期待着“有朝一日”。而吉娣也在病后疗养中通过与瓦伦加小姐的接触，经历了心理上的波折后，意识到了理想中的爱情不一定要与现实相符合，最终接受了列文。二人在奥布朗斯基家中的互诉衷肠，也使他们的爱情故事达到了高潮。这样的爱情并非安娜的那种一人拼命地、固执地追求所谓理想爱情而忘掉了现实，而是男女双方都在成长和逐渐变得现实、深刻。他们的爱情没有急切之后的冷淡（例如安娜与渥伦斯基），也没有为宗教问题困扰（吉娣在认清现实后，摆脱了瓦伦加小姐的虚伪宗教观念），只是纯粹的爱情。不仅恋爱双方得到了欲望上的满足，他们的结合也未对生活与社会秩序和社会道德造成任何的不良影响。列文在爱情上的成功恰可以说明，托尔斯泰支持这种形式的爱情，这样的爱情，才是真正实现了个人欲望与社会道德的统一的爱情。

可见，这个时期的托尔斯泰思想体系中，不仅能够提出与人生相密切联系的问题，同时也能提出一定的解决方案，矛盾不再是要么战争、要么和平的对立与斗争，而是可以相互结合，带有同一的属性。

那么，作为托尔斯泰三部巨作中的第二部，《安娜·卡列尼娜》也可以说是最接地气的一部，它不像上一部《战争与和平》那样波澜壮阔，笔触一直延伸至整个欧洲社会；也没有像后一部《复活》那样充满了哲学与神学色彩。《安娜·卡列尼娜》在开头即用那句著名的“幸福的家庭都是相似的，不幸的家庭各有各的不幸”[①] 论断，点明了小说所要探讨的事物是家庭，是生活少有波澜，甚至单调枯燥的大多数人。

但是，作者写人的目的不只是写人，而是观照整个社会和对自己的人生进行思考。首先从社会角度来看，安娜作为一个违反社会道德，并因无法控制自己的欲望而自杀的女性形象，在作品问世之后并没有受到人们的批判和指责，而多是同情和惋惜。她的结局也激起了人性的共鸣，多年来激发学者去探究个人欲望和社会道德之间的矛盾。其次，从作者对自己人生的思考的角度来看，与安娜相比，另一位主要人物列文，这个作品的实干家反倒在现实中只是一个虚幻的影子——直到逝世，托尔斯泰也没有完成和列文一样的壮举，书中列文的圆满结局始终不曾在现实中出现过。这是一种具有讽刺性的对比，也是托尔斯泰以自己生命的终结来宣告他思想中对个人欲望和社会道德之间矛盾可调和性思考的破产。

鲁迅先生在《再论雷峰塔的倒掉》一文中曾说：“悲剧将人生的有价值的东西毁灭给人看。”[②] 由此可见，安娜的悲剧结局备受广泛同情的背后，恰是大众普遍对个人欲望价值的肯定和对社会道德不能完美地与个人欲望相适应的遗憾。而安娜的例子在现实生活或是文学作品中将会不断地重复，可列文只能是这个列文，一个完全理想化的人物。

大众对于安娜和列文的反应，也是托尔斯泰进行更为深入的思考的动力，如何使人与社会之间的关系长期和谐？如何才能让人类走向完美？无疑，列文的相对被冷落间接地说明了“列文模式”是行不通的。而如果人人都像安娜这般追逐爱情却又无法控制欲望，距离托尔斯泰的目标只会渐行渐远。因此，从之后的第三部巨著《复活》中，读者将看到一个开始对人类的意识形态方面进行思考，并尝试通过宗教手段来达到其思想目标的托尔斯泰。在人生的后期，托尔斯泰将目光转移到了一些形而上的事物上，并由此产生了不少思想成果，在这些思想成果中，又包含了极深刻的矛盾性。

总而言之，托尔斯泰三部巨著，就是托对尔斯泰思想体系中矛盾运动的不断变化发展的具体体现。从最初宽泛的社会理念到最终的意识和信仰，连接起它们的是个人欲望和社会道德，作者在《安娜·卡列尼娜》一书中集中表现了这种矛

---

① ［俄］列夫·托尔斯泰，《安娜·卡列尼娜》，周扬、谢素台译，北京：人民文学出版社，1989，第3页。

② 鲁迅，《鲁迅全集》，北京：人民文学出版社，2014，第538页。

盾性，并启发了自己之后的思想。无论对比之前的作品还是之后的作品，《安娜·卡列尼娜》所表现的思想都无疑是托尔斯泰最为世俗化的思想，这也必将使这部作品在全世界读者的心中都占据着崇高的地位，并不断演化出更多新的解释。

## 三、世俗与宗教信仰的矛盾

随着对俄国社会问题及人生问题研究的深入，托尔斯泰将解决问题的良法寄希望于宗教身上。同时，他的作品也开始充满了浓厚的宗教色彩和神学观念。其中，最能体现托尔斯泰世俗与宗教信仰观的一部作品，当属他的三部巨著中的最后一部《复活》。与前两部长篇作品相比，此时的托尔斯泰将写作对象设置到了更小的范围当中，着重刻画的人物形象只有男主人公聂赫留朵夫和女主人公玛斯洛娃，但是在深度上来看，《复活》触及了人的精神深处，开始尝试用宗教的办法去解决世俗问题，并以聂赫留朵夫和玛斯洛娃都得以“复活”的光明结局指出了这种方法的可行性。在这基础上，一个关于“拯救与被拯救”的命题得以徐徐展开。而托尔斯泰的世俗与宗教信仰观念当中的矛盾性，则要通过他的作品和他的现实生活相结合对比方能体现出来。

### （一）宗教与人生

关于宗教拯救人生的故事在欧美文学中并不鲜见，尤其是在大多数民众虔诚信仰东正教的俄国，宗教在文学当中占据了特殊而重要的地位。因此在俄国文学当中，有很多人物形象在经历了波折或罪恶后最终都皈依宗教，祈求得以沐浴上帝的圣光，比如陀思妥耶夫斯基笔下的拉斯柯尔尼科夫。但是相比较于其他的俄国作家，托尔斯泰的宗教观念并不完全符合东正教的教义，这从他因《复活》的发表而被教会以不信宗教的名义革除教籍的现实经历便可得知，他所信奉的，是他自我的宗教。最为明显的，便是托尔斯泰在《复活》一书中对神职人员不端行为的揭露与描写，这足以见得他并不认可东正教。他通过聂赫留朵夫在城市和乡村中的见闻与经历，对教会及世俗机构进行了无情的批判。但这种对教会的批判并不代表他彻底否定宗教；相反，聂赫留朵夫的经历正是一个“精神复活”的过程，从最初对待玛斯洛娃的随意亵渎到最后的忠实忏悔，他与宗教之间是越来越紧密的。但归根结底还是托尔斯泰自己的宗教。

何为托尔斯泰自己的宗教？在书中的表现就是在激烈的批判当中宣扬道德。

# 形象学视阈下《印度之行》中的印度形象解读*

袁 勤

四川师范大学 文学院，四川成都 610101

**摘 要**：英国作家爱德华·摩根·福斯特的代表作《印度之行》塑造了一系列具有双重性质的印度形象，即既是意识形态化的落后被殖民地，又是神秘虔诚的美好国度。这两种形象看似是对20世纪初印度现实世界的客观反映，但实质是注视者按照自身文化的模式，进行想象与书写。本文结合比较文学形象学相关理论，研究作者塑造的双重化的异国形象，以及借由他者形象的描述传递出"我"这个注视者的自我意识，探讨作者对本国形象的双重情感。

**关键词**：《印度之行》；形象学；意识形态化；乌托邦

《印度之行》是爱德华·摩根·福斯特（Edward Morgan Forster，1879—1970）于1924年出版的小说，该小说是作者亲自游历印度后，根据自身对印度的感受和体会写成的。这部小说是福斯特六部长篇小说中最富盛誉的一部。小说以印度医生阿齐兹与来印度看望未婚夫的英国小姐阿德拉之间的交往为主线，塑造了大量美丑皆备的印度形象。本文试从比较文学形象学角度，分析作为西方人的福斯特对"他者"的态度，以及通过异国形象的双重书写，传递出的凝视者的自我意识。《印度之行》是对印度被殖民地和英国殖民地之间在经济、政治和文化隔阂与差异的描绘。自古以来，在西方人眼里，东方是遥远、神秘而又落后的国度，宗教色彩浓厚的印度更像是一本深奥难懂的书，让英国殖民者既蔑视厌恶

* 收稿日期：2021年3月16日

作者简介：袁勤（1997— ），女，四川眉山人，四川师范大学文学院2020级比较文学与世界文学专业方向硕士研究生，主要从事比较文学与世界文学研究。

被殖民地，又对殖民地文化产生不解与向往。作为出身于西方殖民地阵营的福斯特，亲自赴印度游历后，根据在印度的所见所闻，在《印度之行》中以凝视者的身份塑造了大量栩栩如生的异国形象。如果之前人们对于包括印度在内的整个东方的印象是一幅落后肮脏的黑色意象画，那么经过福斯特的书写，这幅苍蝇漫天飞的贫穷黑色里，一些温润丰富的彩色渐渐出现在人们眼前。透过福斯特的小说，人们看到了立体化的印度，具备了正反双重特点，即既是意识形态化的野蛮落后的被殖民地，又是乌托邦化的团结神圣的美好国度。

## 一、双重化的印度人物

分析异国人物形象是形象学研究的一个重点，小说描绘了大量的印度人物，他们的身份、地位、学识各不相同，有医生、律师、教授、家庭主妇……上至印度贵族，下到最没有地位的仆人等各种形形色色的人物形象都囊括其中，展现了一幅栩栩如生的人物画卷，透过人物群像，可以发现福斯特笔下的印度人物兼具美好与低劣两种品质，他们是双重化的人。

### （一）善良但软弱的阿齐兹

作为医生的阿齐兹是印度人中的杰出代表。这位男主人公具有双重化的形象特征，即作为一位杰出的青年医生既有美好优秀的品质，又有顺从懦弱的特征。首先福斯特赋予他优质的外形条件，他拥有一副匀称的身材，一头乌黑卷翘的黑发，一双敏捷的眼睛，是位极其漂亮的东方男人；学识内涵方面，他谈吐不凡，思想开明，熟读印度传统诗歌并热衷于历史文化，对印度根深蒂固的深闺制度，他深恶痛绝；除此之外，他为人正直、心地善良、乐于助人，第一次见白人菲尔丁时，见他扣子坏了，毫不犹豫地将自己衬衫上来之不易的金扣子拽下给他，为避免朋友对自己的好意感到为难，借口金扣子是自己备用的。其次，作为信奉多神论的印度教徒，阿齐兹常怀虔诚之心。每当背诵印度传统经文时，他都怀着深沉哀婉之情，全身心地去感悟经文内涵，从而时常痛哭流涕；此外，为了招待阿德拉和穆尔夫人，带领她们去观看马拉巴山，阿齐兹不惜耗费大量的人力、物力，费尽心血，劳心劳力。

福斯特刻画外貌秀丽、品质优秀、才能卓越的医生的同时，也通过他与西方白人交往的日常，展现其骨子里的自卑与顺从的性格。作为印度土著，阿齐兹鄙视英国殖民者，“在感情上非常讨厌他们那种冷酷、傲慢的态度”①，虽然强烈不满白人上司卡伦德上校的蛮横无理，常常因微不足道的小事而把他召唤去，但他依然处于敢怒不敢言、卑躬屈膝、被召之即来挥之即去的姿态；对于英国殖民者设立的咀嚼槟榔后必须刷牙的规定，他认为嚼槟榔是印度人的习惯，嘴上坚决反对此规定，但行动上却做了妥协，去面见上司前，专门花费时间刷了牙；他在邀请白人菲尔丁、穆尔夫人以及阿德拉去自家玩耍后，立即为家里破败的家具、脏乱的环境而感到自卑。他渴望与英国人成为好朋友，但在与他们相处的过程中，不自觉地以放低自身姿态的方式，去讨好白人朋友。在福斯特笔下，一位既热心善良又存在一定缺陷的医生形象就此呼之欲出。

### （二）睿智又冷漠的戈德博尔

在西方殖民者眼中，东方充满原始神秘色彩，在白人文化熏陶下成长起来的福斯特，对于印度形象的塑造也透露出西方对东方文化的不解与疑惑。戈德博尔是位文质彬彬但神秘莫测的婆罗门，无论什么时候他总是保持平静，“他只是吃啊，吃啊吃，只是微笑，看表情，他总是心安理得，从来没有什么烦恼”②，在谈论到民族问题时，也不随意发表议论，只是听着，一声不响，把重要的事情隐藏在心中，而一旦要与别人辩解，发表自己观点总是切中要害。

但戈德博尔教授理智之余，又是冷漠的。当阿齐兹因被诬陷侮辱白人阿德拉而入狱时，得知消息的教授冷漠地表示，“我不敢说怎么样，因为我没有去”③。过于理智的教授身上，透露出事不关己的淡漠。更令人气愤的是，在朋友面临生死危险的关键时候，教授却想要离开朋友，去印度中部办一所学校。似乎任何人都无法猜测教授心灵深处的秘密。

### （三）善良又麻木的印度下层人民

福斯特不仅描写了印度上层知识分子形象，也用大量笔墨刻画了许多印度下

---

① ［英］E. M. 福斯特，《印度之行》，杨自俭、邵翠英译，南京：译林出版社，2013，第12页。

② ［英］E. M. 福斯特，《印度之行》，杨自俭、邵翠英译，南京：译林出版社，2013，第67页。

③ ［英］E. M. 福斯特，《印度之行》，杨自俭、邵翠英译，南京：译林出版社，2013，第172页。

层人民，有身份卑贱的仆人、拉布风扇的男人，以及深受深闺制度束缚的女性……这些底层人物对待工作兢兢业业，但敬业的背后，又是极其麻木与愚昧。他们对待英国殖民者，卑躬屈膝；当同胞被白人不平等对待时，以看客的姿态，冷眼旁观。在英国人审判阿齐兹的法庭上，面对英国人设立的种种不合理规则，场面一度失控，可拉布风扇的印度人，熟视无睹，只专注于自己的工作，漠视同胞的悲惨境遇，俨然一副事不关己、与我无关的麻木状态，完全忘记自己也是受害者一方："他全然不知有什么非常的事情发生，两眼凝视着那空悠悠的审判台和推倒了的专用椅，继续拉着他那布风扇的绳子……"① 除此之外，印度下人素质低下，品质低劣，在去观赏马拉巴山洞的火车上，为了抢占好位子，你争我抢，大声嚷嚷，场面极其喧哗混乱。

一方面，福斯特笔下麻木顺从、贫穷自私的印度人物形象显然是其意识形态化的投射，冷漠愚昧的印度人物形象与优雅高贵绅士的英国人形成鲜明对比，《印度之行》全书充斥着作为从小接受绅士教育的福斯特对印度人民无法掩盖的摒弃与同情之心。另一方面通过对印度人民善良敬业品质的刻画，以及对英国殖民者伪善、傲慢、压迫下层人民的丑恶罪行的揭露，展现了作者对平等、圣洁和和谐乌托邦世界的展望。

## 二、双重化的印度环境

福斯特笔下除了印度人物具有双重化特征，其描绘的地理环境也兼具美好神秘与破败肮脏正反两个特点。形象学中，注视者对异国地理环境的构建，以及对"他者"形象的塑造，实质反映出注视者对本国文化的看法。"被制作出来的'他者'形象都不可避免地表现出对'他者'的否定，对'我'及其空间的某种补充和延长。"② 小说开篇介绍故事发生的城市背景："河岸和小城随便堆置的垃圾几乎无法区分……这儿街道鄙陋，寺庙冷清，在这儿所看到的一切都是卑微而衰落。"③ 印度著名的景点，马拉巴山洞景色单调乏味，"山洞里漆黑，甚至在太

① ［英］E. M. 福斯特，《印度之行》，杨自俭、邵翠英译，南京：译林出版社，2013，第 226 页。

② 孟华，《比较文学形象学》，北京：北京大学出版社，2001，第 123 页。

③ ［英］E. M. 福斯特，《印度之行》，杨自俭、邵翠英译，南京：译林出版社，2013，第 4 页。

阳对着洞口的时候，也只有极少数的光线扩散到连接圆形洞室的隧道"①，这样的混乱压抑让人产生厌恶的感觉，这是西方对东方环境的典型的"他者"印象，印度显然是个落后、野蛮、混乱的国度。

但落后、未开化的环境中，福斯特又描写了一些靓丽和谐的风景线。举行黑天生辰庆典时的茂城，被亲热、欢乐的氛围笼罩，无论是劳苦的农夫还是政府官员都欢聚在一起，大家席地而坐。"这简直像一剂慈善的药被煮得沸腾起来……这种令人陶醉的美似乎并不属于个人，因为它作为一种内在精神力量存在时，能使人人彼此相似。"② 这是一幅欢愉的聚会图，人们容光焕发，往日破败、混乱的印度变得有序和谐。这情景是英国民众无法知道和体会的。福斯特赋予了印度神圣的光环，被爱神眷顾的国度是欢快、平等，没有阶级和种族压迫的美好世界。显然，福斯特通过对黑天生辰庆典场面的描写，表达了对美好和谐平等国度的向往，以及对印度发展成为独立整洁的大城市的祝福与期盼。

## 三、双重性的小说内涵

巴柔指出，"比较文学意义上的形象，并非现实的复制品（或相似物），它是按照注视者文化中的模式、程序而重组、重写的……同时也是社会化的运作过程中对异国看法的总和"③。让－马克·莫哈将这种形象分为意识形态化的形象和乌托邦化的形象："凡按本社会模式、完全使用本社会话语重塑出的异国形象就是意识形态的；而用离心的、符合一个作者对相异性独特看法的话语塑造出的异国形象则是乌托邦的。"④ 福斯特所刻画的印度"他者"既是意识形态化的野蛮落后的民族，又是带有乌托邦性质的理想国度。异国形象并不是真实客观的反映，而是源自注视者自身意识的投射，因此也赋予了小说双重内涵。

### （一）意识形态化的落后民族

巴柔认为："形象是对一种文化现实的描述，但这种描述并不是遵循'写真

① ［英］E. M. 福斯特，《印度之行》，杨自俭、邵翠英译，南京：译林出版社，2013，第137页。

② ［英］E. M. 福斯特，《印度之行》，杨自俭、邵翠英译，南京：译林出版社，2013，第284页。

③ 孟华，《比较文学形象学》，北京：北京大学出版社，2001，第157页。

④ 孟华，《比较文学形象学》，北京：北京大学出版社，2001，第35页。

实'的原则。"[①] 福斯特笔下的作为"他者"的印度并不是真实客观的"印度"，而是作者根据自身文化模式以及先验感受主观想象创造出来的，印度是福斯特的个体想象物，但这种想象并不只是个体行为，任何个人的想象都不可能脱离整个社会大环境，而是"通过作家本人所属社会和群体想象描绘出来的，作家在其中充当媒介的功能"[②]。福斯特作为英国人，从小接受西方文化的熏陶，由于地理空间的遥远以及文化习俗的差异，他对印度的了解是有限的，加之当时欧洲社会经济繁荣，科学技术先进，与欠发达的东方国家相比，西方是先进文明的国度。在西方人眼中，东方是野蛮、未开化的穷乡僻壤。作为被英国统治长达几百年的印度，在殖民者眼中，无疑是卑微低贱的，意识形态化的异国形象经常出现在欧洲殖民国家的著作中，西方殖民者无疑是高贵的注视者，而落后的东方国家则是被凝视的"他者"。而《印度之行》的作者福斯特，作为受过高等教育、思想开阔的作家，竭力反对殖民者对被殖民国家的压迫和轻视，为摆脱不平等偏见，他亲赴印度考察，但他也是社会中的人，与社会有千丝万缕的联系，多少会在这种文化背景中来解读异国，这种集体无意识是无法摆脱的，无论他接受过什么教育，有着多么强烈的批判意识[③]。因此可以发现其作品无意识表现出一些美化英国、悲剧落后化印度的思想倾向。

《印度之行》中，尽管福斯特借英、印人间的交往，表现出对虚伪、趾高气扬以及傲慢的西方人的不满与厌恶，但是书中不自觉流露出对印度肮脏混乱环境和素质低下的印度人民的厌恶。"懒散的印度教徒——他们根本不懂得什么是社会交往……我个人认为，他们因为家里肮脏而感到耻辱，所以他们不派车来接你们。"作者借印度医生阿齐兹之口，道出对印度人懒散、不讲卫生的嫌恶。"印度的重要城市很少，整个国家都是乡村。原野连着原野，然后是丘陵、丛林……""天花板上垂吊下来一根电线，现在里面没有通电，可电线外面却黑压压地趴满了大眼蝇，使盘起来的电线完全变黑。"作者眼中的印度是落后、荒凉、欠发达的地区。与此对比，书中描绘的英国气候温暖，建筑整齐，位于印度的英国殖民地住宅设计规划得井然有序，"啊！多么可爱的格拉斯米尔啊……它那些小湖和山峦深为她们热爱。浪漫而温顺的格拉斯米尔是从一个友好善良的行星上降生下

① 孟华，《比较文学形象学》，北京：北京大学出版社，2001，第 10 页。
② 孟华，《比较文学形象学》，北京：北京大学出版社，2001，第 12 页。
③ 孟华，《比较文学形象学》，北京：北京大学出版社，2001，第 7 页。

来的”[①]。从作者塑造的英、印人，也可看出作者无意识地强化了社会集体想象物。从上文分析中，可以看出，阿齐兹是位优缺点兼备的双重化人物，他卑躬屈膝，故意讨好英国人，遇事急躁、不理性，自身具有很多局限性。而书中另一位英国男性菲尔丁被塑造成理性、善良、冷静的天使般完美的人物。

由此可见，书中英国所代表的西方和印度的形象对比是鲜明的，西方人是清醒、理性的，西方环境是和谐有序的，而印度人是感性、素质低的，环境是恶劣的，他们需要西方文明的拯救。福斯特无意识塑造了一个具有意识形态倾向的落后破败的印度，来反衬西方文明的优越与开明，以否定印度来肯定西方。

### （二）乌托邦化的理想国度

异国形象的塑造离不开大的社会环境，但毕竟是作者个体的想象物，因此，异国形象的构建离不开作者个人的情感倾向。“人的感情不是编程，国的形象也不是刻板，印度不是意识形态化形象能建构完全的”[②]，那也不符合现实，违背了福斯特的主观意愿。

作为现实主义作家，福斯特亲赴印度实地考察，深刻同情受殖民者压迫的印度人民。他亲眼看见英国殖民者对被殖民国家的迫害和轻视。在强烈情感的驱动下，福斯特构建的印度形象融合了自身对印度人民的赞美和对西方不平等制度的批判，从而冲破了意识形态而带有乌托邦化的对神圣国度的向往。

乌托邦作为一种肯定的社会想象，其功能是肯定“他者”，否定并超越自我现实秩序。书中，作者用大量笔墨描写英国殖民者不合理的统治和对印度人民的压制，那些在本国和善、嘴上提倡平等的殖民者，用国内国外两套标准对待印度，作者对此持有批判态度。而通过黑天庆典场面的描写，表现了福斯特对神圣的印度的向往，渴望构建一个美好自由平等的国度。印度黑天庆典上，无论平民还是贵族，都一律平等，大家欢聚在一起，载歌载舞。那一刻，没有高低贵贱之分，没有混乱肮脏，只有和平友好，和谐有序。每个人脸上都带有笑容，每个人都温情脉脉。对于异国形象的肯定，反衬出英国殖民者冷漠生硬和傲慢偏见的姿态。但福斯特借助对印度野蛮形象的刻画，实质是衬托并赞美和谐、文明的英

---

① ［英］E. M. 福斯特，《印度之行》，杨自俭、邵翠英译，南京：译林出版社，2013，第134页。

② 张琛雯，《落为“他者”的故国——形象学视域下〈追风筝的人〉中的阿富汗形象解读》，《安康学院学报》2021年第3期，第93—97页。

国，意识形态的作用也凸显于此。

福斯特的《印度之行》通过对双重化印度异国形象的塑造，书写出意识形态化和乌托邦化的双重意蕴。福斯特所构建的印度形象既不是纯粹地被意识形态笼罩的落后野蛮的民族，也不是一味被美化的乌托邦国度。印度形象跳出了单一化的片面认知，具有了多方位、立体化的形态。对异国形象的构建实质是对本国形象的反映与表现。福斯特描写的印度是殖民统治下经济衰败、人民思想闭塞的印度；是男权统治下，男女地位不平等、女性深受深闺制度束缚的印度；是民族对立种族群等级分明的印度。表面上，对印度意识形态化书写是对印度落后制度、性别不平等、环境恶劣等现象的批判，期盼印度社会在批判中能得到改善与替换；但福斯特借助对印度野蛮形象的刻画，实质是衬托并赞美和谐、文明的英国，意识形态的作用凸显于此。

与之相应，乌托邦化的印度，其功能是颠覆现有英国社会秩序。通过对美好、平等、神圣的黑天庆典的描绘，英国的傲慢与冷漠以及虚伪形象被揭露出来。因此，通过对印度这个异国形象的分析，可以体会到福斯特对本国的双重情感，即既饱含了对出生地的浓浓温情，热情赞美以英国为代表的西方国家，同时在热爱中又夹杂了对发达国家对殖民地的残忍罪行的强烈谴责与批判。

# 从弗洛伊德人格理论分析《悲惨世界》中的冉·阿让形象*

刘 丹

四川师范大学 外国语学院，四川成都 610101

**摘 要：**法国作家维克多·雨果在小说《悲惨世界》中塑造的人物形象冉·阿让是人道主义的化身，从他坎坷的经历中可以看到人物形象的转变过程。本文从奥地利心理学家、精神分析学派创始人弗洛伊德的三重人格理论出发，挖掘了冉·阿让的内心世界，分析和探究了他这一人物形象的转变过程及其原因，从而为这部小说的欣赏、研究提供了新的视角。

**关键词：**弗洛伊德；人格理论；《悲惨世界》；冉·阿让；人物形象

迄今为止，国内学术界关于维克多·雨果（Victor Hugo，1802—1885）的《悲惨世界》（*Les Misérables*）的研究多停留在人道主义精神探析、人物形象塑造与评价、文本叙事修辞分析、浪漫主义思想解读以及从语言认知学角度赏析作品的语言特色等，而从精神分析的角度来探究小说中的人物形象却还没有引起足够的注意。由于文学文本与人类行为密切相关，奥地利心理学家西格蒙德·弗洛伊德（Sigmund Freud，1856—1939）创立的精神分析原理有助于更好地理解人类行为和文学文本①。弗洛伊德晚年时期将二重人格理论做了修正，提出了“三部分

---

* 收稿日期：2021年1月29日

作者简介：刘丹（1997— ），女，四川资中人，四川师范大学外国语学院2020级学科教学（英语）方向硕士研究生，主要从事英语教学和英美文学研究。

① ［美］罗伊丝·泰森，《当代批评理论实用指南》（第二版），赵国新等译，北京：外语教学与研究出版社，2014，第12—13页。

人格说”，认为人格是由本我（id）、自我（ego）和超我（superego）三部分构成的[①]。本文拟运用弗洛伊德精神分析理论中的三重人格结构理论分析雨果《悲惨世界》中主人公冉·阿让在本我、自我、超我三重人格下从堕落到救赎再到自我牺牲的成长与蜕变以及思想与灵魂的升华。

## 一、本我：冉·阿让的堕落

弗洛伊德认为，本我是无意识的，基本由性本能组成，按“快乐原则”活动[②]。本我主要由社会成规所制约和禁止的欲望构成，包括人的本能、冲动和欲望，是人格中与生俱来的一部分。罗伊丝·泰森（Lois Tyson）在《当代批评理论实用指南》（*Critical Theory Today: A User-Friendly Guide*）中介绍说，根据精神分析学说，食欲、性欲、权力欲、娱乐欲望等各种被禁止的欲望是本我不顾自己的行为后果而力求去满足的[③]。小说《悲惨世界》真实地描述了人世的浮沉，被雨果本人称为“一部宗教作品”，其主题是人类同邪恶所做的不懈的斗争[④]。在与邪恶做斗争的初始阶段，主人公冉·阿让因为贫穷的威逼而潦倒寂寞，因为法律的无情而凶恶狠残，因为偏见的打击而自暴自弃。在雨果描述的这个悲惨世界里，让男子潦倒的是贫穷，迫使妇女堕落的是饥饿，使儿童羸弱的是黑暗[⑤]。从人本善到人性恶，冉·阿让的灵魂沉沦了，他的本我人格在处处碰壁后彻底堕落了，这堕落正是由社会黑暗和人性泯灭导致的。

### （一）由社会黑暗而致的堕落

18世纪末到19世纪初，法国社会动荡不安，革命接踵而至。根据吕一民《法国通史》记载，1788年，法国农业灾难性歉收，2800万法国人饱尝了饥饿之苦。1789年，法国大革命（La Révolution Française）爆发，这场革命断断续续到1799年才告结束，历时十年之久，这使法国的经济状况更加恶化，社会更加动

① 董秀娜，《弗洛伊德的人格理论综述》，《伊犁教育学院报》2005年第4期，第35页。

② 朱立元，《当代西方文艺理论》，上海：华东师范大学出版社，2002，第62页。

③ ［美］罗伊丝·泰森，《当代批评理论实用指南》（第二版），赵国新等译，北京：外语教学与研究出版社，2014，第28页。

④ 陈振尧，《法国文学史》，北京：外语教学与研究出版社，1989，第298页。

⑤ 张德明，《世界文学史》，杭州：浙江大学出版社，2006，第169页。

荡[①]。巴黎就是一个缩影，人民的处境十分严峻，“面包奇缺，大多数人早已饥肠辘辘，怨声载道”，“饥饿再一次成了人民行动的决定因素”[②]。冉·阿让是当时民不聊生的法国社会中的普通一员，他和其他所有的穷人一样，笼罩在饥饿、黑暗、动荡、恐慌的阴影之下，其最大的愿望就是一家人能够勉强度日，能够不成为饿死鬼。他是因为走投无路，才不得不顺从本我的欲望，选择采取偷面包这种行窃的方式来自救的。他偷面包是看到他亲姐姐的孩子太过可怜，为了让他们避免饿死的厄运，他只有以身试法、铤而走险。这在小说中有清楚的描述：

> 有一年冬季，冉·阿让找不到工作。家里没有面包。绝对没有一点面包，却有7个孩子。
>
> 住在法维洛勒的天主堂广场上的面包店老板穆伯·易查博，一个星期日的晚上正预备去睡时，忽听得有人在他铺子的那个装了铁丝网的玻璃橱窗上使劲打了一下。他赶来正好看见一只手从铁丝网和玻璃上被拳头打破的一个洞里伸进来，把一块面包抓走了。易查博赶忙追出来，那小偷也拼命逃，易查博跟在他后面追，捉住了他。他丢了面包，胳膊却还流着血。那正是冉·阿让。
>
> 那是一七九五年的事。冉·阿让被控为“黑夜破坏有人住着的房屋入内行窃”，送到当时的法院……
>
> 冉·阿让被判罪。法律的条文是死板的。在我们的文明里，有许多令人寒心的时刻，那就是刑法令人陷入绝境的时刻。一个有思想的生物被迫远离社会，遭到无可挽救的遗弃，那是何等悲惨的日子！冉·阿让被宣判服五年苦役。[③]

根据相关文史资料的考证，冉·阿让的个案是当时挣扎在水生火热之中的法国人民的真实写照，是当时法国社会生活黑暗无奇的缩影。弗洛伊德曾说，悲伤

---

① 吕一民，《法国通史》，上海：上海社会科学院出版社，2007，第96页。

② 吕一民，《法国通史》，上海：上海社会科学院出版社，2007，第109页。

③ ［法］维克多·雨果，《悲惨世界》，李丹、方于译，北京：人民文学出版社，2003，第88—89页。

之感具有最大程度的内在推动性，而快乐之感不具有这种性质和特点[①]。冉·阿让盗窃面包的初衷是情有可原的，是社会的黑暗迫使他以一种违反法律的方式来满足本我那纯粹的求生欲，但他并没有因为满足本我的欲望而获得快乐。只因为偷了一块面包就要判决五年的牢狱之刑？他当然心有不甘，几次试图越狱未果后他最终在监狱蹲了十九年。那漫长的十九年让他对人性有了新的看法。小说中写道，“对冉·阿让，无所谓太阳，无所谓春秋佳日，无所谓四月天的清凉晓色。我不知道是怎样一种暗淡的光经常照耀着他的心”，“年复一年，这个人的心慢慢地，但是无可挽救地越变越硬了。他的心一硬，他的眼泪也就干了。直到他出狱的那天，十九年中，他没流过一滴眼泪”[②]。他心如铁石，对人性的善不再抱有一丝的希望。他内心的“本我”变得漠然，社会规范和道德约束在他心中荡然无存。因为偷了一个面包被判五年徒刑而蹲了十九年的大牢，法律使一个原本富于爱心的青年变成一个潜在的凶险分子。陈振尧在《法国文学史》中分析说，雨果在《悲惨世界》这部小说中力图说明，严刑峻法只能使人更加邪恶，只有根据人道主义原则用道德感化的办法来医治社会的痼疾[③]。陈振尧的分析洞若观火，十分在理。

### （二）由人性泯灭而致的堕落

冉·阿让的堕落，一半是由于社会对他的无情打击，另一半则是由于面对本我，他的人性开始逐渐泯灭。他对社会的愤怒，对人性扭曲的呐喊，都体现在了他出狱后面对卞福汝主教的以恶报德、以仇报恩的行径上。

刑满释放后的冉·阿让，因为持有证明自己以前是罪犯的黄色通行证而遭到了几乎所有人的唾弃和拒绝。他浑身上下都散发出一股愤世嫉俗的怨气。作为一个被社会摒弃的罪犯，作为一个连狗也不如的流浪者，作为一个长期生活在黑暗里的孤独的人，忽然被一位主教如此热情款待，给他安排食宿，称呼他为兄弟，他内心满是感激，但这突如其来的阳光却没有消融他心底的寒冰，相反，那来自本我的邪恶念头却油然而生，不断地挑唆他去满足内心深处那肮脏的愿望：偷走

---

① ［奥地利］西格蒙德·弗洛伊德，《弗洛伊德选集 6：自我与本我》，车文博译，长春：长春出版社，2004，第 124 页。

② ［法］维克多·雨果，《悲惨世界》，李丹、方于译，北京：人民文学出版社，2003，第 97 页。

③ 陈振尧，《法国文学史》，北京：外语教学与研究出版社，1989，第 299 页。

卞福汝主教值钱的银器来维持生计。他沉沦了。小说中写道，“他的旧恨和新愁在他的心里翻来倒去，凌乱杂沓，慢无条理，既失去了它们的形状，也无限扩大了它们的范围，随后又仿佛忽然消失在一股汹涌的浊流中”，“他心里反反复复，踌躇不决，斗争了一个钟头”①。而斗争的结果就是，他决定执行本我的命令，去偷主教那一对看起来价值不菲的银器。

学者张继英在分析冉·阿让的人物形象转变时曾说，在牢狱里煎熬的十九年，不但没有让他痛改前非做一个好人，反而让他从一个善良的天使变成了丑恶的魔鬼②。的确如此。一个人的心灵变恶很容易，往往在一瞬间就会做出违背良知的行为③。对财富的渴望蒙蔽了他的双眼；本我受到的压抑让他最终以盗窃的方式发泄出来，他看似满足了本我对财富贪婪的欲望，实际上却失去了对本我的控制，折射出他人性的泯灭。

## 二、自我：冉·阿让的救赎

根据弗洛伊德的观点，“自我（ego）是通过理智来体验外部世界的有意识的自我（self），在本我和超我之间发挥裁判作用”，自我在很大程度上是社会禁忌与我们的愿望相互冲突的产物④。自我来源于本我，是本我的一部分，自我将其中的较低部分合并到本我中去了。在本我中快乐原则一直不受束缚地占据主导地位，这一地位被力求用现实原则的自我所取代；在本我中本能所起的作用近乎等于知觉在自我中起的作用⑤。如果本我是无意识的，那么自我就是有意识的。如果本我代表不驯服的激情和情欲，那么自我代表理性、审慎和常识的东西⑥。人

① ［法］维克多·雨果，《悲惨世界》，李丹、方于译，北京：人民文学出版社，2003，第101页。

② 张继英，《〈悲惨世界〉中冉·阿让的转变》，《学术研究》2015年第8期，第56页。

③ 曾寅震，《〈悲惨世界〉中对冉·阿让人物形象的评价》，《农家参谋》2017年第19期，第251页。

④ ［美］罗伊丝·泰森，《当代批评理论实用指南》，赵国新等译，北京：外语教学与研究出版社，2014，第26页。

⑤ ［奥地利］弗洛伊德，《弗洛伊德文集》，车文博主编，长春：长春出版社，2004，第126页。

⑥ ［奥地利］西格蒙德·弗洛伊德，《精神分析引论新编》，高觉敷译，北京：商务印书馆，2017，第107页。

们如果处在他们不能理解的力量的强大支配下，理性和自制就应占上风①。在《悲惨世界》中，冉·阿让通过自我人格层面的理性和自制帮助自己实现了救赎。学者华广道从认知语言学视角分析冉·阿让的心灵救赎过程时说，卞福汝主教是冉·阿让生命救赎的第一个阶段，尚马第为第二阶段②。其实，冉·阿让从被卞福汝主教感化后便踏上了救赎自我与救赎他人的道路。

### （一）救赎自我

从人性之恶到重拾人性之光，冉·阿让的自我救赎首先来源于卞福汝主教的道德感化。冉·阿让偷了卞福汝主教的银器后又被警察抓回主教的住处，他本以为等待自己的是另一轮惩罚，没想到主教却替他解围，告诉警察银器是自己送给他的，并将另一对银烛台一起送给他，嘱咐他重新开始好好做人："冉·阿让，我的兄弟，您现在已不是恶一方面的人了，您是在善的一面了。我赎的是您的灵魂，我把它从黑暗的思想和自暴自弃的精神里救出来，交还给上帝。"③ 主教对冉·阿让的宽恕终于融化了他那颗冰冷了十九年的心，他开始忏悔自己偷盗的恶行，他逐渐化解对社会的仇恨，心中淹没已久的善和美也终于躁动起来，他的余生都在践行主教传递给他的爱、善、宽恕的信条。综观全书，可以发现卞福汝主教对他的影响远不止如此。

下面是冉·阿让实现自我救赎的一个具体例子。在受到卞福汝主教的感化后，冉·阿让洗心革面，化名为马德兰到海滨特勒伊城开工厂，给当地人创造就业机会，带动了城市经济发展，此外他扶贫济困、乐善好施，成为远近闻名的企业家和慈善家，深受当地人爱戴。一天，马德兰先生过路时发现曾经仇恨和暗算过自己的割风伯伯被压在马车下，十分危险，一直对苦役犯冉·阿让穷追不舍的沙威探长也在场，马德兰尽管十分紧张，害怕被沙威认出自己是力大无比的冉·阿让，他仍然冒着风险奋力将马车抬起救出割风伯伯，事后还将割风伯伯安置在巴黎一个女修道院做园丁，帮助他过上稳定的生活。从马德兰本我人格的角度来

① ［英］特雷·伊格尔顿，《二十世纪西方文学理论》，伍晓明译，西安：陕西师范大学出版社，1987，第176页。

② 华广道，《从认知语言学视角分析〈悲惨世界〉中冉·阿让心灵救赎的圣经隐喻》，《吕梁教育学院学报》2017年第1期，第103页。

③ ［法］维克多·雨果，《悲惨世界》，李丹、方于译，北京：人民文学出版社，2003，第109页。

另一次道德两难的考验。从一直悄悄调查他的警察沙威口中得知，尚马第被当作苦役犯冉·阿让误抓去了监狱，他的思想展开了一场激烈斗争。雨果说，“人生便是白昼与黑夜的斗争”①，对内心饱受煎熬的马德兰市长来说，这不仅是白昼与黑夜的斗争，更是良心与唾手可得的幸福的斗争。自首还是不自首，选择外美内丑还是内美外丑，选择天堂还是地狱，他没有办法做决定。小说中描写道：

> 同时他又看见自己一向认为处世原则的那两种心愿“埋名”和“立德”，好像有了显著的形状，在他眼前飘动。他生平第一次感到那两种愿望是绝不相容的，同时他看出了划分它们的界限。他认识到那两种愿望中的一种是好的，另一种却可以成为坏事；前者济世，后者谋己；一个说“为人”，一个说“为我”；一个来自光明，一个来自黑暗；它们互相斗争，他看着它们斗争②。

实质上，这里描写的就是马德兰先生本我与超我的斗争。他的本我人格那一面是不愿意自首的，命运多舛的他余生只想过安稳的生活；而处于道德层面的超我人格让他不断审视自己的良心，他不能让一位清白的老人成为他的替罪羊。他想起了卞福汝主教宽恕他的偷盗行为，他想起了主教送给他的银烛台，他想起了主教对他说过的箴言。最终，在经历了漫长的思想斗争后，他决定放弃所拥有的市长身份、所拥有的企业财富、所拥有的名声名望，在尚马第接受判决之际来到法庭，大方承认自己是冉·阿让，救下被误抓的尚马第。

冉·阿让虽然牺牲了他多年来努力营造的美好生活，重新被捕入狱饱受苦难，但是这场正义趋向的牺牲让他的心灵得到了真正的净化，他问心无愧，因为他达到了卞福汝主教对他的期望——做一个正直的人。

（二）奉献趋向的牺牲

超我的高尚情操早已根植于冉·阿让的内心，他无私地燃烧自己，为珂赛特的幸福照亮一束束光。他用奉献趋向的牺牲，换来了珂赛特幸福安宁的生活。

---

① 郑克鲁主编，《外国文学史》上册，北京：高等教育出版社，2006，第192页。

② ［法］维克多·雨果，《悲惨世界》，李丹、方于译，北京：人民文学出版社，2003，第233页。

冉·阿让二次入狱后，通过一次救人的机会巧妙地逃脱苦海，他逃离苦役并不是为了重享荣华富贵，而是为了实现对已故的芳汀的承诺：去解救芳汀那孤苦伶仃的女儿珂赛特。花重金将小珂赛特从恶魔德纳第夫妇手中解救出来后，他隐姓埋名，开始代行父职，把珂赛特当亲生女儿抚养，两人相依为命。看到可怜羸弱的小珂赛特，他内心的爱与同情再次被激发，珂赛特对他的爱也成了他余生的精神支柱："这父亲爱珂赛特，并且崇拜她，把这孩子当作光明，当作安身之处，当作家庭，当作祖国，当作天堂。"① 后来珂赛特和年轻男子马吕斯坠入爱河，冉·阿让察觉到后由于害怕失去珂赛特，思想再次陷入斗争。当他对自己说"她撇下我要远走高飞了"，这时他感到的痛苦已超过可能忍受的限度……当痛苦已达到这种程度，良心的力量便会一败涂地②。他虽曾想试图阻止珂赛特的离开，但发现马吕斯能够带给珂赛特真正意义上的快乐时，他决定成全他们。在马吕斯写给珂赛特的信中，他得知马吕斯准备誓死奔赴战场时，他冒着生命危险，在街垒战中救了马吕斯，这一切只是为了珂赛特的幸福。他的良心已经内化成他的行事准则，个人幸福与他人幸福相悖时，他选择牺牲个人幸福，这让他的灵魂得到真正的升华。弗洛伊德曾说，"升华，指的是把欲望引向社会更加推崇的目标"③，冉·阿让无疑做到了这一点。超我人格在他每一次重大决定时都发挥了巨大的影响力。

学者黎志卓在分析冉·阿让人物形象时点评道："冉·阿让痛苦地徘徊于人性的两岸，最终迎着社会凛冽的寒风，选择了光明的道路。"④ 他知道他做到了真善美，践行了卞福汝主教传递给他的爱的信条。当不知情的马吕斯得知冉·阿让以前是苦役犯时，却要求他以后别再来看望珂赛特。冉·阿让的心彻底死了，他见不到他心爱的女儿，但他却为珂赛特收获幸福而替她开心。这种奉献趋向的牺牲让冉·阿让的生命达到了新的高度。超我是一种至高的人生境界，冉·阿让用他的行动诠释了超我的最佳含义：大局观、无私奉献、舍己为人、大爱无疆。

本文通过文本细读分析法和文献综述比较法，结合弗洛伊德的精神分析理论

---

① ［法］维克多·雨果，《悲惨世界》，李丹、方于译，北京：人民文学出版社，2003，第1152页。

② ［法］维克多·雨果，《悲惨世界》，李丹、方于译，北京：人民文学出版社，2003，第1152—1153页。

③ ［英］特雷·伊格尔顿，《二十世纪西方文学理论》，伍晓明译，西安：陕西师范大学出版社，1987，第176页。

④ 黎志卓，《〈悲惨世界〉中冉·阿让人物形象分析》，《语文建设》2017年第12期，第49页。

中的三重人格结构说，对《悲惨世界》中冉・阿让的人物形象做了新的解读。冉・阿让的一生经历了从善到恶再到善的曲折历程①，这一人物形象的转变过程体现了他的本我、自我和超我人格之间相互影响和牵制的关系。从本我堕落到自我救赎再到超我牺牲，冉・阿让实现了三重人格的和谐发展，灵魂得到升华，成为人道主义的化身。

① 谢斯，《〈悲惨世界〉和人道主义》，《语文建设》2013年第8期，第23页。

# 试论《愤怒的葡萄》中丰收土地的“罪孽”*

瞿嘉文[1] 胡志红[2]

1. 西南交通大学 人文学院，四川成都 610031

2. 西南交通大学 人文学院，四川成都 610031

**摘 要：**本文通过探讨约翰·斯坦贝克《愤怒的葡萄》中乔德、乔德的妈妈、凯西三位主要人物，关注小说时空视角下所呈现的丰收罪孽、资本对人的异化，发掘形象背后的隐藏含义和小说带来的反思。在解读西方经典的同时，搭建探讨生态和谐社会的平台，以史为鉴，面向未来。

**关键词：**约翰·斯坦贝克；《愤怒的葡萄》；生态文学；文化对话

“要描写农民的悲剧，要为他们说话”①，这是约翰·斯坦贝克（John Steinbeck，1902—1968）创作《愤怒的葡萄》（*The Grapes of Wrath*，1939）的动机。《愤怒的葡萄》以经济危机时期为背景，书写美国中部各州农民破产、逃荒和斗争的历史情景。俄克拉何马和相隔不远的得克萨斯、堪萨斯、阿肯色各州的农民负债累累，土地被公司、银行没收，政府不在乎农民的悲惨处境，于是他们无家可归，只得向西迁移，想在加利福尼亚州寻找出路。但是，加利福尼亚州并不像宣传中和农民想象中的那样，充满机会与希望、能够保障人的基本需求，甚至使他们拥有追求自由幸福生活的权利，等待他们的仍然是失业、饥饿和痛苦。

---

* 收稿日期：2021 年 9 月 17 日

作者简介：瞿嘉文（2002— ），女，江苏苏州人，西南交通大学人文学院 2020 级汉语言文学专业本科生，主要从事比较文学和生态批评研究。

胡志红（1965— ），男，四川成都人，西南交通大学人文学院教授、博士研究生导师，主要从事比较文学、西方文学和文化及生态批评研究。

① ［美］约翰·斯坦贝克，《愤怒的葡萄》，胡仲持译，上海：上海译文出版社，2018，第 6 页。

从俄克拉何马到加利福尼亚，本来以为是从绝望的土地逃往充满希望的热土，但没想到两片土地虽相隔万里，却是一样的充满叹息。小说的结尾却留下了温情的余韵，罗莎夏“哺育”了途中遇到的陌生人，尽管人们流离失所，饱受压迫之苦，但是人性的光辉依然闪耀，人们最终会相互帮助，联结在一起。

## 一、人物：交织的三重奏

乔德（Joad）是约翰·斯坦贝克塑造的一个非常理想的人物：一方面，他富有正义感，勇敢无畏，淳朴坚定，热情理想；另一方面，他身上也始终充斥着若隐若现的自我悲悼感，他是粗糙与细腻、反叛与传统的结合体。小说以乔德的空间移动作为线索铺陈展开，中间穿插的回忆与略显跳荡的叙述也与乔德有着不可分割的联系，乔德思维方式的改变与挣扎中的探索也是小说层层揭示的主旨之一。

经历一路坎坷的乔德发出这样呐喊：“到处都有我——不管你往哪一边望，都能看见我。”① 在饥饿的人们在为了吃饱饭而抗争的地方，在警察殴打人民的地方，在被逼疯的人们大喊大叫抗议的路上；也在饿肚子的孩子知道晚饭有着落、充满欢声笑语的路上，在同伴能吃到自己耕种的粮食、住进自己筑造的房屋时，他都在那里。这是乔德对那个时代的回答，也是他为那个黑暗时代投射的一抹亮光。

约翰·斯坦贝克用“不论在哪里”描述乔德的位置与存在，将其独特性削弱，继而扩展延伸至整体，辐射其身上共通性的存在。发出呐喊的那一刻，他作为“乔德”的个体属性虚化，而成为照耀整个“群体”的光芒，他以个体生命的感知去参悟整个人类共同命运的集中体验，通过一种平等的、博大的胸襟去肩负历史责任使命。当苦难时，为了温饱，人们团结在一起奋斗，为了社会公平正义，人们互帮互助反对恃强凌弱，当共同富裕实现之时，当人民安居乐业、自食其力之时，我将无我，“我”与“我们”同在——功成不必在我，而应有我。他的回答也激励了一代又一代的人，鼓舞人们去反抗压迫，去参与斗争，去为自己争取幸福生活。

---

① ［美］约翰·斯坦贝克，《愤怒的葡萄》，胡仲持译，上海：上海译文出版社，2018，第538页。

小说用了一个章节细致描写了一只陆龟的爬行，这只陆龟后来被乔德拾起。它艰难地爬行在土地之上，一路上遇到很多险阻，它拼命使劲，显得愁苦而可笑，却接连遭受打击，路上还有卡车经过，卡车司机故意去撞击它，面对这样的飞来横祸，陆龟缩进壳中，滚到路边，只留下爬行后的细碎的痕迹。这只陆龟，何尝不是普通农民的命运的象征呢？他们并没有受到命运的优待，而是艰难地挣扎在生活的重重磨难之中。约翰·斯坦贝克独具匠心之处就在于，他以陆龟的爬行引出了种子的生长，“那根野生燕麦梢头落了下来，于是便有三颗矛头似的种子紧粘在土地里了。乌龟爬下路坎的时候，它的甲壳拖带了一些泥土，盖住了这几颗种子”①。这个略显隐秘的细节，其实也是约翰·斯坦贝克对生活的隐喻。陆龟的艰难爬行是真，农民的痛苦挣扎、颠沛流离也是真，但是在悲痛之中，也孕育了力量，埋下了希望的种子。

虽然整篇小说笼罩着绝望的氛围，书写的是苦痛人民迫不得已状态下的无奈斗争，但是乔德无疑是小说中的一抹亮色，他所代表的生生不息的精神和团结一致的愿景，像火炬一样传递下去，也是约翰·斯坦贝克笔下“光明的尾巴”，这在无形之中，体现了人民史观——乔德不是一个“英雄”形象，而是普通个体团结成为集体的象征，改变历史进程的不是那少数的几个“英雄”，正是人民群众的点滴努力才使得社会发展不断前进。

乔德的母亲，从生态女性主义的角度来说，就是土地的象征。她坚毅勇敢，小说中用“伟大而又平凡”② 形容她在家庭中的地位。在带领家族去往加利福尼亚的途中，可以说，她是主心骨，是当之无愧的领导者，她也最为贴近土地，拥有宽广的胸怀，同时，也充满野性。有次乔德开玩笑地说，他的母亲有一次碰到无良小贩，用鸡去打他，结果最后鸡只剩下两只腿还握在他母亲的手中——而她本来是想用另一只手中的斧头的。这个有趣的小细节，也体现出乔德的母亲充满力量与野性，不是一个刻板的形象，也有其可爱的一面。而乔德的母亲一出场，就是一个温暖的形象。乔德和凯西（Casy）风尘仆仆地赶到他们家搬迁的地方，老汤姆以开玩笑的方式跟乔德的妈妈说家里来了两位过路客人，乔德的妈妈马上热情招呼他们坐下和他们一起吃饭，彰显了朴素又博大的胸襟，让人为之动容。

---

① ［美］约翰·斯坦贝克，《愤怒的葡萄》，胡仲持译，上海：上海译文出版社，2018，第28页。

② ［美］约翰·斯坦贝克，《愤怒的葡萄》，胡仲持译，上海：上海译文出版社，2018，第97页。

乔德的母亲可以说是深耕在土地中，比乔德待在田野的时间还要长久。深层生态学认为自我与自然环境不仅不可分割，甚至就是相互交融的关系。深层生态学两个基本原则之一“自我实现”中的自我，就是强调个体与外在的非人类的自然环境的联系。原本乔德的母亲与土地的关系是：乔德的母亲所代表的农民依靠土地，依仗土地。而经过被迫的迁徙，途中遭受到的种种磨难，乔德的母亲身上体现出土地所熏陶出的种种特性，人与自然得到了交融，她坚毅、勇敢，眼中永远坚定，从不轻言放弃，不论命运将她置于何种境地，她都会寻找绝处逢生的办法，带领家族走出绝境，不管生活多么悲惨让人失落，她总会积极向上去面对，默默承担家庭的重担。“我们必须明白个体是环境的一部分，个体是环境中的个体，而不是独立于环境的实体，这与笛卡儿的人与自然二元对立的观点形成鲜明的对比。”①

深层生态学追求的自我是形而上的“自我”。这种“自我”不仅涵盖整个人类，而且“随着人自身独特精神和生物人性的进一步的成熟、自我逐渐扩展，超越整个人类而达到一种包括非人类世界的整体认同：人不是与自然分离的个体，而是自然整体中的一部分，个人与其他存在的不同，是由与他人、与其他存在的关系所决定的”②。乔德的母亲带领全家迁往加利福尼亚的过程，可以视作人自身独特精神和生物人性的进一步成熟、自我逐渐扩展的过程——虽然并非出于她的自愿和本意。

乔德一家在政府的难民营中住了很久，难民营里设施齐全，人民友好相处，每个人都很热情，气氛十分温馨。美中不足的是附近没有工作。关于是否离开，去远处找工作，男人们则在犹犹豫豫，下不了决心，乔德的妈妈坚决要求第二天早上立刻出发，乔德的爸爸不满乔德的妈妈的决议，出言反对女人当家，乔德的妈妈当即在全家人面前狠狠地教训了老汤姆一顿，训斥乔德的爸爸无能却逞强。乔德的妈妈可以说是小说中生态女性主义觉醒的一个标志性人物。她不仅反抗了封建制度、资本主义制度对所有人的压迫，还反抗了男权文化和根深蒂固的传统观念，而她的“觉醒”并不是其他文学作品中的“被启蒙”，她并不是一个知识的“承接者”的形象，而是天然的、自由的。这样来看，在某种意义上，“生态

① 胡志红，《生态批评与跨学科研究——比较文学视域中的西方生态批评》，《四川师范大学学报》（社会科学版）2005 年第 3 期，第 59 页。

② 雷毅，《深层生态学思想研究》，北京：清华大学出版社，2001，第 46 页。

女性主义”并不是一种“主义”，而是自然孕育下的天然产物，并不是一方反对另一方、弱者反抗强者时才出现的，而是人生而具有的意识，对平等、尊严、自由的追求。“女性主义”的出现并不是为了“反抗”，而是一种对已知存在投射的目光，意义在于发现而不是创造，其在广袤的生态土地上自然生长，对其重视完全是发乎天性，并非对历史的诘问。

进一步而言，不同文化在比较之下固然会存在差异，但是这样的比较首先是由于已知局限下单薄的衡量尺度造成的，其次，比较的目的也不是为了凸显高下之分，不能因此遮蔽了其他文明绚烂生辉的可能性，不能将差异作为否定其他价值的标准，而是要借“比较”更好地传递、挖掘不同文化的价值所在。

如果说乔德是从“人”到“众”的转变，乔德的妈妈象征“人”与“自然”的关系，凯西则像一根无形的精神丝线，将个人、众人、自然三者严丝合缝地结合起来。凯西一次在饭桌前谈到耶稣遇到难题，而想不出应对的办法，于是陷入了精神上的疲惫，走入了荒野，他形容自己也和耶稣一样迷茫、疲惫、思绪混乱，在一切难题悬而未决之时，他学习耶稣走入荒野，没有带任何露营的工具。晚上的时候，他躺在地上看天上的星星，而早上的时候，他就坐在地上看太阳升起，中午的时候，他站在山头看笼罩着漫漫黄沙的乡村，傍晚他就追逐着太阳落下的轨迹。他开始祷告，像他一直做的那样祈祷，他仍然没法弄清楚他在向谁祈祷，他为谁祈祷，但是在一个瞬间，当他面向山站立的时候，他产生了“山和我是一体”的想法。于是他开始思索人的共通性：只有当人们是一体时，人们才有可能理解神圣，只有当人类是一体时，人类才是神圣的。当个体独自承受苦痛，一个人流离失所，在生命的道路上苦苦挣扎之时，事情是不神圣的。但是当人们齐心协力的时候——不是一个个体为了另一个个体的牺牲，而是将个体纳入集体就像河流汇入大海那样——这才是神圣的。

凯西在将自己沉浸在完全自然的境地之中得到了启迪，这不光是自然本身对“人”的启发，而是由“人”看“人”，在渺远人性遥不可及之时，一眼望到了人的“神性”。这里有一个很有意思的问题，这里的“神性”并不是指向宗教意义上的“神”本身，而是对一般意义上的“神”的反叛。生态批评中有一个组成部分是对基督教、耶稣的批评。怀特将人类破坏地球生态环境的根源归咎于犹太——基督教中的上帝，因为他不仅确立了人与自然的二元对立，而且还赋予了人统治自然的神圣权利。所以，怀特认为“西方的基督教是世界上人类中心主义思想最严重的宗教”。凯西的这次思维转变，是一次具有先锋性质的探索。首先他既肯定了上帝的“神圣性”，又认为其与人类有着共通性——这其中其实是存在悖论的，矛盾在于，他肯定了耶稣作为人的信仰的存在，但并不认为这种信仰是“高于”人的——也许这正是凯西无法成为一个“传统的”牧师的原因，因为他的信仰从超越了一般意义的教会，继而从更广大的角度去看人性。

再看凯西得出解释的过程，他是在自然中获得感悟的，“这一体是神圣的”“我们是一体了”①。凯西的思索，打破了人类中心主义，从这个破碎的缺口，迈进生态中心主义。此时的耶稣、基督教、信仰等等，已经全然带上了生态的色彩，不再只是一个抽象的精神概念，或者故事中的人物，或以一个创世者的形象存在，而是实实在在地依托于土地，与世间万物相互共生，自然是“神圣的”，自然与人是“一体的”。一路上，凯西看到了失去家园、流离失所的人们，那些过去依靠土地为生的人，失去了祖祖辈辈赖以生存的土地，不得不面对和了解到世间人类各种悲伤苦难的事情，凯西不断诘问自己，一直在寻找自己的使命，想知道自己应该去做什么。他放弃牧师的开始，始于一个顿悟：为什么我们非在上帝或是耶稣身上转念头不可？继而他提出，“我们所爱的也许就是一切男男女女；也许这就是所谓的圣灵”②，他打碎了封建神学禁锢在人们身上的镣铐，开始走向思维的自由和开阔，从“我被创造”到“众生平等”，从“自然被神创造”到人与自然和谐共生。他在乔德痛打了警察后替乔德顶罪，去坐了牢。在牢房中，他和每个人犯人聊天，了解到他们每个人的过往经历，发现他们都有自己的辛酸历程。凯西发现那些犯人都不是坏人，只是穷人，他们为了让孩子吃到东西，而偷了些食物，或者与警察、公司和资本家对抗而被投入牢房。

凯西找到了让自己觉得有意义和有价值的生活方式：加入工会。凯西积极组织人们与公司对抗，要求改善工人待遇，提高工人工资。后来乔德夜访罢工组织的营地，撞见了凯西，这时的凯西不再是一个困惑的退休牧师，而是已经完全了解了工人们应当团队起来，共同为权益而抗争的人。凯西已经深信工人运动的作用，他相信虽然运动也许会被打压，领导运动的人也许会被杀害，运动爆发又消失，起起伏伏，但是他相信这件事是对的，抗争是会带来前进的。他对乔德说：“因为每一次小小的失败的罢工都是前进一步的证据。此外，这一点也是你能够

① ［美］约翰·斯坦贝克，《愤怒的葡萄》，胡仲持译，上海：上海译文出版社，2018，第106页。

② ［美］约翰·斯坦贝克，《愤怒的葡萄》，胡仲持译，上海：上海译文出版社，2018，第37页。

明白的：令人害怕的是人自身不肯为了一种概念而受苦和牺牲，因为这种勇于牺牲的特性就是人类自身的基础，这个特性就是宇宙间非同凡响的人。”①

此时，“意志”萦绕着浓厚的悲剧色彩成为凯西的注脚，正如何塞·奥尔特加·伊·加塞特（José Ortega y Gasset，1883—1955）在《堂吉诃德沉思录》（*Meditaciones del Quijote*）中所说：“意志——这个自相矛盾、始于现实止于理想的东西，只喜欢自己做不到的东西——是一个悲剧主题，而一个不存在意志的时代，一个达尔文决定论的时代，不会对悲剧感兴趣。”② 当时的美国社会正处于“美国梦”濒临破碎的时代，因其破碎，而更显悲剧，小说中所描写的对宗教信仰的动摇只是其中的一方面，人们的精神无地可栖，凯西在帮助工人阶级抗争中找到了自己的信仰，但更多的人在资本主义席卷美国的狂潮中加入了对资本产业的追逐，成功者在现世的舞台演绎了精彩的喜剧，而喜剧的内核永远是悲剧。

## 二、时空：罪孽、异化与反思

小说对当时经济危机时期的描写十分写实，重点书写了中部各州农民破产、逃荒和斗争，俄克拉何马和邻近的得克萨斯、堪萨斯、阿肯色各州的农民负债累累，土地被公司、银行没收，无家可归，只得向西迁移。

流民从公路上拥入，透露着饥饿的痛苦和对生存的迫切需求，他们没有秩序，不会争论，毫无章法，只有庞大的人数和最基本的需求。给一份工作，就有许许多多的人去争夺，而争夺所带来的却是资本家的“节约”——微薄的薪水，彼此间迫不得已的竞争，却成为资本的狂欢。工资下降，物价却仍然维持着，此时的人没有尊严可言，完全沦为了资本的“奴隶”，且无力打破这样一个压迫的闭环。

从小说的开头就可以发现，压迫农民甚至压迫广大人民的人并不是具体的某一个或者某一阶层，从“难以维持”的租佃制度，到开着汽车的男人口中的“肖尼畜牧公司”，到人们口口相传的“怪物一样”的银行，再到政府，迷雾重重，让农民们无法“冤有头，债有主”，愤怒的农民想要举起手中的斧头，斩向

---

① ［美］约翰·斯坦贝克，《愤怒的葡萄》，胡仲持译，上海：上海译文出版社，2018，第192页。

② ［西班牙］何塞·奥尔特加·伊·加塞特，《堂吉诃德沉思录》，王军、蔡潇洁译，北京：商务印书馆，2021，第128页。

给他们套上镣铐的东西或人时，却被告知没有一个清晰的对象，可以供他们发泄怒火。从中我们也可以看出，“罪恶的手”并不只有一只，而是一只又一只，层层重叠，将重担全部压在人民身上，通过剥削吸收血液，维持所谓“悠闲阶层”的优渥生活：资本家尽心竭力所做的事情，就是为了压迫人民，从而获得更多的财富。

在压迫的同时，资本家还试图瓦解农民作为“集体”的力量。他们雇佣农户或农户的孩子驾驶拖拉机去摧毁其他农民的房子，开出诱人的薪水吸引他们的参与，企图让更多的人加入他们的阵营。

小说中这样形容开拖拉机的人：“他是那怪物的一部分，是个坐着的机器人。”① 这不仅仅是站在农民的立场去看那些“叛徒”所带有的愤怒、厌恶情绪，更从另一个角度，写出了资本对人的“异化”，这时的人不再是“人”，甚至不是麻木的人、愚昧的人、恶人、坏人……而已经成为机器的一部分。拖拉机控制了驾驶员的手，接连控制了他的头脑和筋骨，遮住了他的双眼，捂住了他的嘴巴，蒙蔽了他的心灵，禁锢了他的思想，压抑了他的抗议，高高的座椅看似舒适，看似赋予了他无穷的力量，可以“改造”甚至“操纵”自然，可以“主宰”他人的命运，实则成为一道厚障壁，将他与土地永远分离，无所凭依。驾驶员在拖拉机的轰鸣声中，获得了一种操纵力量的快感，象征人拥有权力后极度膨胀的虚荣心，带着巨大的不真实感。那些选择从“农民”中“出逃”的人以“生存”为借口，投到资本家的麾下，出卖了本性和祖祖辈辈的传统。

更进一步地说，这不仅仅是资本对农民的异化，更是将从驾驶员到资本家“异化”成了一个“产业”，成了工业的“工具”，工具使用之初，是人类在自然的进化过程中，为了更好地生存而发明的。而此时的机器，不再只是为人类提供便捷的工具，而是将人们纳入其中成为其“产业”的一部分，使人不再是“人”本身，而是成为机器运作的零部件——人被工具反治了。凯西在乔德回到家乡后说过这么一段话：“你瞧，没有风沙的时候，这儿的玉米长得多好。那才真是呱呱叫的庄稼呢。”② 元凶真的是风沙吗？土地广袤，大地是仁慈的，真正的元凶不是自然，而是人。

---

① ［美］约翰·斯坦贝克，《愤怒的葡萄》，胡仲持译，上海：上海译文出版社，2018，第51页。

② ［美］约翰·斯坦贝克，《愤怒的葡萄》，胡仲持译，上海：上海译文出版社，2018，第42页。

由于资本运作的“规则”，当产品过剩时，资本家们为了维持产品的价格，农场主和公司会将过剩的产品倾倒河中、烧掉、撒上石灰掩埋掉，葡萄成熟，无人采摘，全部掉落枝头，腐烂在泥土里。那些资本家宁愿将食物完全浪费，也不愿意出于人道主义的角度考量，为饥饿贫苦的农民的生活带来一些改善，更糟糕的是，当走投无路的农民们带着网兜准备来捞土豆时，发现警察们背着装弹的真枪挡在前面。人们望着濒临绝境的家人，想着自己的艰难处境，眼前“丰硕”的收获成果更加成了刺眼的场景，不公平的、令人匪夷所思的现象冲击着人们的神经，于是愤怒在人们心中燃烧。

正如卡尔·海因里希·马克思（Karl Heinrich Marx，1818—1883）在《资本论》（*Das Kapital*）中所言，“对于资本而言，它们到人间，从头到脚，甚至每个毛孔都滴着血和肮脏的东西”①，资本来到人世间是良知的泯灭和道德的沦丧，它不以人的幸福为宗旨，也不考虑人民的生活质量和精神追求，它以金钱为价值判断的准则，将一切感觉的幸福“量化”成狭隘的“意义”，并宣扬其观点，动摇人们的其他追求。《圣经·新约·启示录》中写到葡萄时说：

> 又有一位天使从天上的殿中出来，他也拿着快镰刀。又有一位天使从祭坛中出来，是有权柄管火的，向拿着快镰刀的大声喊着说：“伸出快镰刀来，收取地上葡萄树上的果子，因为葡萄熟透了！”那天使就把镰刀扔在地上，收取了地上的葡萄，丢在上帝愤怒的大酒醡中。那酒醡踹在城外，就有血从酒醡里流出来，高到马的嚼环，远有六百里。②

这里，燃烧的不是葡萄，而是人们的灵魂，愤怒的不是为了维持价格倒掉的葡萄和粮食，而是人们为此辛劳付出的血泪。在资本对人异化下，丰收成为一种罪孽，而如果人类不团结起来抵抗压迫，“申冤在我，我必报应”③。

---

① ［德］卡尔·海因里希·马克思，《资本论》，何小禾译，重庆：重庆出版社，2013，第362页。

② 《圣经》，新标准修订版、新标点和合本，中国基督教协会，第421页。

③ ［俄］列夫·托尔斯泰，《安娜·卡列尼娜》，草婴译，南京：译林出版社，2014，第21页。

## 三、传统与鉴今

《愤怒的葡萄》带着反抗的意味惊动了当时的美国社会，其探索性与敏锐性自不消说，但是小说也存在不完善之处。其中值得一提的是，小说对神学的质疑与反思在某种程度上也是由西方传统神学经典《圣经》等推动的，例如凯西思想的顿悟来自对耶稣行为的模仿，乔德团结人民的想法是受凯西传教时的话启发。

这也许可以带来进一步的思考，一种文明的“进步”，就算源头是从批判“旧有”“传统”开始，其实也脱不开过去的影子，甚至可以说是“传统的另类衍生”。

如今的西方社会或许应该回过头读一读《愤怒的葡萄》，听一听西里西亚的歌唱，看一看伦敦的上空是否还笼罩着烟雾。

# 比较文学研究

# 单德兴教授答台湾华美文学研究问题*

张　叉

四川师范大学　文学院，四川成都　610068

**摘　要**：本文是四川师范大学文学院教授张叉对台湾欧美研究所特聘研究员单德兴所作专题访谈录的一部分，回答了台湾华美文学研究的起源、发展、成绩、特征、不足等问题。

**关键词**：台湾；华美文学；成绩；特征；未来

**张　叉**："华美文学"一词之内涵若何？

**单德兴**："华美文学"基本上是美国文学，而此处的"华"可以是"华裔"，亦可以是"华文"。

**张　叉**：华美文学有何独特性？

**单德兴**：可从两个方面来回应这个问题。一方面是双语的特色和翻译。最明显的例子就是天使岛的诗歌原先以中文书写，后来翻成英文，成为亚美文学的奠

---

* 收稿日期：2021 年 6 月 26 日

基金项目：2016 年四川省社科规划基地四川省比较文学研究基地项目"比较文学中外名人访谈录"（项目编号：SC16E036）阶段性研究成果。

作者简介：单德兴（1955—　），男，山东枣庄人，台湾大学外文研究所博士，台湾欧美研究所特聘研究员，曾任欧美研究所所长、《欧美研究》季刊主编、外文学门召集人、台湾英美文学学会理事长、台湾比较文学学会理事长。曾三次获外文学门杰出研究奖，第五十四届教育部学术奖。主要从事比较文学、亚美文学、文化研究、翻译研究。

张叉（1965—　），男，四川盐亭人，四川大学比较文学与世界文学博士，国家社会科学基金项目评审专家，四川师范大学文学院教授，四川师范大学文学院比较文学与世界文学学位授权点建设负责人，四川师范大学外国语文研究所第二任所长，四川师范大学外国语言文学一级学科硕士点建设专家委员会第一任主任，四川师范大学第八届学位委员会外国语学院分学位委员会主席，学术集刊《外国语文论丛》主编。主要从事英美文学、比较文学研究。

基文本之一。比较晚近的像是哈金的作品以英文书写，译为中文，其中有些还是哈金与人合译，甚至自译，算是华文文学、中国文学。不管是自译或他译，只要译成中文就是华文的一部分。这种双语与翻译的观点是一般欧美学者不及之处。另一方面是从文化和历史的观点看，从冷战开始一直到20世纪80年代大陆改革开放，甚至到现在，台湾都还常宣称是中华文化的继承者、维护者、发扬者。当读某一个属于自己族裔的文本时，有一种相对的亲切感，这种亲切感也许是幻觉，自认为在某方面有利基（niche），但这利基是不是幻觉也很难说，而且即使是幻觉，却也产生了不可否认的效果，这些都有具体的数据可作为佐证。

**张　叉**：如何把台湾欧美研究所使用的英语词“Chinese American Literature”准确译成中文？

**单德兴**：“Chinese American Literature”这个词译为中文时有诸多考量。欧美研究所的研讨会与出版的两本论文集都翻译作“华裔美国文学”，基本上是遵循美国学界的认定以及美国文学的发展，也就是以“Chinese”来形容“American literature”，主要研究对象是在美国用英文创作的华裔作家的作品，属于美国文学中特定族裔的文学。张敬珏主编的《亚美文学伴读》（*An Interethnic Companion to Asian American Literature*）中，《华美文学》那章的作者黄秀玲（Sau-ling Cynthia Wong）在文章结尾时，也纳入美国以中文撰写的文学作品，包括聂华苓、于梨华、白先勇、张系国等人的作品，她已不把“Chinese”只当成族裔的形容词，也纳入了语文的面向。这也就是为什么我后来翻译“Chinese American Literature”时不再用“华裔美国文学”而改用“华美文学”，这样做就是为了保留其中的暧昧与多义①，这也是黄秀玲的看法，我为她编译的《华美：华美及离散华文文学论文集》两册近千页，即将出版，书名便是由她决定的。

**张　叉**：华美文学在美国与跨国文化研究中居于何种地位？

**单德兴**：可以用“特殊”二字加以概括。华美文学是美国族裔文学的一个分支，然而长期以来却遭到忽视，这种情况直至20世纪60年代美国民权运动时方逐渐得到改善，70年代在文选家和有心人士通力合作下正式开拓出自己的空间。80年代末期、90年代初期，艾理特（Emory Elliott）主编的《哥伦比亚版美国文学史》（*Columbia Literary History of the United States*，1988）与保罗·劳特（Paul

---

① 单德兴、吴贞仪，《亚美文学研究在台湾：单德兴访谈录》，《跨界思维与在地实践》，台北：书林出版有限公司，2019，第303—304页。

Lauter）主编的《希斯美国文学选集》（*The Heath Anthology of American Literature*，1994）等具有代表性的美国文学典籍相继问世，可以看到性别与族裔成为很重要的考虑因素，乃占有一席之地①。

**张　叉**：台湾早年的英美文学研究集中于白人主流作家，很少关注弱势族裔的文学。台湾华美文学研究发轫于何时？

**单德兴**：发轫于20世纪80年代初期，这要追溯到台湾发表的第一篇华美研究论文了。第一篇英文的华美研究论文是刘绍铭（Joseph. S. M. Lau）1981年发表于《淡江评论》（*Tamkang Review*）的《信天翁驱魔：赵健秀之歌》（"The Albatross Exorcised：The Rime of Frank Chin"）②，第一篇中文的华美研究论文是谭雅伦（Marlon K. Hom）1982年发表于《文学·史学·哲学：施友忠先生八十寿辰纪念论文集》中的《了解与误解：移民与华裔在创作文学中的互描》③。值得一提的是，刘绍铭教授出身于印第安纳大学的比较文学，投稿的《淡江评论》多年来一直是中西比较文学的代表性刊物，而施友忠教授横跨文学、史学与哲学，是比较文学的前辈学者，曾英译《文心雕龙》（*Literary Mind and the Carving of the Dragon*），其门生谭雅伦则是著名的华美文学研究者。由此可见，在中文世界里，华美文学研究与比较文学研究的关系非常密切。

然而，起初的华美文学研究，一是发表的论文零零星星，没有形成气候，二是论文作者多半不是台湾本地学者，而且当时也没有亚美文学的专业训练。一直到20世纪80年代后期，以华美文学为博士论文的留美学者返回，台湾才真正有科班出身的华美文学研究的学者。

**张　叉**：台湾第一个以华美文学研究取得博士学位是林茂竹（Mao-chu Lin），您能就此做个介绍吗？

**单德兴**：林茂竹在1987年明尼苏达大学的博士学位论文的题目是《认同与华裔美国经验：二战以来的唐人街美国文学研究》（"Identity and Chinese-

① 有关华美文学的简要综览，详见：Sau-ling Cynthia Wong，"Chinese American Literature"，*An Interethnic Companion to Asian American Literature*，edited by King-Kok Cheung，Cambridge：Cambridge University Press，1997，pp. 39－61.

② Joseph. S. M. Lau，"The Albatross Exorcised：The Rime of Frank Chin"，*Tamkang Review*，12. 1，Fall 1981，pp. 93－105.

③ 谭雅伦，《了解与误解：移民与华裔在创作文学中的互描》，张错、陈鹏翔主编，《文学·史学·哲学：施友忠先生八十寿辰纪念论文集》，台北：时报文化出版事业有限公司，1982，第201—230页。

American Experience：A Study of Chinatown American Literature since World War II”）。论文研究的时期是第二次世界大战以降，对象是唐人街美国文学，主题是认同与华裔美国经验。那时，韩裔美国学者金惠经业已推出本领域之专书《亚裔美国文学作品介绍与脉络》。相比之下，林茂竹是从自己较为熟悉的族裔与认同经验入手，研究手法与金惠经相似。

**张　叉**：在二十多年来的台湾亚美文学研究中，华美文学占据了绝大多数，除了为数不多的日美、韩美文学论文，其他亚裔文学研究的成果可谓绝无仅有，这是为何？

**单德兴**：台湾的亚美文学是高度集中或“画地自限”于华美文学的。有学者指出，台湾亚美文学具有多元性、多样化的特征，然而历史机缘却使得华美文学和日美文学成为大宗。先前提到，虽然华美文学同台湾学者之间有着地理、语言和认同三层之隔，但是较之于主流美国文学或其他亚裔美国文学，华美文学因为族裔、文化的缘故，在台湾学者心目中自然有一股特殊的亲切感，特别是涉及若干中文的表达方式、转化，或挪用中国文本，或同中国文化相关时，更是如此①。

**张　叉**：您曾撰文指出，在台湾外国文学研究中，华美文学研究后来居上，不仅凌驾于其他族裔文学研究之上，而且成为最强势的一种论述，成为英美文学研究的一大主流，其声势比典律作家还要壮大。台湾华美文学研究之盛，除了著述丰硕，还可以在哪些方面看得出来？

**单德兴**：至少在其他三个方面可以看得出来。首先，这些年以来，台湾大学、台湾师范大学、中正大学、交通大学、彰化师范大学、辅仁大学、淡江大学、东吴大学、静宜大学等台湾的很多高等学府相继开设了有关华美文学和亚美文学的课程。其次，台湾以华美文学研究为主题的学位论文数量众多，几乎超过了原先的英美经典作家研究论文。最后，欧美研究所于1993年、1995年、1997年举办了三届华美文学研讨会，1999年举办了华美文学国际研讨会，可说是开风气之先。前两次研讨会出版的论文集是当时唯二的论文集，为相关学者多所引用，如果你查一下大陆早期的华美文学论文，就会发现此言不虚。

**张　叉**：台湾华美文学研究的主要特征是什么？

**单德兴**：主要特征有两个。第一，研究对象高度集中。就作家而言，特别集

---

① 单德兴，《越界与创新——亚美文学与文化研究》，台北：允晨文化实业股份有限公司，2008，第173页。

中于一些作家，尤其是汤亭亭等女作家。就文类而言，长篇小说占大宗，诗歌、戏剧研究很少。就主题而言，很多环绕于东方主义的再现、文化认同、女性地位、母女关系等议题。第二，讨论的多是弱势族裔女作家，在方法或理论上经常援引弱势论述、后殖民论述、女性主义论述，以期讨论在种族、性别双重歧视下的华裔女作家由作品再现自己的处境与挣扎，甚至以书写作为塑造自己的利器①。

**张　叉**：台湾华美文学研究的不足是什么？

**单德兴**：台湾华美文学研究基本上有三大不足。

第一大不足是对亚洲其他族裔美国文学的研究尚十分欠缺。尽管晚近不断有学者呼吁留意亚美文学的多样性，但是台湾学者对于华裔美国文学之外的亚裔美国文学的研究却少之又少。台湾学者在研究其他亚美文学时，虽然不像面对华裔美国文学那样亲切，但是也可以避免因为这种表面上的亲切、熟悉所可能衍生的“权威”（authoritative）、“道地”（authentic）与“专断”（authoritarian）的心态，尝试以若即若离的观点审查亚裔作家，不仅可以探究亚美文学的多样性，更重要的是，还可以从其他亚洲族裔和华美作家及作品的比较中，发掘异同，作为进一步探讨的基础——接受具有本质论意味的泛亚裔美国（Asian American panethnicity）的说法，抑或挑战这种论调，而把“亚裔”视作特定时空下为了特定目的而形成的构建②。

第二大不足是从理论层面讲，有关华美文学的研究尚欠缺多样化。虽然从弱势族裔、后殖民论述、女性主义论述的角度审查华美女作家及其作品中的弱势处境、种族歧视、性别歧视等具有适当性，但是在众多研究皆以这样的理论作为理论基础时，所呈现出来的阅读、诠释可能反而会窄化，造成大同小异的情形③。

第三大不足是研究对象集中于美国西岸的加州，尤其是来自旧金山周围或同华埠渊源甚深的作家。在环境的变迁、新移民的风潮之下，华埠的意义已经改观，学者的注意力亦宜扩大至加州乃至整个美国大陆之外，包括孤悬于太平洋、

---

① 单德兴，《越界与创新——亚美文学与文化研究》，台北：允晨文化实业股份有限公司，2008，第175页。

② Yen Le Espiritu, *Asian American Panethnicity: Bridging Institutions and Identities*, Philadelphia: Temple University Press, 1992.

③ 单德兴，《越界与创新——亚美文学与文化研究》，台北：允晨文化实业股份有限公司，2008，第178页。

与亚洲距离近了一半的夏威夷①。所幸此一领域的学者对于上述的不足已经有所警觉，在研究的领域、主题、理论、对象等方面越来越多元，而且与其他亚洲地区的学者专家多有交流，彼此切磋，晚近已逐渐改观。

**张　叉**：您主张将台湾华美文学研究置于不同的脉络之中，是何道理？

**单德兴**：将华美文学研究置于美国文学史研究、亚美研究、文化研究、新英文文学研究、华人文学研究、离散研究、海外华人研究等不同的脉络之中，可以彼此相互交流不同学科特有的研究方法、见解和心得，可以彼此相互提供学习的机会，可以彼此相互扩大研究视野，可以彼此相互产生不同的意义，其他亚裔美国文学研究的情况亦与此相仿。

**张　叉**：欧美研究所在研究特色方面做了哪些尝试？

**单德兴**：特色是所有学术研究工作所追求的一个目标。欧美研究所是多学科的研究所，而且是致力于区域研究（Area Studies）的研究所，文学研究的同人为了建立特色，于20世纪90年代投入亚美文学研究，有李有成、何文敬和我三个研究人员。李有成和我的训练是英美文学和比较文学，他的硕士论文研究犹太裔美国文学，博士论文用专章讨论非裔美国文学，是台湾相关领域的开拓者。何文敬的训练是美国文学，在美国攻读博士学位时就写过一篇比较研究汤亭亭和非裔美国作家莫里森（Toni Morrison）的论文，发表在本所的《美国研究》② 上。我则对于美国文学典律的形成、文学史的书写和重写大感兴趣。这样，我们在思索要如何建立研究特色、培养国际竞争力、提升可见度时，觉得族裔文学是一个大方向，华美文学则是比较方便的着手之处③。

**张　叉**：欧美研究所为什么要瞄准华美文学研究？

**单德兴**：当时的国际学术氛围正值美国文学典律的解构和重建的阶段，我们在台湾当然可以继续做主流作家研究，像我的硕士论文研究梅尔维尔（Herman Melville）④，李有成的硕士论文研究贝娄（Saul Bellow）⑤，何文敬的博士论文研

---

① Yen Le Espiritu, *Asian American Panethnicity: Bridging Institutions and Identities*, Philadelphia: Temple University Press, 1992.

② 《美国研究》：台湾美国文化研究所季刊，创办于1971年。为应欧洲研究之需要，美国文化研究所于1991年8月易名为欧美研究所，该年季刊9月号随之易名为《欧美研究》。

③ 单德兴、吴贞仪，《亚美文学研究在台湾：单德兴访谈录》，《跨界思维与在地实践》，台北：书林出版有限公司，2019，第293—294页。

④ Melville：或译“麦尔维尔”。

⑤ Bellow：或译“贝洛”。

究福克纳（William Faulkner），但这些研究置于国际学界的版图中难以凸显特色和竞争力。我们一直在思索如何找到自己的利基，运用特有的文学资源和文化资本来凸显自己的特色，于是我们决定锁定华美文学①。

**张　叉**：欧美研究所决定发展华美文学研究领域的时间点为何？

**单德兴**：加州大学洛杉矶校区（University of California，Los Angeles）的华裔社会学家成露茜（Lucie Cheng），曾于1989年代表太平洋边缘研究中心（Center for Pacific Rim Studies，UCLA）前来本所与同人座谈，那时的人文组组务会议记录上提到，双方合作研究计划以“华人文学”为研究主题较妥。由此可见当时的概念相当模糊，以致我完全没有印象，直到前几年才偶尔在尘封已久的档案中发现这份会议记录。

真正比较确切的时间是我1992年在两个月之内跑了美国五个地方，先是到加州大学尔湾校区旧地重游，接洽一些知名学者访台事宜，再到斯坦福大学的国际会议宣读论文，然后到达特茅斯学院（Dartmouth College）的批评与理论学院（The School of Criticism and Theory）文化研究组待了六周，接着走访哈佛大学与哥伦比亚大学。

我第一站走访的重点是位于尔湾校区的加州大学人文研究所（University of California Humanities Research Institute），当时艾理特和张敬珏都是那里的研究员，很多人应邀前来演讲，包括出版第一本亚美文学专书的韩裔美国学者金惠经。我当时的研究主题是美国文学史，特地同艾理特及来访的柏科维奇（Sacvan Bercovitch）② 进行访谈，艾理特主编的《哥伦比亚版美国文学史》于1988年出版，可说是四十年来最具代表性的美国文学史，柏科维奇主编一套八册的《新剑桥版美国文学史》（*The New Cambridge History of American Literature*）也进行了一些年。艾理特主编的《哥伦比亚版美国文学史》收录了金惠经的《亚美文学》（“Asian American Literature”），那是亚美文学第一次以专章的形式进入主流的美国文学史。我在那里跟张敬珏见过几次面，因为当时欧美研究所已决定要发展华美文学，并筹备第一届华裔美国文学研讨会，所以我趁机当面邀请她与会，这也就是为什么出席第一届会议的海外学者是她。因此，欧美研究所决定发展这个领

---

① 单德兴、吴贞仪，《亚美文学研究在台湾：单德兴访谈录》，《跨界思维与在地实践》，台北：书林出版有限公司，2019，第294页。

② Bercovitch：或译“伯科维奇”与“贝尔科维奇”。

域的时间点应该是在1990年8月我从美国游学一年回来之后到1992年6月之间，很可能是1991年①。

**张　叉**：1993年，欧美研究所举办了第一次研讨会，其主题为“文化属性与华裔美国文学”（Cultural Identity and Chinese American Literature）。把“文化属性与华裔美国文学”确定为研讨会主题，有何考虑？

**单德兴**：“文化属性”乃弱势族裔一向关切的议题。后现代主义不谈属性，因为欧美白人的主体性早已稳固，所以可以大谈后现代、解构。但是弱势族裔的主体性都还没有真正建立，如何奢言解构？当然，由于李有成视野广阔，颇有远见，所以欧美研究所文学研讨会的主题大多由他提出，大家再一块儿商量后加以确定。

**张　叉**：欧美研究所举办第一次研讨会后，于1994年出版了您和何文敬联合主编的论文集《文化属性与华裔美国文学》②，这部论文集有何特色？

**单德兴**：除了类似一般的学术论文集，还有三个特色。

第一，收入了我对张敬珏的华美文学访谈文章。我1992年重访加州大学尔湾校区时，初次与她见面，当面邀请她参加会议，因为她来自香港，出身美国名校的英文系，有扎实的中英文背景，最主要的是她与助理合编了有关亚美研究的第一本书目提要，既有开疆辟土之功，又对于这个领域有通盘的了解。因此，我们认为她的参与可以打开我们的视野，加强台湾学界与亚美学界的联系，并且提供许多第一手资料。这里只举一个小例子：汤亭亭在《女勇士》中多次提到母亲的名字“Brave Orchard”，先前都中译为“勇兰”，但张敬珏在会上指出，其实中文原名是“英兰”，而且“英”比“勇”的确更符合中文女性的命名方式，此后中文世界就沿用这个名字。由于相隔一个太平洋，所以这篇访谈以英文书面进行，再由我翻译，刊登于《中外文学》，安排在她来参加会议前刊出，好让学界更深入了解她的一些想法，有利于交流，事实证明也的确发挥了很大的效用③。

---

① 单德兴、吴贞仪，《亚美文学研究在台湾：单德兴访谈录》，《跨界思维与在地实践》，台北：书林出版有限公司，2019，第294—295页。

② 单德兴、何文敬主编，《文化属性与华裔美国文学》，台北：台湾欧美研究所，1994。

③ 单德兴，《张敬珏访谈录》，《中外文学》第21卷第9期，1993年2月，第93—106页。Te-hsing Shan，“An Interview with King-Kok Cheung”，*Tamkang Review*，24.1，Autumn 1993，pp. 1 - 20. 单德兴，《张敬珏访谈录》，单德兴、何文敬主编，《文化属性与华裔美国文学》，台北：欧美研究所，1994，第177—193页。后易名为《钩沉与破寂：张敬珏访谈录》，收入单德兴《对话与交流：当代中外作家、批评家访谈录》，台北：麦田出版，2001，第207—223页。

等到这篇访谈录要收入论文集时，张敬珏又加了一个后记，里面提到一件我亲眼见证的事。她抵达台湾那天，我特地办证件到机场里面去接她，临出海关时，女官员在她的美国护照上盖章，并且亲切地对她说："好久没回来了。"其实这是她第一次访问台湾，但海关官员把她当成是自己人。而她即使在美国多年，但进入美国海关时，关员常问的却是："你是从哪里来的?"把她当成是外人。这虽然是件小事，但让她感触良多。因此她在后记里写道，在这个会议中，"从头到尾都觉得自己是个局内人"①。

第二，编入了台湾的华美文学研究书目，为学界提供了重要的学术线索。为了更有效地推广华美文学研究，我考量到1948年史毕乐（Robert Ernest Spiller）主编的《美国文学史》（*Literary History of the United States*）一书，后面所附的书目发挥了很大的指引作用，张敬珏和与仪合编的《亚裔美国文学书目提要》在学科建立上也发挥了奠基的功能。因此，我决定汇编台湾的华美文学研究书目提要，让学者和一般读者了解台湾在这个领域的研究历史和现状，于是我在助理的协助下整理书目，亲自撰写每一条目。虽然不免有疏漏，尤其是比较早期的资料，如谭雅伦（Marlon K. Hom）的中文论文，但至少提供了截至当时的基本书目提要，内容包括了中文论文、英文论文与学位论文。此外，我们做了索引，除了方便检索，另一个重大作用就是把中英文的名词翻译定下来，供读者参考与引用。

第三，编入了座谈会的记录。会议召开时，顾及有些人无法提交论文以及各场次讨论时间有限，未能让与会者畅所欲言，所以最后一个场次安排了座谈，趁大家对于议题的感受与记忆深刻之际交换意见、心得，引言人包括近代史研究所的张存武，他多年从事海外华人研究，外文学门的学者有陈长房、廖咸浩、林茂竹。座谈会的记录也纳入论文集，不仅在当时发挥了一定的参考作用，如今看来也是一份历史记录。

**张　叉**：您刚才提到对张敬珏的访谈，能否请您做进一步的介绍?

**单德兴**：在亚美文学方面，我最早访谈的是张敬珏。她是葛林布莱特（Stephen Greenblatt）的学生，在加州大学伯克利校区的博士论文有关英国中世纪文学，到洛杉矶校区任教时，校方要求她授课的重点之一是亚美文学，于是她另

---

① 单德兴，《钩沉与破寂：张敬珏访谈录》，单德兴，《对话与交流：当代中外作家、批评家访谈录》，台北：麦田出版，2001，第222页。

起炉灶，重新开始。她和与仪在1988年合编、出版的《亚裔美国文学书目提要》是亚美文学研究的奠基之作，由文学界著名的美国现代语言学会（The Modern Language Association of America）出版，该社的出版品在研究与教学方面一向扮演着标志性的角色。

**张　叉**：您如何总体评价《文化属性与华裔美国文学》？

**单德兴**：综观全书便会发现我除了自己撰写论文，还翻译了张敬珏的论文，其实不便于自己来评价。不过客观地说，《文化属性与华裔美国文学》是我花了很多时间、精力与心血的成果，是华文世界第一本华美文学研究的论文集，呈现了当时的学术生态，最明显的例子之一就是半数以上的论文都集中于汤亭亭。大陆学者曾多次在公开与私下场合坦承受益于台湾的华美文学研究，对欧美研究所推出的相关出版刊物多有所引用。

**张　叉**：1995年4月，欧美研究所举办了第二次研讨会。把第二次研讨会的主题确定为"再现政治"（Politics of Representation）有何深意？

**单德兴**：之所以把第二次研讨会的主题确定为"再现政治"，是因为讨论弱势族裔时常常涉及"再现"问题，而再现本身绝不单纯，经常涉及各种权力之间的拉扯与竞逐。这个主题也是李有成先生最先提出的。

**张　叉**：第二次研讨会的论文形态有何变化？

**单德兴**：第一次有一半以上的论文不约而同地集中于汤亭亭，而第二次研讨会论文的内容则比较多样化，讨论了天使岛诗歌、美国华裔自传、徐忠雄的《家乡》（*Homebase*）、任璧莲（Gish Jen）的《典型美国人》（*Typical American*）、伍慧明（Fae Myenne Ng）的《骨》（*Bone*）、赵健秀的《甘卡丁公路》（*Gunga Din Highway*）和西方的蝴蝶夫人（Madama Butterfly）等文本中的再现问题，足见两年之内台湾学者的视野已大为拓展。

**张　叉**：1997年4月，欧美研究所举办了以"创造传统"为主题的第三次研讨会。这次研讨会只在《欧美研究》季刊出版专号，而没有出版论文集，这是出于怎样的考虑？

**单德兴**：这是出于两个方面的考虑。

第一，那时有一个趋势，认为期刊论文的学术价值和贡献高于专书论文，甚至高于专书，当然，这基本上是自然科学、生命科学和一部分社会科学的看法甚至偏见。其实，先前两本论文集中的每篇论文也都经过两位匿名审查人的审查，并不是所有与会学者的论文都会收录。我记得其中一位审查人对于张敬珏论文中的一个用语有点疑问，张敬珏还郑重其事引用辞书来说明。而《欧美研究》的投稿一样是送给两位审查人审查。既然台湾学界的形势如此，而且与我们先前的作业方式并无不同，那么我们就顺势而为。不出版论文集，多多少少反映了当时台湾的学术建制和风气。可惜的是，如此一来，原先论文集里具有特色与作用的访谈、书目与座谈会记录就被牺牲了。

第二，即使是专书论文，在欧美研究所出版也要依循期刊论文同样的作业程序和学术要求，而这次投稿和送审的情况不如预期，出版成专书的话可能有点单薄。换言之，会议论文是一回事，出版为专书或期刊论文则是另一回事，因为在出版前需要花很多的时间和精神来做修改、送审与回应①。

**张　叉**：1999 年，欧美研究所以“重绘华美图志”（Remapping Chinese America）为题举办了第四次研讨会。前三次研讨会语言是中文，这次研讨会语言是英文，这样的调整是出于怎样的考虑？

**单德兴**：前三次是岛内会议，当然大会语言是中文，邀访的国外学者也都是华裔人士。到了千禧年之前，我们觉得台湾这些年来华美文学的耕耘已有一定的成绩，前几次参加会议的国外学者也都相当肯定我们的成果，所以我们认为是应当向国际发声、进一步与国际对话的时候了，于是就拟定以“重绘华美图志：华裔美国文学国际学术研讨会”（Remapping Chinese America：An International Conference on Chinese American Literature）为大会名称，确定以英文为大会语言。

**张　叉**：欧美研究所举办的研讨会的研讨对象起初是华美文学，后来扩大至亚裔英美文学。这种改变始于何时？

**单德兴**：从第五次开始的几次研讨会，讨论对象就扩大到亚裔英美文学，这也是李有成的主意，有意纳入亚裔英国文学。这一方面可能跟他出生于马来西亚有关，另一方面他多年研究英国当代小说，而华裔文学研究以往都侧重于美国，于是我们决定纳入英国，这也成为后来系列会议的特色。

**张　叉**：您怎样评价欧美研究所在台湾亚美文学研究中的作用？

**单德兴**：这点我个人不是很方便评价。不过学界公认，在台湾的亚美文学或华美文学的发展中，欧美研究所发挥了关键的作用，这从张锦忠等人的文章就可看出。而这同台湾的学术建制是大有关系的。研究所一个主要的任务就是引领、

---

① 单德兴、吴贞仪，《亚美文学研究在台湾：单德兴访谈录》，《跨界思维与在地实践》，台北：书林出版有限公司，2019，第 300 页。

提倡学术风气，同其他大学是合作而非竞争的关系，举办会议时欢迎有兴趣的学者、研究生参加。召开研讨会的时候，欧美研究所内的相关研究人员要提交论文，同时，也要对外邀稿或征稿。一般大学有时可能因为经费上的限制，不太敢积极规划、推动一些活动。研究所的经费相对充裕，加上学术定位与专业服务的考虑，借由举办会议邀集论文，提供学术社群交流的平台，再出版经修订、审查通过的论文，分享研究心得。这是欧美研究所的标准作业模式，亚美文学与文化研究亦不例外①。

**张　叉**：您怎样评价欧美研究所举办的这些研讨会？

**单德兴**：欧美研究所举办的这些研讨会影响深远，要是没有这些研讨会，那么就没有办法邀集学者、专家共同讨论，促进交流，引发兴趣，带动风潮。研究生是未来希望之所在，所以欧美研究所举办亚美文学与文化研究研讨会的时候，十分注重他们的参与，像是今年10月我还筹办了2020研究生欧美研究论文发表会，每一篇论文都邀请一位资深学者来讲评，提供专业意见，就是希望欧美研究能够向下扎根。利用研讨会同学界多多交流，欧美研究所基本上扮演的是推广的角色。除了自己撰稿、展示研究成果，也邀请学者、专家与会，并且对外征集稿件，力求借由特定的议题，共襄盛举，促进交流，带动风气。

**张　叉**：台湾诠释华美文学的方式是套用西方文艺理论，台湾之观点焉在？

**单德兴**：运用外来文艺理论本身是有其意义的，早年比较文学在台湾的发展就印证了这一点。问题是，外来的文艺理论那么多，为什么选择甲而不选择乙？选择本身就是个有趣的现象。理论的运用也不是一成不变的套用，在其中可能有所转化，带入当地的观点。这些都值得我们研究，而且透过长时间的观察，可以看得更清楚。

2000年人文学研究中心进行的“台湾地区的英美文学研究”整合型计划，我负责协调，大约有十位学者参加。我们把英美文学分期，各个时期由一位学者负责，遍读台湾从20世纪五六十年代开始发表、出版的期刊论文及专书，撰写书目提要，每个时期之前各有一篇专文介绍。因此，这个计划不只是书目式的、历史性的，也是批评的，甚至后设批评的——因为论文本身已是对作品的批评，而这个计划是对这些著作的观察与评述。我们主动要求人文中心把这些资料上传

① 单德兴、吴贞仪，《亚美文学研究在台湾：单德兴访谈录》，《跨界思维与在地实践》，台北：书林出版有限公司，2019，第293页。

至网络，和更多人分享。

但2000年至今已经二十年，这二十年间理论的发展日新月异，台湾的外文学术景观又有一些变化，应该站在现在的时间点去看有没有什么新的现象、强处或弱处、未来的展望等等。还有一点，也许现在言之过早，但我希望可以朝着这个方向迈进，也就是思考何为“台湾的”英美文学研究、亚美文学研究或华美文学研究的问题，努力从台湾的立场、利基、发言位置，发展出一套可以称得上是从本地发展出来的方法论或理论，而且这些方法论或理论能否为其他地方所参考或挪用①。

**张　叉：**您和冯品佳曾经做过有关美国族裔文学的数据调查，其主要发现是什么？

**单德兴：**数据显示，台湾的美国族裔文学研究在20世纪70年代以犹太裔美国文学较受瞩目，这跟诺贝尔文学奖的光环效应有一定的关系，80年代先是非裔美国文学兴起，接着是华裔美国文学急起直追，90年代起华美文学遥遥领先，特别是举办华美文学研讨会的那几年，统计数据就会飙高。台湾的亚美文学博士论文很少，不过，硕士论文的书目却十分可观②。

**张　叉：**以中文来发表华美文学论文是不是台湾的定位？

**单德兴：**中文并不是台湾的专利，台湾学者在亚美文学研究方面多少占了先机，有大陆开授相关课程的学者告诉我，台湾在举办会议和出版书籍方面，比大陆整整早了十年。然而，大陆的学术人口更多，以中文写论文的人数多得多，近年来相关的会议与出版品在数量上扶摇直上，所以台湾学者必须力求以质取胜。

**张　叉：**较之华裔美国大陆作家，华裔美国夏威夷作家的总体境况如何？

**单德兴：**尽管华裔夏威夷作家积极投身于当地社会群体和文化教育界，贡献有目共睹，但是相较于对美国大陆的华裔、亚裔美国作家的兴趣，美国大陆读者对他们的兴趣完全不成比例。若把华裔夏威夷作家同亚美研究特别是华美文学研究并置，则可以发现，这些领域发展迅速，成果丰硕，益发使得华裔夏威夷作家

---

① 单德兴、吴贞仪，《亚美文学研究在台湾：单德兴访谈录》，《跨界思维与在地实践》，台北：书林出版有限公司，2019，第323页。

② 单德兴、吴贞仪，《亚美文学研究在台湾：单德兴访谈录》，《跨界思维与在地实践》，台北：书林出版有限公司，2019，第310页。

的处境相形见绌①。

**张　叉**：华裔夏威夷作家的处境相形见绌，何以见得？

**单德兴**：林永得（Wing Tek Lum）、林洪业（Darrell H. Y. Lum）与查艾理（Eric Chock）② 是三位重要的华裔夏威夷作家，佐藤（Gayle K. Fujita Sato）曾撰下题为《岛屿对华裔美国作家的影响：林永得、林洪业与查艾理》（"The Island Influence on Chinese American Writers：Wing Tek Lum，Darrell H. Y. Lum，and Eric Chock"）的专题论文对他们做介绍③，说他们"在多元文化的文学领域中，为夏威夷岛的读者所熟知"，"积极介入大陆作家彰显的华美历史的中心主题，但其角度则为岛屿的影响作塑造"④，虽然具有特色，却不为美国大陆所重。以具有代表性的现代语文学会国际书目（*Modern Language Association International Bibliography*）为例，截至2007年4月，有关夏威夷华裔作家的资料，只有佐藤这一篇论文，而这篇论文讨论林永得的篇幅仅占三分之一。甚至一直到现在，与美国大陆的亚裔美国作家相较，夏威夷华裔作家的书目资料依然瞠乎其后。我个人对于亚裔夏威夷文学有兴趣，也访谈过日裔、韩裔的作家，但研究上还是集中于华裔诗人林永得，我曾经跟他进行过三次访谈⑤，中译过他的诗作⑥，并且撰写过两篇论文，一篇讨论他在诗作中如何活用中国古典诗歌⑦，另一篇有中文、英文、日文版本，讨论他的《南京大屠杀诗抄》（*The Nanjing Massacre：Poems*），

---

① 单德兴，《越界与创新——亚美文学与文化研究》，台北：允晨文化实业股份有限公司，2008，第17页。

② Eric Chock："查艾理"之音译。

③ Gayle K. Fujita Sato，"The Island Influence on Chinese American Writers：Wing Tek Lum，Darrell H. Y. Lum，and Eric Chock"，*Amerasia Journal*，16.2（1990），pp. 17 - 33.

④ Gayle K. Fujita Sato，"The Island Influence on Chinese American Writers：Wing Tek Lum，Darrell H. Y. Lum，and Eric Chock"，*Amerasia Journal*，16.2（1990），p. 17.

⑤ 单德兴，《林永得访谈录》，《中外文学》第27卷第2期，1998年7月，第139—159页。单德兴，《诗歌—历史—正义：林永得访谈录》，《蕉风》第504期，2011年12月，第31—37页。《创伤—转译—诗歌：林永得访谈录》，《中山人文学报》第39期，2015年7月，第133—150页。

⑥ 林永得，《林永得诗作中译五首》，单德兴译，《中外文学》第27卷第2期，1998年7月，第160—168页。

⑦ 单德兴，《"疑义相与析"：林永得——跨越边界—文化再创》，《逢甲人文社会学报》第2期，2001年5月，第233—258页。《文史入诗——林永得的挪用与创新》，《蕉风》第505期，2012年8月，第129—134页。

是我费心撰写的论文之一，撰写过程中感受颇为深切①。

**张　叉**：您怎样评价台湾的华美文学或亚美文学研究？

**单德兴**：相对于原先的经典文学或典律文学研究，台湾的华美文学或亚美文学研究本身就是抗衡与挑战，仅此这一点在学术史上就有重大意义。我不知道应不应该讲，台湾在这方面可能做得“太好了”。有一个资深学者向我提过，把那么多资源投入华美文学或亚美文学到底恰不恰当？在比例上会不会过当？因为美国文学即使在美国的英语系里都还是弱势，课程数目远不如英国文学，而族裔研究或亚美研究的课程，即便在今天国外的英文系课程比例也还不是很高。但在台湾的外文学门里，尽管正式的课程可能还不是很多，但是晚近华美文学研究所占的比例是蛮高的，这点尤其显现于会议论文和期刊论文。原先的弱势文学或弱势文学研究，在台湾却因为学术建制的支持变成了强势，而且研究者的数量与声势很可能凌驾于传统的经典文学之上，这也算得上是学术建制史上的特色了②。

---

① Te-hsing Shan, “Photographic Violence, Poetic Redemption: Reading Wing Tek Lum's *The Nanjing Massacre: Poems*”, *Studies in Modern Fiction*, 21.1, April 2014, pp. 107 - 132. 单德兴，《创伤 - 摄影 - 诗作：析论林永得的〈南京大屠杀诗抄〉》，《文山评论：文学与文化》第 7 卷第 2 期，2014 年 6 月，第 1—46 页。单德兴著，北岛义信译，《写真が示す暴力の姿、诗的赎罪——林永得（Wing Tek Lum）の『南京虐杀：诗集』》，北岛义信编，《リーラー「游」〈Vol. 9〉戦后 70 年と宗教》，京都：文理阁，2015，第 405—433 页。

② 单德兴、吴贞仪，《亚美文学研究在台湾：单德兴访谈录》，《跨界思维与在地实践》，台北：书林出版有限公司，2019，第 322 页。

# 英语世界的清代诗歌、翻译原则及文学理论

——施吉瑞教授访谈录*

［加］施吉瑞[1]　时　光[2]

1. 不列颠哥伦比亚大学　亚洲研究系，加拿大不列颠哥伦比亚温哥华　V6T 1Z4

2. 北京外国语大学　中国语言文学学院，北京海淀　100089

**摘　要**：施吉瑞教授在此次访谈中深情回顾了自己转益多师的求学之路以及充满种种不期而遇之美的学术生涯，阐述了自己对中西学界清诗研究现状、中国古典文学英译以及汉学研究“理论化”倾向等问题的看法和思考，并在访谈的最后分享了他在未来的研究计划。

**关键词**：清代诗歌；翻译；文学理论；汉学；英语世界

---

* 编者按：本文据以下文献译出：Jerry D. Schmidt，Guang Shi，“Qing Poetry，Translation Principles and Literary Theory：An Interview with Professor Jerry Schmidt”，*Comparative Literature and World Literature*，Volume 2，Number 2，December 2017，pp. 1－23. 访谈人时光翻译。经作者2021年9月25日授权，特将此文刊发于此，以飨学界。

收稿日期：2021年9月25日

基金项目：中央高校基本科研业务费专项资金资助“英语世界的清代诗词译介与研究”（项目编号：2020QD015）阶段性成果。

作者简介：施吉瑞（Jerry D. Schmidt，1946—　），男，加拿大不列颠哥伦比亚大学（University of British Columbia）荣休教授，著有《杨万里》（*Yang Wan-li*）、《石湖：范成大诗歌研究》［*Stone Lake：The Poetry of Fan Chengda*（1126—1193）］、《人境庐内：黄遵宪其人其诗考》［*Within the Human Realm：The Poetry of Huang Zunxian*（1848—1905）］、《随园：袁枚的生平、文学批评及诗歌》（*Harmony Garden：The Life，Literary Criticism，and Poetry of Yuan Mei*）、《诗人郑珍与中国现代性的崛起》［*The Poet of Zheng Zhen*（1806—1864）*and the Rise of Chinese Modernity*］等，主要从事宋代、清代诗歌研究。

时光（1987—　），男，河南许昌人，北京师范大学文学博士，北京外国语大学中国语言文学学院讲师，主要从事中外文学/文化交流史、比较文学学科理论研究。

**时　光：**首先，我想问一下施教授，是什么让您选择并坚持进行中国文学研究的呢？我们知道，您一度徘徊在汉学与印度学之间，最终才下定决心，选择了汉学。

**施吉瑞：**一直以来，我都对学习外语很感兴趣，毕竟语言是文化的载体。因为我是德裔美国人，所以高中时我便开始通过听唱片自学德语，并由此展开了外语学习之路①。念完大学后，我想选择一种比较难的语言来学习；汉语是世界上最难学的语言之一，所以我就开始学汉语。学德语的时候，我对德国的诗歌产生了浓厚兴趣，读了歌德、席勒等许多德国著名诗人的作品。由此，我逐渐步入了诗歌殿堂；而在这之前，我对诗歌之美一无所知。当我在加州大学伯克利分校（University of California，Berkeley）学中文时，找到了几张《唐诗三百首》的唱片，这些唱片还附有原文和译文。每晚睡觉前，我都会阅读那些诗的中文原文，看看自己能认出几个汉字，如果有我认不出的，我会去查字典弄清楚；很快我就能读相对较短的诗了。我在美国的乡间长大，我热爱乡间的风景和生活，或许正因如此，我喜欢像王维这样的田园诗人和山水诗人。

我一边学中文，一边读了很多中国诗，但学习越深入，我就越发现西方对这一领域的了解是何等之匮乏。听听老师们上课讲的，看看图书馆里有的，我意识到西方学者在中国文学领域还有很多地方尚需垦拓，对中国学者来说也是如此——即使他们已经取得了很多研究成果。对我而言，不少时期的文学都少有人关注。真正给我带来启发的是我在加州大学伯克利分校的书架上找到的一本书——《宋诗选》，时间太久了，我记不清它的具体编者是谁了。我只记得当我第一眼看到它时，并没有特别地感兴趣，因为所有老师都告诉我不要浪费时间读宋诗，宋词才是那个时代最重要的文体。我想，翻翻这本《宋诗选》也无妨，于是就把它带回了住处。没想到这本书却为我打开了一个新的世界，我彻底迷上了宋诗，它完全和唐诗不同：唐代很多诗人都太消极，甚至有点“无病呻吟”；宋代诗人就十分幽默，他们热爱自己的生活。我很喜欢宋代的那些诗人，读他们的诗就像听他们聊天一样，他们对大自然的热爱是发自内心的，其中一个典型就是苏东坡。所有人都重视宋词而忽略宋诗，这与我的阅读经验严重不符，从那时起，我开始质疑人们固有的研究方法；也是从那时起，我打算探索唐代以后的诗歌，宋代会是我考虑的第一个朝代，接着是清代、民国，我想把这些朝代的诗歌都找来读

① 除德语外，施吉瑞教授还学习过拉丁语、日语、阿拉伯语、梵语等语言。

读，然后看看这些朝代的诗歌到底如何。或许一如许多人认为的那样，这些诗歌一文不值；但是，在有了“遭遇”宋诗的经验之后，我再也不愿全盘接受那些人云亦云的“常识”了。我就是这么走上研究之路的。

还需提及，我在不列颠哥伦比亚大学（University of British Columbia）念研究生时开始关注韩愈的诗歌。大家在提及韩愈时，一般都会想到他的“古文”，但我却觉得他的诗歌远比散文有意思得多，因为他的诗里不乏黑色幽默以及他本人对世界非常“黑暗”的看法。韩愈诗歌的某些内容，跟我阅读的20世纪西方文学作品非常相似，比如说卡夫卡的作品。远在唐代的韩愈与20世纪早期的卡夫卡之间的相似性让我很惊讶，我又开始质疑人们通常的看法——韩愈不是一位非常有吸引力的作家，他写的与其说是诗，倒不如说是一种无趣的诗与文的混合体。或许我错了，或许我品位很差，但是我相信我自己的感觉，我的研究就是这样起步的。再往后，我开始对清代诗歌感兴趣，每一首清诗都十分有趣且具有创造力，第一位我感兴趣的清代诗人是黄遵宪。起初，我对他感兴趣是因为他写了很多关于旧金山、伦敦等地的海外生活的作品。通过异域诗人的作品，来重新审视我们自己的文化，这是十分奇妙的事情，这些异域诗人可以看到许多我们很少也很难注意到的地方。黄遵宪的部分诗作涉及了美国历史中不大光彩的一段——19世纪加州的反华活动，这是很吸引我的部分。当我去中国的时候，我经常听到有人表示他们喜欢韩愈的诗，或者说黄遵宪不仅仅是一个著名的外交家和改革者，还是一个不错的诗人。因此，我认为在中国不论是老一代学者，还是新生代学者，他们关于古典诗歌的整体观念正在发生变化。已故的钱仲联先生对我的影响很大，我曾去苏州大学拜访过他几次，他的学生马亚中①同样也在这所大学任教。钱先生专研清诗，他告诉我尚有很多重要诗人的作品需要被阅读和研究。与钱先生的对话令我兴奋不已，因为他向我揭示了一个巨大的、尚未被开掘的学术领域，一个我几辈子也研究不尽的学术领域。这基本上就是我如何开始学术研究的。

目前，我正在研究上海19世纪至20世纪初期的诗歌；同时也在关注黄遵宪使美期间的生活，没有人在文章中详细介绍过他的这段生活，大多数人都只是使

① 马亚中：1957年生，男，现任苏州大学教授，主要研究方向为明清文学及中国近代文学，代表著作有《中国近代诗歌史》等。

用梁启超和黄遵宪的弟弟黄遵楷[1]记录的材料，但是根据我自己的研究，这些记录大部分都是错误的。比方说，据黄遵楷的记录，黄遵宪抵达旧金山那天正是美国通过《排华法案》（“The Chinese Exclusion Act”）[2] 的日子，梁启超随后照搬了黄遵楷的说法。这个说法是完全错的，《排华法案》其实是在黄遵宪抵达旧金山[3]之后才通过的。弄清楚这点很重要，唯有如此，你才能还原出那时作为旧金山总领事的黄遵宪的真实心境：抵达美国后，他每天都在忧心忡忡地打探《排华法案》的消息，评估这一法案的通过对当地华人、加拿大华人以及中国新移民的影响。美国国会当时因这一方案有过激烈争论，时任美国总统的切斯特·阿瑟（Chester Alan Arthur）[4] 也被卷入其中，通过这个法案的行政程序持续了数月之久。有关这一法案的新闻每天都在变，你可以想象黄遵宪每天坐在办公室阅读报纸时的复杂心情，他不确定美国政府究竟想做什么，政策时时都在变动，每天都有新的流言，他的心始终悬在半空，他所承担的压力可想而知。这些内容是黄遵楷、梁启超的故事版本所无法提供的，当你了解真实的故事后，你会更加敬重黄遵宪和他所做的一切。在那个时候，中国的小孩不允许上加州的公立学校，他们完全被排除在外。黄遵宪在副领事傅烈祕（Frederick Bee）[5] 的协助下，据理力争，最终迫使加州政府允许中国小孩在公立学校就读。考虑到总共就黄遵宪和傅烈祕两个人在与复杂的法律体系周旋，能取得这样的胜利确实是件相当了不起的事情。在旧金山当总领事同时也很危险，黄遵宪使美期间曾险些遭人暗杀，他有一首写给傅烈祕的诗就谈到这件事[6]。所以，黄遵宪在美国的三年是充满困难和压力的三年，同时也是对他意义深远的三年。然而，大部分书籍和文章都还在不

---

① 黄遵楷：字牖达，一字麓樵，广东嘉应州（今梅州）人，咸丰八年（1858）出生，黄遵宪幼弟，清末民初政治家、外交家，精通国际贸易与金融，著有《币制原论》《金币制考》。

② 《排华法案》：1882 年 3 月 9 日在参议院通过，3 月 23 日在众议院通过，5 月 9 日由总统切斯特·阿瑟签署，此法案正式生效。这是一个明显具有种族歧视色彩的法案，并在后来不断延长有效期限。

③ 一般通行的看法认为，黄遵宪于 1882 年 3 月 30 日抵达旧金山，而据施吉瑞教授考证，黄遵宪实际到达旧金山的时间应为 1882 年 3 月 26 日。详参：施吉瑞，《金山三年苦：黄遵宪使美研究的新材料》，孙洛丹译，《中山大学学报》（社会科学版）2016 年第 1 期，第 48—63 页。

④ 切斯特·阿瑟：1829 年生，1886 年卒，男，美国第 21 任总统（1881—1885），在职期间签署了《排华法案》和《文官改革法》。

⑤ 傅烈祕：1825 年生，1892 年卒，男，美国律师，曾任清朝驻旧金山领事，在协助清朝政府官员保护在美华人权益方面出力甚多。

⑥ 黄遵宪《续怀人诗》第十二首：“几年辛苦赋同袍，胆大于身气自豪。得失鸡虫何日了，笑中常备插靴刀。”

当时的社会情况下，这样的事绝无可能发生。梁的故事虽好，却失真；他惯于使用“小说笔法”，经常在没有证据或缺乏考证的情况下犯错。然而很不幸的是，诸多论者都不假思索地受到了梁启超的误导，使得这一错误记述广泛流传至今。

事实上，黄遵宪在《排华法案》颁行前焦虑不已，在该法案通过后忙前忙后。《排华法案》最棘手的地方在于它的似是而非。例如，该法案允许中国商人进入美国从事商业活动，却不允许中国劳工进入美国。商人和劳工之间的界限一定是泾渭分明的吗？有时，你很难界定一个街头卖菜的小贩到底是商人还是劳工。正因如此，中国公民总是卷入类似的诉讼案件中。黄遵宪必须去处理这些情况，他觉得自己有义务去帮同胞聘请律师、办理诉讼手续，以及提供证据让同胞摆脱牢狱之苦等等。总之，总领事在当时是份苦差事，黄遵宪要承担的压力十分巨大，但是他竭尽所能并取得了一系列外交胜利。

**时　光**：我在您的《诗人郑珍与中国现代性的崛起》① 一书中了解到，为了更好地理解郑珍，您曾亲自到访过贵州。这种研究方式需要耗费大量的时间和精力，您觉得这样做的意义何在呢？

**施吉瑞**：如果你想弄清楚清代乃至民初的文学，你必须去当地寻访。有很多理由需要这样做，我认为其中最重要的就是你在那里可以遇到当地的学者，相较于常年居住在北京或上海的学者们，他们对当地文化更为熟悉。当我去贵州时，我认识了黄万机②先生和龙先绪③先生，前者是《郑珍评传》④ 的作者，后者详细笺注了郑珍的诗歌⑤，新近还出版了一本有关郑珍儿子郑知同（1831—1890）——虽不像其父那般出名，却仍是一位杰出的诗人和文字学专家——的研究目录⑥。黄、龙两人对郑珍都十分了解。如果不去贵州，我不可能有机会结识黄、龙二人，也不可能亲自到郑珍写过的地方去走走，更不可能深刻理解蕴含在郑珍诗歌中的意义和情感。我去了郑珍的家乡，在他的墓前焚香、洒扫、祭拜。那一刻很动人，我感到了很强烈的情感体验，或许正凭借这点，我才能最终完成

---

① Jerry D. Schmidt, *The Poet Zheng Zhen* (1806—1864) *and the Rise of Chinese Modernity*, Brill, 2013. 本书已推出中文版，详见：施吉瑞，《诗人郑珍与中国现代性的崛起》，王立译，开封：河南大学出版社，2017。

② 黄万机：1935年生，男，贵州遵义人，贵州省社会科学院文学所研究员。

③ 龙先绪：1962年生，男，贵州仁怀人，贵州省仁怀市政协文史委主任兼市文联副主席。

④ 黄万机，《郑珍评传》，成都：巴蜀书社，1989。

⑤ 龙先绪，《巢经巢诗钞注释》，西安：三秦出版社，2002。

⑥ 龙先绪，《屈庐诗集笺注》，北京：中国文联出版社，2004。

我有关郑珍的写作。对我而言，这本书是极富挑战性的，有太多新的东西需要被学习、研究，这在我以往有关中国诗歌的写作中是不常见的。举个例子，郑珍有些诗作表现了他为他孙子接种天花疫苗的事情，我自己小时候也接种过天花疫苗，但是我对天花所知甚少。我意识到，如果想理解郑珍的诗，我必须搞懂天花。郑珍本人精通医学，亲自医治过病人，读了很多医书，他的父亲就是传统意义上所谓的“儒医”。所以，你必须阅读许多的额外材料，但是一切都是值得的。

**时　光：**从于大成①教授、李祁②教授到叶嘉莹③教授，您在求学之路上遇到了这么多杰出的学者。您能分别谈谈这些学者对您治学的影响吗？

**施吉瑞：**说实话，当我开始学习中国古代文学时，我根本不知道我将步入的是怎样一个领域。第一个对我影响深远的老师是于大成先生，他曾担任过台湾成功大学中文系的主任，祖籍山东。他是我见过的精力最充沛、知识最渊博的老师之一，更难能可贵的是，他还很幽默。于先生帮助我读完了曹植、陶渊明以及谢灵运的诗集。我很幸运，那个时候在台湾有个斯坦福中心，我们有幸能得到于先生一对一的授课，我可以近距离观察他是如何阅读和阐释诗歌的。他可以轻易解答那些我弄不懂的中国古诗中的各种典故，我常常折服于他那惊人的知识储备量。总之，于先生跟我在美国、加拿大遇到的老师有很大的不同。

当我在不列颠哥伦比亚大学念研究生的时候，我很幸运地遇到了李祁女士，她写过很多出色的诗，对西方文学也颇有心得。她曾以庚子赔款留学生的身份赴英深造，出于对华兹华斯诗歌的热爱，她以文言的形式翻译了不少华兹华斯的作品，我觉得这样的方式稍显奇怪，但是她的翻译无疑是优雅且把握住华兹华斯神髓的。李祁女士对诗的感觉很敏锐，她还乐见我的“离经叛道”，很多事情上都能显示出她性格中叛逆的一面。我也曾跟随她上过些一对一的课程，现在回想起来，我非常感激她对于我的学习、研究的开明态度。

---

① 于大成：字长卿，1934 年生，2001 年卒，男，中国古典文学专家，山东章丘人。台湾大学文学学士、硕士，“教育部国家文学博士”，曾任淡江文理学院中文系主任、成功大学文学院院长兼中文系主任等。

② 李祁：字稚愚，1902 年生，1989 年卒，女，诗人、汉学家，湖南长沙人。1933 年第一批中英庚子款文学科奖学金获得者，赴英国牛津大学攻读英国文学。曾在加州大学、密歇根大学任教，后于不列颠哥伦比亚大学任教，直至退休。

③ 叶嘉莹：号迦陵，1924 年生，女，中国古典文学研究专家，原籍北京。曾任台湾大学教授，美国哈佛大学、密歇根大学、哥伦比亚大学客座教授，加拿大不列颠哥伦比亚大学终身教授，现为南开大学中华古典文化研究所所长。

接着就是叶嘉莹教授了。一开始，我其实是有点怕她的，因为我知道她写了很多关于“词”的专著，我怕她会令我在博士论文中转向研究“宋词”，而不是我更感兴趣的“宋诗”。但当我向她表示自己想研究杨万里时，她没有反对，并且还给了我不少宝贵的研究建议。叶先生跟于大成先生一样博闻强识，当我遇到一些难以理解的典故向她求教时，她总能立即做出解答。

当然，我必须提及钱仲联先生。他思想开明，对我也热情。很多年前，当我去中国时，因为害怕惹上不必要的麻烦，大部分中国学者都不怎么愿意跟外国人接触，但是钱先生就毫不介意这点，每次我去苏州大学拜访他时，他都会邀请我去他家，往往一聊就是几个小时。他古典文学素养深厚，我从他那里获益良多。钱先生也是我最终选择研究郑珍的原因之一。当在准备《人境庐内：黄遵宪其人其诗考》时，我曾向钱先生当面请教，他说：“黄遵宪虽然有意思，但是还有很多远比他出色的诗人。”接着，他列出了一些诗人的名字，郑珍的名字就出现在其中。

于大成先生对“唐诗宋词”之外的领域也很感兴趣，他也曾对我提到过郑珍。他首先郑重推荐我阅读杨万里的诗作，表示其诗作虽然难以理解，但是内中却蕴含了不少伟大的想法。杨万里的诗极富幽默精神，也很有想象力，所以我在台北的那个时候就已经开始读他的诗了。于先生当时也向我推荐了郑珍，他认为郑珍是中国文学史上最杰出的诗人之一，并告诉我应该买本中华书局刚出版的郑珍诗集读读。我之前从未听说过郑珍的名字，对于当时的我而言，郑珍的诗作确实难懂，所以我就将他的集子放在一边，在书架上搁置了许多年。直到有一年，我终于决定要写点有关郑珍的东西。他的诗依旧那么难懂，不过当时碰巧有人写邮件告诉我龙先绪先生出版过一本郑珍诗歌的笺注，并表示愿意给我寄一本过来。这本书正是我所急需的，有了它，我的写作才能顺利往下进行。

以上提到的这几位学者都对我影响至深，他们对于我的写作都起着至关重要的作用。

**时　光**：看起来黄遵宪、郑珍等人成为您的研究对象是一系列不期而遇的巧合？

**施吉瑞**：确实是这样的。在我到不列颠哥伦比亚大学读书的20世纪七八十年代，黄遵宪是清代诗人中被研究得最多的一位，原因在于他参与晚清改革运动的独特经历。在当时就已出版了多种黄遵宪的作品选集，当然钱仲联先生的笺注是流传最广的本子。有鉴于此，研究黄遵宪要比研究其他诗人简单得些。而郑珍在当时不论是西方还是中国，都没有太多人关注或研究。

清代仍有不少杰出诗人的作品缺少必要的校注，这亟待学界反思。我不知道现在中西学界还有多少人可以承担类似的工作，毕竟校注可不是件轻松的事儿。信息科技的发展或许会对校注工作有所帮助，但是像钱仲联先生那样将知识记在大脑，而不是被电脑耍得团团转，才是一个成功的校注者必备的素养。我曾和钱先生讨论过这件事情，他说："记得很多书，当然有助于弄清典故，将它们联系起来也很重要，因为一个典故往往与其他很多典故关联。"钱先生本人不会用电脑，虽然对技术一无所知，但是他却认同技术以后会十分有用——我也同意这点。像钱先生和叶老师这样的学者现在越来越少了。如果小孩子们能够被及早训练并从小浸染于传统文化中的话，校注清代诗人的事业或许还有指望，但是在目前的教育体系下是很难实现的——小孩子天天考试、学英语，压力就已经够大了，他们是无法专注于传统文学的。

不过事情都有两面，当我跟钱先生聊天的时候，他说自己最后悔的就是英语不够好，因此没法到国外去。在那个时候，他或许就意识到了黄遵宪在海外应该留有不少有意思的材料，比方说在旧金山或在国外的一些图书馆等。插一句，这也是我选择研究黄遵宪的另一个原因。钱先生的话中有不少闪光点，我想倘若钱先生要是知道我现在所掌握的材料的话，他应该会很高兴的。钱先生还对我提到黄遵宪或许有本日记，他对此有所耳闻却从未找到，我自己也没有找到，但是我希望有人能找到，要是能找到黄遵宪这本日记的话，我一定会欣喜若狂。

对我来说，清代的日记都令我着迷。供职于中国社科院的张剑①先生就曾出版过一本研究莫友芝日记的书②，他也用这本日记写出了《莫友芝年谱长编》③一书。莫友芝是郑珍的密友，看他的日记就能一窥 19 世纪晚期人们生活的样子。莫友芝这本日记最让我兴趣盎然的地方是他第一次到上海的那部分记述。在上海，莫友芝参观了很多技术部门和工厂，并在日记中详细记录了他此行的所见所想；值得一提的是，他让自己的儿子留在了上海的江南制造总局学习技术、数学等，这些东西对当时大部分中国人来说都还很陌生。读这本日记很有意思，你能看到那个时候一个学者的生活状态。莫友芝很博学，同时也关心中国的未来，郑

① 张剑：1971 年生，男，河南遂平人，中国社会科学院文学研究所研究员，《文学遗产》副主编。

② 张剑，《莫友芝日记》，南京：凤凰出版社，2014。

③ 张剑，《莫友芝年谱长编》，北京：中华书局，2008。

珍也是这样。这批人不仅仅是学者，他们还热爱国家，期待她能变好，愿意尽己所能改善人民的生活条件。张剑很高产，他写了不少关于莫友芝的书；为了凑齐莫友芝散在四处的日记，他曾四处奔波。这本日记很有价值，透过它你能看到莫友芝的一生。

类似的工作在清代诗歌领域还有很多，还有不少诗人有待于被认真研究；在英语世界，明代诗歌也基本上没有被怎么研究过，与此相反，英语世界中却又有太多研究莎士比亚的书了。中国有太多出色的作家了，这是一件好事，它能让我们一直忙下去。

**时　光**：接下来我想问些有关您翻译的问题。我注意到，在目前为止您出版的书里，翻译总是占据了很显著的篇幅。您能谈谈您翻译中国古典文学的方式和理念吗？

**施吉瑞**：翻译是一门艺术。几年前我去中国演讲，有研究生也问了我关于翻译的问题，他认为译者理应多读些翻译理论，我回答说："坦诚来讲，我本人不倾向读太多翻译理论。"我当时试图向他展示我的幽默感，我其实是应该读点翻译理论的。对我而言，翻译需要传达出你对作品的感觉，当然也关于你运用目标语言的技巧。我自己的技巧远未炉火纯青，但是我会尽力确保我的英语翻译可以传达给读者类似于阅读原文的感受。翻译极其重要，因为翻译在大部分情况下是接触中国文学及文化传统的唯一途径。在不列颠哥伦比亚大学，我们有东亚系，有不少学生在此研究中国、印度以及其他国家。然而，有些学生除了自己关注的国家，对其他国家不怎么在意；还有些学生直接忽视西方或欧洲传统之外的所有东西。这是很不好的倾向，这些学生不仅与很多阅读乐趣失之交臂，还丢掉了他们可用以比较并借此加深对西方文化理解的其他模型。

在我看来，知道些西方文化有助于理解中国、印度的文化，反之亦然。我们仍然生活在一个充满西方偏见的世界里，这点在大学中尤为明显。这种偏见以后有望减少，但是它必定还是会长期存在的。很遗憾，即使是我所在的东亚系也是这样。我认为有翻译可用至少可以尽可能地减少偏见，这是我对翻译感兴趣的原因之一。有很多中国诗人的作品尚未被翻译，比如说，在我写《诗人郑珍与中国现代性的崛起》这本书之前，郑珍的作品很少有人翻译过；袁枚的作品也是这样，阿瑟·韦利（Arthur Waley）那本有关袁枚的书中有不少精彩的翻译[①]，但除了这本书，就很少能见到袁枚诗作的翻译了。在写黄遵宪那本书时，我跟一些专门研究晚清史的历史学家交谈过，他们对于黄遵宪并不特别感兴趣，因为黄遵宪是诗人，他的诗并不是合适的历史研究材料。即使是在中国有“诗史”传统的前提下，有些中国学者也持同样的观点——这着实很奇怪。实际上，中国诗人经常将历史事件作为书写对象，比如，你想了解“安史之乱”，你必须去读一下杜甫的相关诗作。

**时　光**：我注意到您经常用“令人愉快的”（enjoyable）一词来形容您心目中的理想翻译，能具体谈谈这点吗？

**施吉瑞**：这个词只能从个体视角去解释。当你看一段译文时，如果它对你没有价值，那么这种翻译很显然就失败了。这或许可以归咎于读者，但是大部分情况下，这都是译艺不精的缘故。译本理应引发读者的情绪波动，不一定非要是愉悦，眼泪、欢笑都未尝不可，倘若译本能让读者振奋精神、开阔视野，那就再好不过了。现在的问题是，中国诗歌的很多英译本都有点儿“洋泾浜英语”的味道，英语表达不很地道。此类译本往往试着在翻译中遵循中国诗歌句法，这样做是不对的，它并未站在读者的角度考虑问题。除非读者想用译文逐字逐句地理解中文原文，这样做才是有意义的。因此，我认为这样的翻译方式是不恰当的。

**时　光**：您刚刚的话让我想起了中国政府之前组织过一批学者将中国经典翻译成英语，但是其效果却不怎么显著。您怎么看待这一现象？

**施吉瑞**：将文本翻译成不是自己母语的语言是很困难的，只有少数人才能做得很好。尽管大部分翻译都能读，但通常它们都不够动人。我无法做到像李祁教授那样用古汉语翻译华兹华斯，我甚至都没想过要试一下，因为这样的翻译注定要失败，这样的译文是无法还原英语原文之美的。当然中国也有一些好的译者和译文，比如说精通中英双语的杨宪益翻译的《儒林外史》就很好。除此之外，大部分翻译还是差强人意。翻译的最佳方式应该是合作——一位能阅读中国古典文学的英美学者和一位通晓中英双语的中国学者之间的合作。有些博学的中国学者在古典文学上造诣极高，他们可在我们（这些西方学者）翻译中国文学时答疑解惑。这种合作一定卓有成效，但是，想要达成此类合作殊为不易，你知道的，

---

① Authur Waley, *Yuan Mei: Eighteenth Century Chinese Poet*, Stanford: Stanford University Press, 1956.

有时候甚至连政府都很难将两位学者组织在一起致力于某事，因为即使是政府也很难搞清楚哪个学者有能力、有时间或有兴趣做某事，这需要团队协作。倘若中国政府能够赞助更多这样的合作的话，事情或许能好转。至于能有多大程度的好转，这还取决于如何择取以及如何组织。往往是那些常跟政府打交道的人而不是最佳的研究人选获得科研项目，这不仅仅是中国政府的问题，所有政府都或多或少存在着这样的问题。因此，这将是合作中最主要的问题。

**时　光**：有人说，诗是翻译中失掉的部分，您同意吗？

**施吉瑞**：我不同意，因为有些翻译的确是能抓住原作精髓的。

**时　光**：那您会鼓励您的读者去读原文吗？

**施吉瑞**：翻译或许不是好的替代品，但它毕竟仍是替代品。大部分西方读者都没有时间学汉语，更别提古代汉语了，他们大多都被鼓励去阅读一些品质较好的译文。毕竟，翻译能帮助我们理解彼此。我目前出版的那些有关清诗的书都是用英语写的，出版后我收到了一些读者的来信，多为“读过某书，很感兴趣”云云，他们有人还寻求我对于他们研究的建议。来自罗马大学的年轻学者毕碧安娜·柯丽帕（Bibiana Crippa）①就是其中之一，我在上海和她见过一面，她表示，正因受到了我的书的启发，她才开始关注并研究金和——这让我非常开心。还有不少人也是沿着这样的心路历程，开始从事与我的研究相关的领域了。我觉得，让人更容易地接触到某个领域就是翻译最重要的功用之一吧。坦白来讲，西方现在研究中国古典文学的人数并不多，但是对此感兴趣的学生每年却越来越多了，他们或许是受我和我的书影响，或许是受这个领域的其他学者的影响。清诗研究尚属新事，但势头发展十分迅速。我注意到，在中国有越来越多的相关学术成果被发表，也有越来越多的研究生以此作为博硕论文选题。这无疑是个好的开始，钱仲联及其弟子们在其间居功甚伟，而我只是促成此事的渺小一员罢了。清诗已被遗忘太久，五四运动后，一切都被重新定义了。我几年前曾跟一群中国高中生交谈过，当我说我的研究方向是清代诗歌时，他们一脸诧异，因为他们除“明清小说”之外，一无所知。

**时　光**：在我看来，这种现象或许是“一代有一代之文学”的观念导致的。

**施吉瑞**：是的，这一观念对我们理解中国文学史有十分负面的影响。“一代

① 毕碧安娜·柯丽帕：女，意大利人，先后就读于威尼斯大学（Cafoscari University of Venice）、罗马大学（Sapienza University of Rome），复旦大学访问学者。

有一代之文学”很大程度上是受到一些西方早期著作的影响而形成的，而这一观念在西方早就过时了，只有那些专门学习西方文论的人对此稍有点了解。然而，这一观念却风行于中国从小学到大学的整个教育系统里。现在大学的情形有所改善，但在中小学中，这一观念仍然十分流行。这种文学观念深受达尔文理论的影响，持有此类观点的人试图用科学的方式解释文学，我听过的最不可思议的事情无过于此。到底什么是所谓的“科学的”文学？19 世纪的种族主义、民族主义也深刻影响了这种观念，当时很多人都对此深以为然，骨子里他们相信现代文化是由白种人创造的，而与之不同的文化注定是低级且理应被归化的。

**时　光**：您在书中经常使用“未知之境”（terra incognita）来指代您打算研究或正在从事的学术领域。众所周知，因为缺少先行研究，在“未知之境”垦拓是非常困难的，为什么您做出这样的选择呢？

**施吉瑞**：“未知之境”是一个英语中常见的拉丁词汇。如今的年轻学者不再学习拉丁语，学校也不再教了，这令人惋惜，西方古典文化同样博大精深，很多古希腊、罗马时期创制的观念、系统以及审美概念在当今依旧有效。至于在学术未知领域垦拓的困难，我个人是非常幸运的。在研究郑珍时，我能第一时间获得了郑珍诗集的笺注，在研究黄遵宪时也是这样。另外，中国日益开放这点也很重要，正因如此，我才能有机会到中国向同行请教、学习，我非常幸运能在研究过程中得到诸如钱仲联教授等出色的中国学者们的帮助。

**时　光**：那您能大致谈谈目前英语世界清诗研究的状况吗？

**施吉瑞**：现在的情况肯定比以前好了一些，越来越多的人开始投身于此，但是，这一领域仍是处在学术研究的边缘地位。大部分学者仍只关注唐代或唐代之前的诗歌作品，我很难找到有关唐以后的学术会议。几年前，我在德国参加过一个相关会议，会上基本汇集了所有研究清代诗歌以及民初诗歌的学者，但是类似的会议非常少。投身这一领域的人数以后肯定还会不断增加，因为清代诗歌还有太多地方有待研究，况且还有很多人苦于寻找博士论文的选题。从事清诗研究虽是个挑战，但研究无人涉及的话题也很有趣。成为第一个，总是令人兴奋的。我相信，现在很多中国学生都有类似的感受。我的中国同行们告诉我，越来越多的学生开始研究清诗。北美这边的情况也一样，不过规模要小得多，随着时间的发展，只要坚持这种势头，我相信五十年内，我们一定能对清诗有更全面的理解。

**时　光**：我们聊了这么多清诗，那么对您而言，清诗最吸引您的特质是什么呢？

**施吉瑞**：清诗充满了吸引力，其中最出乎我意料的就是它质疑传统的叛逆精神。比如，袁枚就经常质疑传统，在一篇文章中，他表示，当我们看《论语》的时候，我们其实很难了解这本书在孔子活着的时候到底写了什么，我们也很难知道这本书讲了孔子些什么。这就好像欧洲的一个基督徒说自己无法从《圣经》中感知耶稣一样。说这样的话很危险，如果是在早期欧洲的话，说话者甚至有可能会被施以火刑。相较之下，中国对此虽较为容忍，但是质疑经典、正统仍是危险的，而袁枚在当时却不畏惧说出这样的话。我对此激动不已，叛逆的精神、不盲从古代典范的精神以及试图创新的精神，都对我极具吸引力。我发现这种特质在乾隆已降的清诗中非常普遍，估计在清初诗歌中会有更明显的体现。我需要更多的阅读和研究，但光是19世纪诗歌就足以让我大开眼界了，这里有太多有意思的东西可供研究，我一时半会儿怕是难从19世纪的诗歌中脱身去研究其他领域。

**时　光**：您曾设想过和您的研究对象一起饮酒或成为他们的朋友吗？

**施吉瑞**：我非常乐意做他们的书童，怀抱其书，侍立一侧。我的素养仅够格做到这样了，但是只要能坐在他们旁边，聆听他们品评诗文、相互交谈，我就十分满足。或许，我不大能听懂，但倘若我有幸能生活在那个时空中，我一定会为了与他们交流，而加倍用心学习当时的语言。

郑珍一定非常招人喜欢。他是位出色的父亲，即使他的儿子偶尔调皮，他仍能温和相待。他也是位称职的丈夫，据我目前所知，他没有纳过小妾，也从未逛过青楼，他深爱他的妻子。关于这点，你可以参看他的诗集，其中有很多写给他妻子的诗。我觉得他没有做过什么逾矩的事。郑珍还是一位值得信赖的朋友，他尽其所能地帮助身边的人。对我而言，能写出如此多好诗的他当然也会是一个优秀的师长，就像我治学生涯中遇到过的那些老师一样。因此，如果将来有机会，我挺乐意见见他的。

我曾专门去过郑珍的家乡——沙滩，还特意去他的墓前拜祭。我注意到他的墓上长满杂草，或许是他的后代一年才清理一次的缘故。当时在附近有个农民，我借了他的镰刀，帮郑珍的墓除了草，也向他供奉了些东西。即使郑珍并未葬在那里，这对我来说仍是一次愉悦的体验，因为我终于可以为郑珍做些事情，表达对他的尊敬和热爱。这同时也是一次动人的体验，尽管我并不相信什么神鬼之说，但是在某一瞬间，我感觉到了他的存在，或许在那时，他真的在那儿吧。我不确定那时是什么让我产生了那样的感受，但这种感受确实极大地激励了我，让我坚持写完了有关他以及他诗歌的这本书。

话说回来，贵州的人们都十分友好、乐于助人，他们似乎热心帮助每一位去那里的游客。这或许是因为贵州没有太多外国人，当然了，这也有可能是因为我正在研究他们家乡的诗人。有机会我还会再去的。

**时　光**：您在郑珍这本书里的序言提到过，说是这本书在出版之前收到了若干评审意见，建议您用本雅明或布尔迪厄的理论来研究郑珍。您对此并不认同，认为将西方理论硬套进中国文学研究是不对的。但是，“现代性”本身也是一个西方术语，为什么您会选择这个术语展开您对郑珍的研究呢？您在书中又是怎么定义这一术语的呢？

**施吉瑞**：我在郑珍和他的学生们那里的发现是非常令人惊讶的，一开始我从未预料到19世纪会有这样的事情——他们大多非常现代。我不清楚这一现象的根源，同时，我也很好奇这一现象会带来怎样的影响。当我读了一些西方现代性理论后，我发现有些学者太过拘泥于理论的使用了。他们自有其理论路径，但却总试图将所有的一切都塞进同一模子里。我认为这种研究注定会走进死胡同，比起好处来，它带来的坏处更多。但是，有一个关于现代性理论的观点很吸引我：我们不能将现代性视为一个放之四海而皆准的东西，不同的文化应有其自身独特的现代性。这些现代性之间或许有很多共同点，其中最重要的一个共同点就是质疑和挑战传统的精神。倘若审视一个文化的现代性发展进程的话，我们总能发现上述这点。如果想走向现代化，如果想与世界一起变化，你必须抛却部分传统，这是无可回避的。因此，我认为，中国有一个不同于西方的现代性，这点很重要。去了解这些现代性理论到底所言何物很有必要，同时，保持自己思考的独立也很重要。我不想选取一种现代性理论，就将其奉为圭臬。现在这种情况很普遍，很多学者都固守一套理论模式，不肯变通。我觉得一个学者必须思路开阔，力图避免让自己的研究沦为理论的堆砌。不过，这并不是说要抗拒所有理论，多读读它们，或许其中会有和你研究相关的内容。

**时　光**：那您能谈谈您对存在于目前汉学研究中的理论化倾向的看法吗？

**施吉瑞**：我认为，至少我们应该去质疑那种对于当代文学理论的过度“迷恋”。当前有很多文学研究著作都是在理论的影响下写成的，这种情况不仅存在于西方，中国现在亦是如此。我时常觉得，中国的一些研究者更愿意去读如德里达等西方学者的理论，也不愿意去读读《诗品》或《文心雕龙》等中国本土理

里的这些内容让我惊奇不已，它们从未出现在同时代的欧洲文学作品里——即使欧洲那时的污染问题要严重得多。理论上来说，郑珍处在前工业时代，但是实际上呢，他的作品已然触及现代的工业时代。

回到理论化这个问题。我认为研究应博采众长、为己所用，西方的理论如果有用，那就去用；但千万别画地为牢，研究者应找到某种平衡，透彻理解中国文学理论同样也很重要。如果你要研究某作家，你就应该去读他的诗以及同时代人的诗，其中蕴含的信息将会对理解这位作家很有帮助。倘若你做不到这点，你的研究不会令人满意的。正像上边所说的，不论理论是东方的还是西方的，我都会坚持博采众长、为己所用。中国的文学理论大都以诗话的形式呈现，可从零散的评论中提取而出，这是通向诗歌的另一条路，另外一种不同的表达方法。中国人不喜欢那种循规蹈矩、一板一眼的论述，但是我们无疑可从他们的表述中理解他们读诗的方式以及他们心中好诗的标准。诗话虽不像19、20世纪西方理论著作那样章法森严，但它的价值却绝对不容小觑。如果我们忽视这点，我们就错过了作家身上最重要的内容之一了。

**时　光**：最后，可否请施先生分享一下您未来的研究计划呢？

**施吉瑞**：那就要看我能保持健康多久了。说实话，我还想做很多事情。首先，我想先接着做那个近代上海诗歌的项目。那个时代的上海受外部世界影响很大，处在东西文化交会的旋涡中心，因此，那里所发生的一切都十分有趣。我很好奇，上海本地人以及像金和这样在太平天国运动期间或之后移居到上海的人们面对当时那个时代会如何应对。我对袁枚的孙子袁祖志格外感兴趣，他同样是个令人着迷的文学人物。我可能会写本关于他的书，借此来更深入地理解当时上海的文学传统。其次，我还想彻底调查一下黄遵宪在美国期间的情况，目前，我已掌握了不少相关材料，有很多记述黄遵宪在当时外交活动的报纸，整理、消化起来尚需时日。另外，围绕着陈树棠（在黄之前担任旧金山总领事），我已经完成了一篇七十余页的论文，这篇论文有可能会是一本书的第一部分。关于黄遵宪，第一篇论文会讨论从他抵达美国到《排华法案》出台期间的活动，第二篇论文将会主要关注黄遵宪在《排华法案》出台后的所作所为；另外，我已经发表了一篇有关黄遵宪是如何帮助加拿大华人群体的论文①。上边两项就是我目前想进行的

① 施吉瑞，《排华时期黄遵宪智取旧金山海关襄助加拿大华人旅客之史实》，李芳译，《华南师范大学学报》（社会科学版）2015年第3期，第5—17页。

研究，我当然乐意研究更多的清代诗人，但是正如我上边所说的那样，这要看我能保持健康多久了。

**时　光**：非常感谢您能抽时间接受这个采访，同您交谈，我获益良多。希望您能保持健康，同时期待能在将来看到您更多的学术成果。

# 艾略特和中国现代诗学*

黄维樑

香港中文大学　中文系，中国香港　999077

**摘　要**：五四新文化运动以来，中国的诗学深受西方影响。英美诗坛的一代宗师艾略特，其作品从20世纪30代起即有国人加以译介，对台湾的现代诗运动，以至整个文学界产生了很大的影响。余光中、叶维廉、杜国清等，或介绍艾略特其人其诗其诗学，或中译其作品，最为用力。颜元叔引用艾氏理论，对艾氏成就非常推崇，把他的名字中译为"欧立德"。本文除了陈述艾氏对中国现代诗学的影响，还探讨其诗学与中国传统诗学相契合之处；又对艾氏著名术语"客观对应物"（objective correlative）的几种中译加以批评，并建议译为"意之象"。

**关键词**：艾略特；意之象；中国现代诗学

## 一、引言

清末黄遵宪、谭嗣同和梁启超等人倡导"诗界革命"，认为西方的语句和意

---

* 收稿日期：2018年12月9日

作者简介：黄维樑（1947—　），男，香港人，香港中文大学中文系一级荣誉学士，美国俄亥俄州立大学（The Ohio State University）博士，香港中文大学中文系原教授，曾任美国马卡莱斯特学院（Macalester College）客席讲座教授、台湾高雄中山大学客座教授、台湾佛光大学教授、澳门大学客座教授、香港比较文学学会秘书、香港作家协会主席、香港市政局图书馆文学顾问，现为四川大学客席讲座教授，香港作家联会副监事长，中国文心雕龙学会、《华文文学》与《外国语文论丛》等多个学术文化机构顾问。著有《中国诗学纵横论》《香港文学初探》《中国现代文学导读》《中西新旧的交汇》《从文心雕龙到人间词话》《壮丽：余光中论》《黄维樑散文选》《迎接华年》与《大湾区敲打乐》等著作近三十部，同他人合编《中国比较文学学科理论的垦拓——台港学者论文选》与《爱读式文心雕龙精选读本》等著作若干部，作品入选各地选集、编入大学与中学语文教材，曾获"梁实秋文学奖翻译奖"与"首届国际潮人文学奖散文奖"等奖项，主要从事比较文论和汉语新文学研究。

境也可以入诗[①]。五四新文化运动中兴起的新诗，则以打倒传统的形式和语言为口号。至现代派1956年于台湾成立，以“新诗乃是横的移植，而非纵的继承”为标语；内容与形式，一切都唯西方马首是瞻。诗界革命的理论，发展至此，是不能更彻底的了。与中国古典传统渊源甚深的余光中，曾声言要“下五四的半旗”，主要为的是诸前辈的现代化不够透彻。余光中为五四所写的“祭文”，发表于1964年，正是新诗现代化全速进行的时候。五四新文化运动之际，德先生和赛先生给请入了中国。二十年来的现代诗运动，自然也引进了西方的权威。这位诗方面的德先生、赛先生，就是20世纪的大宗师艾略特（T. S. Eliot）[②]。

艾略特学问渊博，创作和批评都开风气之先；对世界现代诗的影响，无人能出其右。台湾的现代诗即以“横的移植”为目标，那么，对艾略特宗之敬之，实在顺理成章。事实上，现代派成立时之另一重要信条——“反浪漫主义的，重知性，而排斥情绪之告白”——所揭示的，不啻就是艾略特的诗学（poetics）要义了。可见运动甫开始，这大宗师即与现代诗同在。

二十年来，艾略特的名字，比波德莱尔、里尔克、叶慈、庞德、康明思、史蒂汶斯、威廉斯、汤默士等[③]，都要响亮。批评家的文章里，艾略特简直成了无所不在的神。顺手翻开1974年6月的《中外文学》诗专号，便可发现他的大名存在于余光中、颜元叔、张健和凝凝的文章中。余、颜二先生为英美现代文学教授，深受艾略特影响，文中加以征引，毫不足奇。张健先生为中国文学教授，而采纳其说，且谓对他“颇为心仪和敬仰”；艾略特的名望地位，可见一斑。姚一苇先生在这专号中的论文则援引布鲁克斯（Cleanth Brooks）的“矛盾语”之说。布鲁克斯是新批评学派健将，而艾略特素来被尊为新批评学派之祖，则艾略特的影子，也就若隐若现了。

现代诗运动以反浪漫、重知性开始。近年来很多人不满这种格调，因此提出了改变诗风的呼吁，艾略特这“始作俑者”，遂不免惹来非议。这情形颇类于美

---

① 参见梁启超《夏威夷游记》，收入《饮冰室文集》中。

② Eliot：一般译为艾略特，早期有人译为厄了忒、爱利恶德和艾略脱。颜元叔译为欧立德。陈颖先生认为Eliot可译为“耶律雅德”：耶律是外族固有的姓氏，且耶可指耶稣教（基督教），律可指规律、格律；雅则有文雅、风雅之意，德则有立德、功德之意。可谓音义兼美。陈先生又指正了本文初稿的若干错漏。特志于此，并致谢意。

③ 波德莱尔、里尔克、叶慈、庞德、康明思、史蒂汶斯、威廉斯、汤默士：即Charles Pierre Baudelaire, Rainer Maria Rilke, William Butler Yeats, Ezra Pound, E. E. Cummings, Wallace Stevens, William Carlos Williams, Dylan Thomas.

国诗坛上的威廉斯和金斯堡之反对艾略特的诗风。不过，无论爱之恶之、褒之贬之，艾略特已在台湾生了根，更何况他若干具有普遍性诗学的论调，可以放诸四海而皆准，待诸百世而不朽！继新批评学派之后君临北美文学界的基型论批评（archetypal criticism），倡导者佛莱（Northrop Frye）责备艾略特的评论标准变易不定，既贬米尔顿在前，又褒之在后，其起落有若股票市场的升降①。可是佛莱不得不承认艾略特的地位和影响。艾略特这成荫的乔木，矗立在台湾的土壤上，以后即使有人要予以拔除，它已根深蒂固，是谈何容易的事。艾略特对台湾的现代诗学的影响非常深远，趁各种文献渐随时间而减少甚至湮没之前，做一番检讨，留个记录，未尝无助于后世批评史家的工作。清末以降，中国文学逐渐进入比较文学时代，比较的趋势现在愈来愈明显。本文的探讨中，会兼及若干中西诗学的比较。这也是饶有趣味的事，笔者身在海外，所能看到的书刊，不够齐备；疏漏之处，有待高明指正。

## 二、曹葆华、夏济安

台湾现代文学的奠基，已故的夏济安先生功不可没。夏氏心仪艾略特的诗和批评②，他在自己（于1956年）创办的《文学杂志》上发表的《白话文与新诗》，和另一篇文章《对于新诗的一点意见》（原载《自由中国》）中③，强调诗之为诗，表现技巧非常重要，所谓诗是“强烈感情的自然流露”的浪漫主义论调，实不足取。这些主张正是艾略特经典之作《传统和个人才具》（“Tradition and the Individual Talent”）的要旨。夏氏把这篇名作翻译了出来④。台湾现代文学的开展，可说是与艾略特诗学的介绍同时发生的。

不过，夏济安并不是介绍艾略特的第一人。曹葆华在20世纪30年代前期，便已翻译了他的三篇重要论文：《传统和个人才具》《批评底功能》（“The Function of Criticism”）和《批评中的试验》。当时，美国作家如刘易斯（Sinclair

---

① Frye, *Anatomy of Criticism*, Princeton, N. J., 1957, p. 18.

② 参见夏志清《夏济安对中国俗文学的看法》及刘绍铭《怀济安先生》，皆刊于《现代文学》二十五期（1965年7月）。夏志清（即济安之弟）对艾略特亦很喜爱；可参见夏志清《文学的前途》（台北，1974）中《悼诗友卢飞白》一文。

③ 二文皆收入《夏济安选集》，台北，1971。

④ 译文收入林以亮编选的《美国文学批评选》，香港，1961。

Lewis)、海明威、奥尼尔(Eugene O'Neill)等,介绍者颇之不乏人,刘易斯于1930年获诺贝尔文学奖,声名尤噪。艾略特则不同,仅有曹葆华和其他一二文人孜孜不倦地翻译他的诗论①。那时浪漫主义余势未尽,而社会主义和马克思主义的文艺理论方兴,曹葆华把艾略特引来中国,并把他与瓦雷里称为“现代英法两国最伟大的诗人”,可谓慧眼识英雄。曹氏将艾略特和瓦雷里,连同瑞恰慈(I. A. Richards)和叶慈等人的文章,编辑为一册,名为《现代诗论》,甚具现代眼光。可惜艾略特那种抑激情、重技巧的理论,在国难期间究竟不合时宜,曹氏的努力似乎得不到什么结果。据说胡适偶听叶公超说起艾略特好用典,便以为他在复古,而不以为然②。这是艾略特不合时宜的又一例证。20世纪40年代昆明的西南联大,以及北平、上海的一些学院,则有人评价过艾略特的作品③。

1956年,《文学杂志》的创刊和现代派的成立,二者与艾略特都有密切的关系。然而,这时期,尽管艾略特的名气早已震撼了大西洋两岸,他在太平洋那小岛上的声望,却颇为有限。这期间,余光中译了他的《论自由诗》(刊于《文学杂志》1956年9月号)。译序中,佛罗斯特满头银发的光芒,显然盖过了艾略特的身影。不过,佛罗斯特虽为现代诗人,诗风则相当保守;在台湾诗坛急速变化的现代化进程中,二者的地位不久就逆转了。而宝岛上艾略特黎明前那点鱼肚白,不久乃变为熹微的晨光。

## 三、余光中、叶维廉、杜国清

(附论“意之象”objective correlative)

留美一年后回到台湾地区的余光中,于1959年发表《艾略特的时代》一文,

① 当时的译介情况,印象得自北平图书馆编的《文学论文索引》(北平,1932—1936)。曹氏的译文发表于1934年。何穆森也译了《批评的功能》一文。温源宁的《现代英美四十诗人》(刊于1931年3月创刊的《青年界》二卷二期)似乎是最早介绍艾略特的文章。章克標《T. S. 厄了忒的诗论》则刊于《清华周刊》四十三卷九期。钱锺书《谈艺录》成于1942年,至少提过艾略特一次,见第276页。曹葆华的译文,后收入《现代诗论》中,此书台北商务印书馆于1968年重印。又据邢光祖《艾略特之与中国》一文,20世纪30年代在中国评介艾略特作品的,有温源宁、邵洵美、邢光祖等。

② 余光中,《下五四的半旗》,收入《逍遥游》,台北,1965,第3页。

③ 据夏氏1975年8月20日致笔者信中说:“……抗战后我在北大的时候,英文系有位poet-critic袁可嘉,经常在北平报纸某副刊上(可能他自己编的)写新诗和介绍Eliot的文章。另外还有一位王佐良,在Oxford念书,1947年间也写了篇《资本主义的走狗Eliot》的文,……”

介绍了“这位开风气的大师”作品中的思想和技巧。艾略特对比和暗示的表现手法，特别为余氏欣赏；更使他津津乐道的则为艾略特“反传统，但同时并不忽视传统”的创作和批评精神。余光中日后的创作和批评，得力于艾略特之处实多。五四时期的洪深，留美习喜剧，归国后即写成《赵阎王》（1922），几乎是奥尼尔《琼斯皇帝》（*The Emperor Jones*，1920）的中国版。这点陈颖先生已论之甚详①。类似洪深和余光中所受的直接而强烈的影响，在中国现代文化史上，实在屡见不鲜。余光中《艾》文中对艾略特的生平、地位和诗作，介绍得相当详尽，对他的诗学则只做印象派色泽鲜明的素描。余光中谦称他的批评工作是“游击式”的，而事实上，对于艾略特诗学的介绍，正规军却不是余氏自己，而是另有人在。

叶维廉先后于1959和1960年发表了《〈焚毁的诺墩〉的世界》《艾略特方法论》《艾略特的批评》和《静止的中国花瓶——艾略特与中国诗的意象》②。艾略特的重要主张，举凡浪漫主义、逃避个性和情意、意之象（objective correlative）、心理时间、诗的戏剧性等，叶氏都一一介绍出来。比诸余光中的印象派的素描，这实在是幅写实派的工笔画。叶维廉的师大硕士论文以艾略特的批评理论为题目，下了很大的研究功夫，可说是当时艾略特的专家。这位专家，介绍之外，还有两项发现：一是艾略特评论中时有矛盾的原因，另一则为艾略特与中国诗的“密切关系”。

先说第一项。艾略特名扬大西洋两岸，佩服他崇拜他的自然大有人在；树大招风，攻击他的亦不在少数。他的理论和实际批评也是相当游击式的，极不像佛莱那种设计周详、苦心经营出来的大体系。艾略特意见前后矛盾不一处，自所难免。例如，他早期大肆攻击浪漫派诗人，包括写出那句“诗是强烈感情的自然流露”的大诗人华兹华斯在内，后来却举出华兹华斯的作品，以为是英诗中杰作。他曾贬抑米尔顿，后来又把他捧回来。凡此种种，莫不成为别人攻击艾略特的口实。叶维廉替他辩护，以为“一个对于经验感受特强的诗人，在他一生不同的阶段中必然会发现不同的世界”；又以为诗人在自身的发展过程中，常会“追索——认可——扬弃”，周而复始。叶维廉之意，大抵即《易经》和道家所谓变的

① David Y. Chen, “Two Chinese Adaptions of Eugene O'Neill *The Emperor Jones*”, *Modern Drama*, February, 1967, pp. 431 - 439.

② 皆收入《秩序的生长》，台北，1971。《焚毁的诺墩》译自“Burnt Norton”。

道理，亦即梁启超所谓今日之我与昨日之我为敌之义。总之，叶氏认为这些表面上的矛盾“根本不是矛盾”。已故的卢飞白（笔名李经）的博士论文，后由芝加哥大学于1966年出版成书，题为《艾略特：其诗学的辩证结构》（*T. S. Eliot: The Dialectical Structure of His Theory of Poetry*）即试图从根本处解释这一代宗师的理论和理论中的矛盾性。卢氏的著作在广度和深度上都超过叶维廉。但是，叶氏当时的认识和领悟，已难能可贵了。

现在说叶维廉的第二发现：艾略特与中国诗的“密切关系”。他在那篇《静止的中国花瓶——艾略特与中国诗的意象》里，指出中国诗“缺乏语格变化、时态及一般‘连结媒介’的特性”，因而产生非凡的压缩效果，而这种“压缩的办法……正是艾氏的诗之方法的注脚”。他举出孟浩然《宿建德江》等诗为例，进一步指出中国诗的特色：

（一）缺乏“连结媒介”反而使意象独立存在，产生一种不易分清的“暧昧性”；

（二）带引读者活用想象去建立意象间的关系；

（三）用“自身具足”的意象增高诗之弦外之音；……

这些“发现”自然不是叶维廉的独得之见，燕卜荪（William Empson）铸造了以歧义性（即叶氏所谓的“暧昧性”，ambiguity）论诗之后，中国许多批评家借此开启了中国古典诗的金库。不管怎样，叶维廉把中国诗这方面的特色和艾略特的诗法比较，是非常恰当的。他引了艾略特《荒原》（*The Waste Land*）中第二部分《一局棋》（“A Game of Chess”）的首节，认为诗人“迫使读者的注意集中于那些自身存在的意象”（光滑的御座，上了蜡的大理石，精致的镜台，七柱灯台等）上，而“诗中‘极尽豪华奢侈’的感觉是暗示出来的”。艾略特与中国诗的“密切关系”即在此。叶维廉在上面列举出的其他介绍文章中，已说明了“意之象”这重要概念。在这篇讨论艾略特与中国诗的意象的文章里，这与传统中国文化甚为契合的“意之象”却成为漏网之鱼。

卫穆塞特（William Kurtz Wimsatt）和布鲁克斯认为艾略特诗学的要义，端在此“意之象”。这概念既然如此重要，西方的批评家诠释评论自然不遗余力。中国的余光中、颜元叔等，对此也有同好，也竞相引用和说明，并纳入他们的诗论。在继续探讨艾略特和余、颜等人诗论的关系之前，且让我们把精神集中在这“意之象”上。“意之象”是笔者对“objective correlative”的中译。叶维廉译为“客观应和的事象”，余光中翻作“情物关系”，又作“客体骈喻法”，颜元叔译为“客观投影”，黄德伟则译为“客观关联”①。“意之象”出自艾略特的《哈姆莱特和他的问题》（“Hamlet and His Problem”），原文如下：

> The only way of expressing emotion in the form of art is by finding an “objective correlative”, in other words, a set of objects, a situation, a chain of events which shall be the formula of that particular emotion; such that when the external facts, which must terminate in sensory experience, are given, the emotion is immediately evoked. ②

笔者试译为：

> 表达情意的唯一艺术方式，便是找出“意之象”，即一组物象，一个情境，一连串事件；这些都会是该特别情意的表达公式；如此一来，这些诉诸感官经验的外在事象出现时，该特别情意便马上给唤引出来。

拙译的“意之象”，如果多加几个字，变成“与情意相应之意象”，意思便更加明显了。西方的批评家中，有人以为此词意指“艺术品的象征性结构”，有人以为引申其义，则有艺术品乃一有机的暗喻之意③。他们似觉得此词有点莫测高深。其实，艾略特把这词已解说得十分清楚明白；换言之，一个艺术家、一个诗人，不能光叫快乐呀、痛苦呀、光荣呀、耻辱呀，而必须把内在主观的情意，用外在客观的事象表达出来，才易引起观者的共鸣。这种易主观为客观、变情意为事象的手法，便是艾略特的惯技。上面已有叶维廉所举出的例子，至于他的《普鲁夫洛克情歌》（“The Love Song of J. Alfred Prufrock”），说穿了，不外写那心态衰老的主人翁怯懦、沮丧、惶惑等内心的、主观的情感和意绪。但读者看到的，则是一连串客观世界中的景象和事物，而这些景象和事物，即能在读者心中唤起那些情感和意绪。

---

① 黄译见《风雨故人》，台北，1972，第64页。

② 本文所引艾氏文学批评文章，不出下列三书：*The Sacred Wood*. London，1928；*Selected Essays*. New York，1950；*The Use of Poetry and the Use of Criticism*. Cambridge，Mass，1933.

③ 参见上文提过的卢飞白的书的第一章，又见 *Princeton Encyclopedia of Poetry and Poetics*（1965）中的 objective correlative.

“意之象”这翻译，具体而微地包含了主观情意和客观事象等含义，总括了艾略特那段解释的要点，若要坚持此词的象征性成分，则“意之象”中的“象”字，正可助长这种联想。叶维廉的翻译与笔者所拟的扩充语“与情意相应之意象”近似，但少了情意这项含义。当然，叶译是较忠于原文的。不过，艾略特这词其实取材自前人成语，引而成为个人的理论，侧重点应当放在理论上，而不应仅仅在这词本身。何况“correlative”乃指与情意相应合，把情意这元素加在翻译里，会更达意。另一译法“情物关系”的词主是“关系”而非事象，显与原意有出入，“客体骈喻法”的词主是“法”，缺点与上同；且又“骈”又“喻”，可能使人联想到中国的骈文和讽喻之义，似乎有故弄玄虚之嫌。“客观投影”的“投影”则仿佛是几何和地图学的术语。“客观关联”语意模糊，都不是理想的中译。笔者翻成“意之象”，更因为如此一来，艾略特这概念便可以与中国传统诗学攀上关系。

叶维廉在讨论艾略特与中国诗的意象时，已清楚指出艾略特应用“意之象”的写作方法（叶氏在该文中，只用其意而没有用“objective correlative”其词），和中国诗的意象语法大有契合之处。曾修改过艾略特《荒原》的庞德，与艾略特都是擅用意象（image）语的名家。庞德更是众所周知的意象派（imagism）领袖。所谓意象，乃指外界之象在人的感官意识内所重现之象，而此象包括物象、事象和现象。意象派的信条之一，是舍抽象的泛论而取具体的事象。所以，意象派也好，“意之象”也好，其实是一家亲，皆以意象为宗。庞德受了中国古典诗的启发，创出意象派。意象一词本来早已存在，至此更不胫而走，成为最脍炙人口的批评术语。一般人以为意象一词是舶来品，就像风格一词是舶来品一样。其实二者都是土生的，并不是专为翻译“image”和“style”而新铸的名词。意象和风格二语，在中国文学批评史上，早就出现过。这里限于题旨，单说前者。

南宋词人姜白石曾有“意象幽闲，不类人境”之语，明前七子之一的何景明，则更有“意象应曰合，意象乖曰离”的说法。这些都是与诗文的创作和批评有关的理论。三国时王弼注《周易》，有这样一段话：“夫象者，出意者也。言者，明象者也。……言生于象，故可寻言以观象；象生于意，故可寻象以观意。"① 王弼这一千多年前的“意—象—言”理论，甚类于今日大众传播（mass communication）的所谓传播模式之说。这番话移作艾略特“意之象”的说明，更恰切不过。而且，王弼比艾略特周密，多了“言”一项。至于何景明“意象乖曰离”的话，则不禁令人想到艾略特的“感性分离”（dissociation of sensibility）说了。此处所引姜白石、何景明和王弼的意象说，与其他批评家的情景、意境、境界等概念，颇有互相发明之处。事实上，这些概念涉及的都是内在情意和外在景象的关系，和艾略特的“意之象”可说是四海之内的兄弟。内在的情意和外在的景象，都是一切文艺活动所必须顾及的核心因素。浪漫主义重强烈感情的自然流露，故所重在意，艾略特反浪漫主义，故重象。难怪在中国，意象、情景、意境等语，向来为诗话、词话作者津津乐道；而“意之象”在西方甫经提出，就变成了批评家的口头禅。叶、余、颜诸先生没有道出此词于中国传统文评的渊源，但对它时加援引，非常珍爱，这或许可视为集体潜意识内中国意识的作用吧。

20 世纪 60 年代，艾略特如初升的旭日，绚烂的光芒照耀着宝岛。《四个四重奏》在 50 年代后期已有人局部译了出来。60 年代初期，叶维廉和杜国清先生各自译出了《荒原》。二者都是长诗。较短的如《一女士的画像》（“Portrait of a Lady”）、《三智士朝圣行》（“Journey of the Magi”）等，则有余光中等的翻译。杜国清更把艾略特的重要论文，译辑成书，在 1969 年出版，书名为《艾略特文学评论选集》。三年后，杜氏翻译的《诗的效用与批评的效用》（*The Use of Poetry and the Use of Criticism*）一书也出版了。艾略特文学批评的中译，应该以杜国清所花的心力最大。

## 四、百家应和

艾略特的理论和作品，一经介绍过来，他那种主知抑情、并排意象、时空综错、典奥隐晦的诗风，也就跟着盛行起来。许多人对他佩服得“五体投地”②。当时诗坛与存在主义俱来的虚无晦涩作风，成了日后以余光中为首的主明朗、反虚无者诟病的对象。现在回顾时，我们会觉得艾略特在《普鲁夫洛克情歌》和

---

① 姜白石的见于《念奴娇》序；何景明的则转引自郭绍虞的《中国文学批评史》，台北，1971 年重印，第五版下册，第 195 页；黄伯飞《幼狮文艺》1971 年 8 月号发表《诗国门外拾》，曾引王弼这段话解释“西方近代诗中所谓 image”，特志于此，以示不敢掠美。

② “五体投地”语见：余光中，《掌上雨》，台北，1964，第 148 页。

《荒原》里所浮现的灰色思想和隐晦作风，也难辞其咎。这里旨在探讨艾略特与台湾现代诗学的关系，若要进而研究他对台湾现代诗创作的影响，自然对本文题旨的说明会有裨益。不过兹事体大，不容率尔操觚。即使如此，从掠影式的举例中，艾略特的威力也就可见一斑了：夏济安写过《香港——1950》，声明是仿艾略特的。这首诗大概是第一篇模仿品，至少作者有此明显的用心。艾山写《钓鱼台岛之歌》，承认受了艾略特的启发①。余光中评介痖弦说：

> 痖弦的抒情诗几乎都是戏剧性的。艾略特曾谓现代最佳的抒情诗都是戏剧性的，而此种抒情诗之所以杰出也就是因为它是戏剧性的。事实上，艾略特在节奏上的最大贡献也在他的现代人口语腔调的追求。在中国，他的话应在痖弦的身上②。

余光中还举例说明痖弦的诗爱用典。痖弦的诗富于异国情调，有“在塞纳河和推理之间”等名句；我们听来，都会觉得是艾略特《空洞人》（“The Hollow Men”）结尾那大堆“在……和……之间”的回响吧？艾略特仿音乐形式写了《四个四重奏》；心仪这位大宗师的叶维廉，则以《赋格》这另一音乐形式为题写诗。鲜明意象的大量运用，是余光中诗的一个特色，也是他散文的一个特色。光是他散文的题目，诸如《文化沙漠中多刺的仙人掌》《九张床》《古董店与委托行之间》《象牙塔到白玉楼》等等，就是最好的见证。这种风格与艾略特的“意之象”没有关联吗？余光中一时传为诗坛佳话的《火浴》，以净化灵魂、追求不灭为主题，说诗人徬徨于水浴和火浴之间，终于选择了要走凤凰之路。当然，我们可说以火净化是叶慈在《航向拜占庭》（“Sailing to Byzantium”）中所向往的，对这位爱尔兰大诗人亦非常佩服且译过此诗的余光中，很可能受到叶慈的影响。可是，净化也是《荒原》和《四个四重奏》的重要题旨，余光中有没有左右逢源，也受艾略特的启发？他那《记佛洛斯特》一文，开首第一句曰“艾略特曾说四月是最残酷的月份”，这东方“五陵少年”把往西天取回来的经，背

---

① 夏济安的收入《夏济安选集》，艾山的收入《浮云游子》。

② 余光中，《左手的缪思》，台北，1963，第 163 页。

得很熟啊①！

于此，笔者得赶紧声明，钟嵘那种寻渊溯源式的批评，虽能满足某种好奇心，却绝对不是文学批评的极则。笔者无意步钟记室的后尘。何况，这种源流的追溯是无穷无尽的。我们寻出现代诗人得力于艾略特之处，只走了第一步；因为艾略特这历史意识十分浓厚的古典主义者，又有他的渊源。如此一步一步侦探下去，势必会到最后只剩下基型（archetype）的原始阶段，其间的穿凿附会，是难以避免的。台湾现代诗人而兼批评家的，为数不少；他们的创作和理论，常互为表里。艾略特这大诗人兼大批评家，创作和理论的密切关系，更牢不可分。这里尝试对台湾现代诗受到艾略特的影响稍加分析，不外为了对台湾现代诗学有更进一步的透视罢了。

现在回到诗学本身。20世纪60年代的诗话、诗论中，到处有艾略特的代言人。林以亮（即宋淇，居香港）先生的文章中，艾略特的名字和名言比比皆是。陈绍鹏和周伯乃二先生分别引进了逃避个性和逃避情意之说②，林亨泰先生认为"写诗不可只为一个人的感情吐露"；更有人说："二十五岁，在一个人的心目中是多么不成熟的年龄；如果说二十五岁以前写的诗是不成熟的，这话也似非过甚其词。"③ 这简直像在转述《传统与个人才具》中的名句了。而这篇文章又一次被译出来，译者是秀陶。（另一位翻译此文的是翁廷枢，译文发表于二卷九期的

---

① 余光中曾于1973年7月3日在第一届亚东区美国研讨会上宣读过一篇论文，题为"American Influence on Post-War Chinese Poetry in Taiwan"。该文刊在*Tamkang Review* 5：1（April，1974），兹把论及艾略特的部分翻译出来："大体来说，诗人兼批评家的艾略特，直至大约三年前，影响最为深远。他的诗作和理论，和20世纪上半期的美国诗，可说是一而二、二而一的。纪弦和方思所领导的现代派，反浪漫、主知性，便常乞灵于艾略特。即使不能读艾略特原文的，也采纳他的无我、历史感、意之象等理论。他们或通过翻译得之，或人云亦云，以讹传讹。创世纪诸诗人离弃古典的知性主义，做起超现实主义的实验来；而艾略特那种时空综错、并排意象的技巧，仍然适用于这些执拗的前卫诗人。同时，艾略特提倡古典主义，又喜于如影随形的过去中表现今日的世界；现代诗亦步亦趋，也发起思古之幽情来。《莲的联想》和若干相近的诗集，皆为例证。或功或过，这些移花接木都是艾略特的影响。他的创作和理论，也大量给翻译过来。叶维廉、我和其他人士，都有移译。艾略特泰半的诗作，乃得介绍给国内的读者。杜国清在1968年出版了所译的《艾略特文学批评选集》，共收重要论文十八篇。艾略特有知，当可含笑于九泉矣。"

② 分见陈绍鹏《诗的创造》，台北，1964，第136、137页；周伯乃《现代诗的欣赏》，台北，1970，第140页。

③ 分别引自张默等编，《六十年代诗选》，高雄，1961，第44页；及张默等编，《七十年代诗选》，台北，1967，第61页。

《中外文学》[①]。)

教授中国文学的叶嘉莹女士，谦称“对于西方文学批评理论……所知并不多”；不过，她至少知道《荒原》那种“时空错综的叙写方法”，而且非常珍爱。她也认识到意象语在现代诗和现代批评中的重要性：

> 意象的使用……在于把一些不可具感的概念化成为可以具感的意象……在中国诗歌中，写景的诗歌固然以“如在目前”的描写为好，而抒情述志的诗歌则更贵在作者能将其抽象的情意概念，化成为可具感的意象[②]。

她在20世纪60年代后期所发表的《拆碎七宝楼台：梦窗词的现代观》等论文，便把握了这两个秘诀，分析并赞赏了吴文英等人的古典诗词。

至于余光中，则仍采游击战略，但已更能深入重地，刺探更多艾略特的情报了。他的诗中有这大宗师（如《敲打乐》），散文中也有如上举的《记佛罗斯特》，批评文章中自然更多。光在1964年出版的《掌上雨》一书里，艾略特便出现了无数次；不是引他以说明技巧，便援他的历史感和传统说。一言以蔽之，艾略特是这位中国诗人兼批评家的现代妙思（Muse），是他不匮的泉源，助他申明诗学的要义[③]。

---

① 本文初稿完成后，笔者翻检旧杂志，发现艾略特“Tradition and the Individual Talent”的译文真多，实在不止上文指出的四篇这数目。《民主评论》一杂志，即有两篇：一为黄时枢所译，题曰《传统与个人才赋》，刊于九卷十二期（1958年6月）；一为杜维明手笔，题曰《传统与个人的才器》，刊于十二卷九期（1961年5月）。此外，朱南度的译文，题为《传统与个人的天赋》，则刊于《文学杂志》八卷三期（1960年5月）。在20世纪30年代初期出版的《学文月刊》第一期，有卞之琳的《传统与个人才能》一文。笔者没有机会亲眼看见这期，而目录上又没有说明翻译，因此不敢肯定是否为译文；不过，卞文是翻译的可能性颇高，因为那时期有不少人翻译文章，常常不在署名处标明是翻译的，只于文首多写几行引言便算了。其他的译文可能还有不少。由此看来，此文的译本之多，在中国近代翻译史上，可算首屈一指了。

② 叶嘉莹，《迦陵谈诗》，台北，1970，第242—243页。

③ 中文书籍素来少附索引，为了帮助说明，笔者不殚烦为《掌上雨》编个小型索引。它只有一条，就是艾略特。下面的数字是页码，有兴趣的读者，不妨按图索骥，对证一番：16、17、30、38、54、55、82、130、131、148、149、171、180、181、199、208、209。（附带声明：编此索引时并无电脑之助，说不定会遗漏了不少。此外，第1和96页力反浪漫主义，是非常艾略特的，因为没有直接引用名字，所以没有编入。）姚一苇先生那本疏解现代文艺理论的力作《艺术的奥秘》，是少数附有索引的中文书之一；据索引所示，艾略特一共出现了十三次。

## 五、颜元叔

颜元叔先生留美后回到台湾，从1967年开始，发表一系列文章，申述他对文学的见解，就是后来收集在《文学的玄思》（台北，1970）中的那些。书中最重要的，可算是那篇评介性的《新批评学派的文学理论与手法》和压卷那篇宣言性的《朝向一个文学理论的建立》。新批评学派为文学批评开拓了新境界，为美学定下了新标准；在现代批评史上的地位，稳如泰山。居美的文学教授如夏志清、刘若愚、陈颖、梅祖麟、高友工和已故的陈世骧诸先生，得近水楼台之便，无不或多或少受其影响。当时在台湾的夏济安先生，创办《文学杂志》，似亦有倡导新批评之意。不过，举起鲜明旗帜，以传道者的热忱宣扬新批评理论的，则是颜元叔。1969年初在《幼狮文艺》连载的《新批评学派的文学理论与手法》，初次把这门批评上的显学系统地介绍到中国来。

艾略特强调过诗的戏剧性和复杂性，又谓诗有独立的生命（这些见解，上面介绍过一部分），这种种观点日后就变成新批评的理论基础。他早期酷爱玄学派诗人邓恩（John Donne）等富有机智（wit）的诗风，邓恩的诗篇更成为日后新批评学派诸子——特别是布鲁克斯——寻析“反讽”（irony）和“矛盾语”（language of paradox）的样品。论者因此尊艾略特为新批评学派之祖，他是当之无愧的。如今颜元叔怀着倾慕的心情，介绍了这门显学，并以身作则，以新批评方法“细读”了若干中国古典诗，发掘了很多“微言大义”——析王融的《自君之出矣》即为最好的例子。凭着颜氏的魄力、努力和影响力，新批评学派必会在台湾的批评界开花结实无疑。颜元叔对艾略特推崇备至，在理论文章和实际批评文章中援引之频繁，比余光中有过之而无不及。事实上，“Eliot”一向多被译作艾略特，颜元叔抱旋乾扭坤之志，正名为“欧立德”（欧美的立德之士，或在欧美立下了功德），那种焚香顶礼之意，自然不言而喻。如此一来，作为新批评学派之祖，这一代宗师艾略特在台湾业已德高望重的地位，似乎更为显赫了。说艾略特在台湾现代诗学的地位如日中天，并不为过。

《朝向一个文学理论的建立》无疑是颜元叔的诗学宣言。这篇论文后来又收入《谈民族文学》一书中，好像《传统与个人才具》既入《圣木》（*The Sacred Wood*），又入《论文选集》（*Selected Essays*）一样。颜氏对该文的重视可知。这篇宣言开宗明义说：

> 经过十余年的研究与思考，我获得两个关于文学的结论：一、文学是哲学的戏剧化；二、文学批评生命。第一条理论是我自己形成的，第二条理论则是借自阿诺德（Matthew Arnold）——虽然阿诺德是19世纪的文学理论家，他的“文学批评生命”的见解，对20世纪的文学局势具有特别的适应性。我企图以第一条理论，描绘文学的本质。以第二条理论，描绘文学与人生的关系，也就是说，文学对人生的功用。实际上，这两个命题乃是相辅相成的。

颜氏以为第一条理论是他自己形成的（二书原文皆作“是我们自己形成”，“们”字恐衍，也许是手民之误）。“形成”二字可圈可点：因为这条理论是他学和思的结晶，有他的卓见；另一方面，则隐约可见先贤的影子，而这实在是艾略特的投影。文学的戏剧性和哲学性，可远溯至亚里士多德，此处不欲劳师远征，追兵只到题旨所在的艾略特为止。

诗是戏剧和诗要以哲学为基础，二说都见诸艾略特的文章中。不过，他的评论颇有即兴色彩，缺乏秩序井然的系统。关于戏剧性，他在《诗的功能》（“The Use of Poetry”）中说：“诗最佳的媒介……和最直接的功能是戏剧。”艾略特屡次论及诗剧，自己还写了好几部，可算是理论的实践。颜氏研究过他的诗剧，又译过这段文字——“艾略特……一再强调，一切的诗，包括希腊文选中的一首小小抒情诗，都是戏剧性的。”① ——对艾略特的学说，自然了如指掌。所以他第一条理论中戏剧性的概念，有意无意间受到艾略特的影响，是绝不为奇的。这里我们不妨先补充一点；诗是戏剧的说法，与艾略特“意之象”的论旨是相辅相成的。戏剧诉诸客观的物象、情境、事件，因为只有通过这些，才能把剧作者的情意和思想表达出来。这其实是“表达情意的唯一艺术方式，便是找出‘意之象’，即一组物象、一个情境、一连串事件……”之说的引申义。实际上，颜氏在阐明这条理论时，便援引了“意之象”的道理。所以这条理论有艾略特的影子在，绝非穿凿附会之言。

至于哲学性一概念，艾略特在《一种诗剧的可能性》（“The Possibility of a Poetic Drama”）一文中写道：“每样想象性的作品须具一种哲学。”同样点到即

---

① ［美］卫姆塞特、布鲁克斯，《西洋文学批评史》，颜元叔译，北京：中国人民大学出版社，1987，第612页。

止。不过，那篇著名的《玄学诗人》（“The Metaphysical Poets”）对所谓哲学性有较详尽的解说。他认为“诗人愈机智愈佳”，有哲学思想更妙；跟着说道：

> 诗人应对哲学或其他东西感到兴趣之说，没有永恒的必然性。我们只能说今日文明中的诗人，似乎必须“艰深”。我们的文明至为繁富复杂，诗人精妙的敏感与之接触，必然产生繁富而复杂的后果。诗人必须变得愈来愈心罗万象，愈旁征博引，愈间接其法，以便把语言驱策入他的意义中，甚至必要时捣乱语言亦无妨。

艾略特在这段话中，更标示出复杂性和时代性等因素。颜元叔对此问题有十分透辟的发挥，他写道：

> 文学之必须具备哲学性特别有时代意义。……这是一个危机时代，而时代的危机迫使人们做哲学的沉思。……看起来，文学越是近代的便越富于哲学精神。……从现代文学的古典［经典］作家如叶慈、欧立德…… 到新进的作家如美国的玛拉玛德……没有不是透过文学对生命作严肃沉思的。……现代文学具备深厚的哲学性，也许还有一个特殊而具体的原因，即是现代人与日俱增的复杂，增加了作家了解所处时代的困难。人类由于他自己的作为，制造了一个愈来愈复杂的社会，把自己笼罩住。这个复杂世界已不再是一个抒情诗人如罗伯·邦斯（Robert Burns）所能表达或了解的了。……一个作家不必是一位历史家，但是他若缺乏必要的历史知识，他便无法了解历史精神，不了解历史精神，便也不会深切了解他自己的时代的精神①。

读起来，颜文响起了艾略特的回声。引文最末所说的历史知识和历史精神，更令人忆起《传统与个人才具》里所谓的历史感（historical sense）。不过，颜文雄辩滔滔，更有一股痛快淋漓的气势，这是艾略特的短论所不及的。此外，颜文还多了一种亚里士多德式的观察归纳的精神：文学之须具哲学性，不但时代要求如此，更是综览了当代文学经典作品之后所归纳的结论。颜元叔再三申述这哲学性和时代性的论调，如在《认知与诗创作》一文中，便说：

---

① 颜元叔，《文学的玄思》，台北：惊声文物供应公司，1972，第169—171页。

所谓“认知”，便是对于当前的时空、当前的人生，有深广的认识。……诗应为智慧语……欧立德有一个统一的主题，便是西洋现代人的精神文明的崩溃；叶慈亦有主题……认知导向智慧，智慧使诗永恒①。

文学与哲学和智慧的关系，许多现代中国批评家都有讨论。夏济安先生论中国的新小说，念念不忘旧文化，亦即表示对作品中哲学思想的关心②。夏志清先生把“文学·思想·智慧”连在一起，说：“决定一部作品、一个作家的优劣，纯理智的思想仍是一个基本考虑。”他最近论《镜花缘》，对这部小说所不满意的，无过于其思想、智慧的不够发人深省了③。无论如何，颜氏把哲学性和戏剧性结合起来，一则界定文学的形式技巧，一则说明文学的思想内容，所形成的理论，甚有江西诗派那种脱胎换骨之妙。

第二信条“文学批评生命”，颜氏承认是借自阿诺德的。颜元叔不服柏拉图和亚里士多德的模仿论，又感到“这个黑暗的世界既然无以承受赞美，我们只有批评它了”。艾略特曾在《现代心灵》（“The Modern Mind”）一文中责备阿诺德，说他“没有哲学家的本色：思想缺乏约制，用字不够精确，运思有欠连贯”；并斥他那句“说到最后，诗是生命的批评”是狂妄之论。其实，艾略特主要乃不满于阿诺德的批评方法，至于大动肝火，破口大骂阿诺德，未免太过意气用事了。颜元叔一面采纳艾略特的理论，一面接受阿诺德的说法，看来似乎进退失据，其实不然。因为正如他所说的：“欧立德的诗篇，试问哪一篇不是现代生命的批评呢？”这里，颜氏像布鲁克斯一样，在艾略特灰色的表象里，读出了积极的意义来。他进一步指出艾略特的时代精神：“欧立德所倡导的无我文学，据我的看法，即是以时代的人格为作家的人格——文学不是用来发泄一己的情绪，而应为时代的精神的表达。”

台湾20世纪60年代的诗，追求“主知”的目标，事实上亦表现出这种作风。但与主知而俱来的，则是晦涩与虚无。《石室的死亡》一类的诗，可为这种诗风的代表④。颜元叔哲学性和智慧语的说法，属于主知的范畴，但他提出“文学批评生命”的口号，显然是耻于与虚无为伍的。《朝向》一文中，他承认他的

① 参见《中外文学》1974年6月号。

② 参见《夏济安选集》中《旧文化与新小说》一文。

③ 夏志清，《文人小说和中国文化——〈镜花缘〉研究》，《幼狮月刊》1974年9月刊。

④ 余光中在《再见，虚无》（收入《掌上雨》内）文内即举此诗为例。

理论可归入中国传统的“文以载道”体系。一种教诲主义（didacticism）的错误印象可能由此而生。其实，他重视文学作品的哲学智慧，更不忽略其形式技巧。上面已指出了“文学是哲学的戏剧化”这信条的兼顾内容和形式（当然，二者是不能划然分开的，颜氏很服膺柯立基有机体的理论），在这第二信条中，他同样强调技巧的重要：

> “文学批评人生”，在文学技巧上这个理论也是健全的。因为，从素材变成文学作品的过程，便是一个批评的过程。即使一个有艺术修养的摄影师，也必须事先慎选对象、角度与光线。他的选择过程精细谨严，成果可能令人较为满意①。

颜元叔的实际批评，即贯彻了这种主张。在他那篇《余光中的现代中国意识》② 中，表示很赞赏余氏《我的固体化》一诗的国家民族感和玄学派味道，又指出余氏另一首诗《敲打乐》的爱国情操。跟着，批评者却说后者的结构不够紧凑，甚至有离题之处，因此主张把若干诗行删掉。对结构的强调是新亚里士多德学派，亦即芝加哥学派（The Chicago School）的批评基础。我们于此可看出颜元叔之能够广集诸说。不过，不管在他的批评理论抑或他的实际批评中，艾略特及以后的新批评学派，才是他最赏识的。在评论余光中的那文中，他还怪责余氏的若干诗篇，“主题肤浅，情操不深，技巧拙劣”，有些“个人化而且仅止于个人化的文字，出自一位熟悉欧立德之‘无我说’的诗人笔下，毋宁是糟蹋自己的创作青春，也可以说是知易行难的见证了”。颜元叔对艾略特的笃信和执着，至此更表露无遗。他的批评能够自圆其说，自有见地。不过，对待“艺术的多妻主义者”余光中，单恃一种标准是不够的。艾略特的诗，可谓无我；叶慈诗中，便有“个人化而且仅止于个人化的文字”（为什么是五十九只天鹅?）了。艾略特兢兢业业，真像杜甫那样“语不惊人死不休”；叶慈虽然亦刻意求工，在抒写性情方面，无疑是更近于李白的。对余光中，以至对任何有成就的诗人，亦应作如是观。

---

① 颜元叔，《文学的玄思》，台北：惊声文物供应公司，1972，第186页。

② 收入《谈民族文学》，台北，1973。

## 六、结语

《朝向》是中国现代文学批评史上罕见的精彩理论文章。它吸收了艾略特的很多说法，不过，这无碍于一个文学理论的完整性和独立性。一个文学理论，能够自圆其说，可以应用于实际批评而得心应手，便有价值。刘若愚先生深研中国诗学，结论出诗艺的高低，以其对语言文字（language）和人生境界（world）的探索和创见而定[①]。这也绝对不是什么石破天惊的大道理：文学是语言艺术，而艺术贵乎创新，这已是今日大家公认的见解；所谓人生境界，则所指自然是哲学、思想、智慧那方面的事了。刘若愚和颜元叔的基本见解，相当一致。事实上，评论文学作品的优劣，此外还有什么更佳的标准？除非故意标奇立异，全新的理论是不可能的。刘氏的所谓人生境界，则受过王国维境界说的启发。而王国维境界说是他的独创吗？绝对不是：境界一词在清末时已经非常流行了。再向上推，袁枚的性灵说，严羽的诗禅说，都非独创，都有渊源。说回艾略特的诗学：向西方传统，我们上面已说哲学性和戏剧性可追溯至古希腊的亚里士多德；而他那 objective correlative 一词，阿思顿（Washington Allston）在 1850 年已用过，桑泰耶那（George Santayana）在 1900 年则用过 correlative objects 一语[②]。向中国传统，则我们看到上述的"意象"外，还可把艾略特的观点与刘勰的比较：艾略特强调要用典，要有知性，要有历史感，他说莎士比亚与但丁平分世界，他最后回到基督教的传统中去；刘勰则主张"积学以储宝，酌理以富才"，且要回到儒家和道家的传统中去，因而有原道、征圣、宗经之说。即使讲"兴趣"主"妙悟"的严羽，也劝人熟读楚辞、古诗、乐府和李杜，换言之，即诗不要和传统脱节。到了最后，我们会发现跳出传统的五指山的，确实寥若晨星。

不过，中国传统的批评方法，与刘若愚和颜元叔等人受过新批评学派熏陶的批评方法，诚然大异其趣。尽管有不少人说王国维的境界说成一理论体系，它仍脱不了传统批评印象式的笼统和即兴色彩。要精密，非向新批评学派的微分细析看齐不可。通过颜元叔及其嫡系，新批评学派在中国形成了一股强大的新兴

① James Liu, *The Art of Chinese Poetry*, Chicago, 1962. 刘氏在后来出版的论李商隐诗和北宋词人专著中，亦持此看法。

② 参见 *Princeton Encyclopedia of Poetry and Poetics* 中 objective correlative 条。

力量。

现在台湾现代诗坛大呼要变。余光中已表示厌倦了艾略特那类“嗫嚅其词、未老先衰”的诗风，并早就有回到中国传统的呼吁。把艾略特从台湾现代诗坛驱赶走——假定他可以呼之则来挥之则去——此后的局面会如何呢？艾略特以后的英美重要诗人，论者都推举史蒂汶斯。罗青的诗集《吃西瓜的方法》被誉为新现代诗的起点，其中有诗谓吃西瓜有六种方法。笔者尚未读过该书，却已不禁想起史蒂汶斯的名诗《看黑鸟的十三种方法》（“Thirteen Ways of Looking at a Blackbird”）来了。六朝的骈俪文风，韩愈起而摧之，但晚唐的诗又浓艳起来。袁枚反沈德潜的格调而倡解放性灵，但翁方纲站起来讲究肌理。究竟诗风每二十年就要变一次，如艾略特之所说；抑或江山才人如李杜可“各领风骚数百年”，如赵翼之所言？刘勰一千多年前就思量过“变”的问题，而至今无人能归纳出公式。

无论如何，艾略特已在台湾现代诗坛留下了巨硕的身影，辅助中国现代批评家写成了一页重要的诗学史①。从鱼肚吐白，到晨光熹微，到旭日绚烂，到如日中天，这西方的太阳在东方的宝岛已缔造了一个重要的时代。这大宗师出入神话，融汇了意识流和存在主义式那种对生命的沉思，可谓集西方古典和现代的大成。他的诗有惊人的原创性，却还不致流于极端的险怪和超现实，可说狂而不妄，离经叛道中仍能原道而宗经。他的诗和诗学，令人猛然忆起中国传统中杜甫的《秋兴》和李贺、李商隐、吴文英的诗词，以及文评中意象的说法②。他的“传统”一词，更引起中国现代诗人的惊愕和反省，而变成一个耐人寻味的概念。他对中国现代诗和诗学的魅力，正在这里。现代诗始于主张“横的移植”和反对“纵的继承”。结果，艾略特给“横的移植”过来了，却也惹起了现代诗人对“纵的继承”的醒悟。不管台湾现代诗和诗学的艾略特时代什么时候会过去，他

---

① 关于艾略特的影响，至少还有两点可以记录下来：王秋桂在1974年（?）由嘉新文化基金会出版的书，题为*Objective Correlative in the Poems of Li Shang-yin*，一望而知用的是艾略特“意之象”的理论。张淑香的《李义山诗析论》（台北艺文印书馆，1974），以现代西方最盛行的批评学说——如新批评、心理分析、基型论等——剖析李商隐的诗，而全书处处可见艾略特的名言隽语。

② 又本文讨论艾略特“意之象”的概念时，引了王弼、姜夔和何景明的理论，以作比较。其实与艾略特“意之象”说最近似的，应推陈廷焯《白雨斋词话》中的一段话。陈著卷一第九则曰：“所谓沉郁者，意在笔先，神余言外，写怨夫思妇之怀，寓孽子孤臣之感。凡交情之冷淡，身世之零落，皆可于一草一木发之。而发之又必若隐若见，欲露不露，反复缠绵，终不许一语道破。”笔者在拙著《中国诗学纵横论》（台北，1977）中《中国诗学史上的言外之意说》一文里面，对中外这两个说法，颇有阐释，此处不赘。

的诗和诗学中我们觉得有永恒价值的部分，以及未来世代觉得有永恒价值的部分，大概就会永恒吧！

——1974 年底初稿于美国；1987 年 9 月修订，2018 年 12 月再修订

【后记】本文写成后发表，距今有四十七年；其后两次修订，都极为轻微。20 世纪 80 年代初开始，西方现代文学艺术的各种品种及思潮大量传入中国，包括艾略特的诗和诗论。内地研究艾略特的学者颇多，成果颇丰；对艾略特在台湾的影响，却似乎没有什么内地学者注意过。这篇旧作重新发表，对内地学者而言，可视为“艾略特在中国的影响”研究文献的补充。艾略特的名诗，也是 20 世纪最著名的诗之一《荒原》，2022 年是其发表一百周年，相信这一年文学学术界对艾略特将有大谈的兴趣。拙作旧文或有谈资的作用。黄维樑，2021 年 9 月 13 日志。

【补记】把这篇" 少作" 又校对了一次，边读边想起半个世纪以前的旧事。20 世纪 70 年代，台北的痖弦（本名王庆麟）先生主编《幼狮文艺》和《幼狮月刊》，向远在欧美的学者征稿。1971 – 1976 年，我在俄亥俄州立大学读书，业师陈颖教授收到痖弦的邀稿函，鼓励我们几个博士生也投稿。我遵命。这篇《艾略特和中国现代诗学》就是投稿，痖弦先生收到后很快就刊登，分三期连载于《幼狮文艺》月刊。哥伦比亚大学的夏志清教授看到杂志里我的拙作，来信鼓励，还讲了一些艾略特的生平事迹。《艾略特和中国现代诗学》在 1975 年刊出，纳入了柯庆明主编的年度文学批评选。同年，痖弦在某期《幼狮文艺》推出《文学批评界的新锐》专辑，介绍八个新秀，我忝列其一。这一年，《幼狮月刊》还分三期连载我的六万字长文——《〈人间词话〉新论》。如用夏志清先生的语调来说，可以这样讲：“痖弦让黄维樑在台湾学术界大出风头！”真感谢痖弦先生。他后来继续主编报刊，总是对我爱护有加；一算，他今年九十高寿了。至于业师陈颖先生，我是于 1972 年开始上他的课的，一晃，至今刚好是五十年。颖士师中西诗学，修养精湛，予我良多启示，已仙逝十多年了。略为提及旧事后，略道新事，与本文有关的。近作《艾略特与余光中比较论》今年 4 月 21 日发表于《南方周末》C22 版，四川师范大学文学院比较文学与世界文学学位授权点“蜀山比较文学”网站 5 月 6 日转载。

2022 年 5 月 10 日，黄维樑志

# 20世纪中越文艺理论之现代转型研究*

吴越寰

越南社会科学院 文学研究所，越南河内 10071

**摘 要**：20世纪是中越两国文学、文论的重要发展阶段。从传统东方文论体系出发，中越两国文学通过接受西方文艺理论及不断本土化的创新，已成功实现现代转型性。其所获得的成就不管是在中国还是在越南都非常丰硕，为中越两国文学踏入现代化时代打好了基础。本文选择20世纪中越文论中最为核心的两大问题——现代转型及马克思主义文论在中越两国的接受与发展来探索问题，并通过比较研究指出中越文论在形态及历史演变上的相同与不同之处，从而也重新认识中越两国文论关系及各国文论的民族特色。

**关键词**：20世纪；中国文论；越南文论；现代转型；马克思主义文论

## 一、引言

研究中越文学、文论关系时，越南学者常强调在中国文学如此深刻影响的背景下，越南文学该如何超越现有体系以实现现代转型及建设具有民族特色的新文学体系。回顾越南文学的运动与发展历程可以看出，近千年的越南古典文学几乎都以汉字与喃字为主要创作文字，而在创作思路、审美观点、创作题材以及文学作品中所使用的典故典籍等方面，中国文化元素的体现均甚明显。甚至1945年

---

* 收稿日期：2018年12月22日

作者简介：吴越寰（Ngô Viết Hoàn，1987— ），男，越南兴安文江人，四川大学文学博士，南京大学历史学院博士后，越南社会科学院文学研究所研究员，主要从事比较文学学科理论、跨文化研究、中国现当代文论、中越文学、文论关系研究。

之后，当国语字成为越南全国范围的官方文字后，现代国语字中来源于汉语的词语比例仍非常高。不过，作为“儒家文化圈”的成员国之一，中越文化、文学具有紧密相连的关系是可以理解的。毕竟，在韩国、日本等其他“儒家文化圈”成员国的文学之中，儒家思想和中国古典文化的影响和越南一样都较为深刻。本文通过针对中越两国文学、文论在 20 世纪的文论体系现代转型及马克思主义文论作为中越两国文学发展的核心价值观的形成和发展等两大问题进行全面及深入的讨论，由此指出中越文论在综上问题的历史演变及主要发展特征，以及中越两国文论在不断更新与发展的过程中所存在的相同与差异之处，为研究东方文论史，特别是中越文学比较研究提供具有理论依据和实际考察的相关参考。

## 二、从传统东方文学体系迈向现代转型轨道

中国文化、文学对越南的影响最为全面也是最为深刻的时间段正是越南封建自主建国时期，其主要表现在于汉字、中国古典文学体裁及各类典故、典籍在越南文学之中存在的普遍性。首先要强调的是，汉字文学是越南文学史中非常重要的组成部分之一，它是越南历代贤哲和文豪用来表达自己的世界观、人生观或文学思想，彰显才华的重要方式。而喃字文学是越南古人在繁体字的基础上将其与越南人的发音特征相结合而成的，虽然在文字使用上其不是一种很理想的文字体系，但从民族意识上来讲其却反映了历代越南人对外来因素的改造及创新精神。从 15、16 世纪开始直到 19 世纪末，喃字文学日渐成为越南文学史中非常重要的组成部分。阮廌的《国音诗集》、阮攸的喃字诗歌、胡春香的诗歌等都属于喃字文学，同时也是越南文学的发展象征及民族精神的标杆。从某种意义上来讲，喃字文学就是越南文学对中国文学的接受、改变、本土化及不断创新的重要成就。

在创作领域，越南陈庭史教授致力于研究中国古典文学体裁对越南的接受及影响，他认为：“越南与中国，虽然在疆域、风俗习惯已有一些区别，但在文学领域，人们仍然感到有某种谈不清楚的继承。每当提到中国古典名作，大部分越南儒家知识分子都把其当作自己历代祖宗所创作的作品似的，并把自己称为继承者（黎贵惇、潘辉注等人的文学评论文章之中，这一点非常明显）。因此，越南古典作家使用来自中国文学的体裁、故事、典籍等元素都不以为是在借用外来的

元素。”①

众所周知，古典文学的创作规律，一方面是允许使用主题、手法、故事等原有因素，另一方面也允许作家在原有文学因素的基础上重新创作或变作以能够符合时代的转变及更好地表现出作者的情怀、思想和文采风格。因而，对于古典文学来讲，改变或重新创作是非常重要的特征。因此，越南著名文学家邓陈昆用汉文创作的《征妇吟曲》竟然有八个国语字的阐释版本；借用青心才人章回小说《金云翘传》的故事，阮攸创作出《断肠新声》六八诗律喃字叙事诗；后来阮攸的亲友范贵释又在《金云翘传》的基础上创作出汉文小说《金云翘新传》。

在任何时代，国家文学之间的影响都通过接受、选择和创作实现，而不是简单重复或抄写。越南文学作为一个独立和具有特色的民族文学，其对外来文学的影响持有什么样的态度是非常重要的。基本上可以划分为如下几点：一是，越南文学一般会选择国家情怀、民族情感等相关题材为主要创作内容。二是，虽然也受佛教、儒家、道教等东方古典哲学思想的影响，但越南作家和越南学者均对此有不同的认识和理解。因此，不难理解为何中国文学作品中的人道、故乡、家族情怀、朋友之间的信任和情义等内容能受到越南读者的欢迎和喜爱。

由于在前期越南知识分子可以直接阅读和欣赏汉字文学作品，因此中国文学、文论在越南从某种意义上来讲自20世纪初开始才存在翻译的问题。也就在20世纪初，随着与西方文化、文论的相遇，越南文学实现了第一次现代转型，而这一过程同时也发生在中国。从某种程度上来讲，中国文论作为一种外来文论，它的现代化进程对于越南文论的现代转型或多或少都产生了一定的影响。只不过，中国文学、文论对于越南文学、文论的影响是双重的：作为外国文学，中国现代文学及文论对于现代越南文论来讲，其影响力与其他国家文学是相同的；但中国同越南具有“儒家文学圈”中心和边缘的关系，中国文化对越南文化来讲具有长久而深刻的影响，因此中国文学、文论对于越南文学、文论的影响还具有内在性和潜在性。虽然自从20世纪起，汉字、儒学科举等汉文化元素在越南的接受与传播已大不如前，但作为越南文化本身的重要构成因素，其影响是无法消灭的，只不过影响的范围、程度和表现有所不同而已。那么在20世纪的新背景之中，越南文论和中国文论的发展特征有何不同，两国文论的现代转型是否

---

① Trần Đình Sử, *Lý luận và phê bình văn học*, Nxb Giáo dục, 2012, tr. 230.（陈庭史，《文学理论与批评》，河内：越南教育出版社，2013，第230页。）

相似？

20 世纪之前，中国和越南都是典型的东方文化国家。作为“儒家文化圈”的中心，中国早已建设出属于自己的文论体系，而这一体系对于日本、韩国、越南等“儒家文化圈”非中心国家都有着非常深刻的影响。具有几千年的儒学科举制度和知识体系的中国和越南让世人误认为这两个国家会执着地守护包括文学、文论体系在内的传统文化。但 20 世纪的历史巨变不仅改变了这两个国家的政治和社会面貌，在文艺领域，各种革新和新颖的观念也陆续萌生，经过激烈的斗争最后成为主流思想。在中国，鲁迅提倡：“世界的时代思潮已六面袭来，而自己还拘禁在三千年陈旧的桎梏里。于是觉醒、挣扎、反叛、要出而参与世界的事业……”① 在越南，潘佩珠、潘周征、黄促抗等爱国知识分子也发起了“西学东渐”文化运动。只不过，中国学者想通过这一次现代转型来实现摆脱几千年的桎梏，吸收现代西方知识体系精髓并参与世界文艺事业，而越南学者的文艺现代化运动目的则在于摆脱几千年封建制度的统治并通过文艺运动寻找救国之路。侵略者的入侵无意中打破了中国几千年和越南近千年的东方传统社会制度的格局，给两国人民带来了翻身和革新运动的机会。从 1840 年开始的西方列强侵略，到 1931—1945 年的抗日战争，再到 1927—1949 年的国共内战，中国人民一直挣扎在解放民族、统一国家的艰苦长征之中。而从 1858 年开始，越南人民开始了近百年的抗法战争、二十余年的抗美战争，其中 20 世纪 60 年代末至 1975 年的抗美战争从某种程度上来讲就是南越和北越两派的内战。越南文论与中国文论就在这样的历史环境下进行了其发展过程中的第一次现代转型。

20 世纪初的越南，在潘佩珠、潘周征所提倡的“东游”运动，梁文玕、陶元普、潘俊丰等人所倡导的“东京义塾”运动，以阮太学为领袖的越南国民党、以胡志明为领袖的越南共产党的救国革命倡导之下，越南文论正式踏入现代化进程。而在中国，从 1840 年鸦片战争起，经过八国联军侵华战争到 1919 年的五四运动，随着维护国家和解放民族的伟大事业的发展，中国人民的文化革新进程也从此拉开了帷幕。就在 20 世纪初至 20 年代，中国文学观念已从“诗言志”的传统观念转换为以梁启超为代表的“重政治实用”、以鲁迅为代表的“重主观表现”和以王国维为代表的“重文学本体”三种不同的文论观点。五四运动后，

① 鲁迅，《而已集 · 当陶元庆君的绘画展览时》，《鲁迅全集》第三卷，北京：人民文学出版社，1956，第 549 页。

从发展流程和文论知识体系的主要特征等方面来讲，越南文论初次现代转型在表面上似乎与中国十分相似，但从具体问题来讲，中越文论的现代转型则存在很大的区别。

同中国一样，现代转型也是越南文学超越和摆脱数千年传统文论体系格局并建立起新文艺体系模式的过程。中国是东方文化的中心之一，对日本、韩国、越南等周边国家都有着较为深刻的影响。随着“儒家文化圈”的不断扩大，中国古典文艺观念和审美价值也慢慢成为这些国家传统文化的重要组成元素。这也是人类发展史中的自然发展规律。日本、韩国、越南等受中国文化影响的国家在发展的过程中，一方面学习和吸收了中国哲学、美学等古典知识体系的精髓，另一方面，在本土文化的基础上也不断努力创新和建设具有本国特色的知识体系。越南喃字及喃字文学正是越南民族在这一方面的努力。因此，对于越南文化来讲，儒学文化、东方传统文论既是其内在价值，需要维护、继承和发扬，又是需要脱离的外来文化与文论。鲁迅之所以提倡“要出而参与世界的事业”，是因为中国知识分子两千年来所继承的中国古典文论是该国的魂魄和精髓，且其有资格与西方文化与文论知识体系并立。但越南文论却没有那个姿态和动力，也无法凭借属于别人的东西去参与世界的事业。因此，接受西方现代文论既是越南文论自我革新和现代化进程必走之路，同时也是其超越传统、创建具有民族特色的文论体系的良好机遇。20世纪初，越南文论生活中所发生的国学文艺争论、传统诗歌与新诗文艺争议等均是文化、文艺话语体系不断变换与更新的重要表现。几乎仅需要三十余年时间，越南文论已从东方文论的典型模式成功转换为现代、多元化的文论模式。当然在这整个过程中，法国殖民者以及其对越南的侵略政策无意中也发挥了很大的作用。

中国文论的初次现代化转型大部分都通过日本来学习西方，因此日本维新革命对当时中国知识分子均产生了较为深刻的影响。越南从19世纪中下叶开始就成了法国的殖民地，因而越南学者对于西方现代文论的接受主要是通过法文和法国文论这一重要渠道来实现的。从这一点来讲，越南对西方文化、文论的接受更为直接，也较为全面。受中国“新书”和资产革命运动影响，越南多名学者如潘佩珠、潘周征等人也倡导了“东游”运动，但最后都以失败而告终，因此，日本的维新革命精神对于当时的越南政治、社会几乎没有较为直接的影响。而在法国全面着力建设现代型教育系统和现代文明的背景下，越南文论却有着较为自由和健康的发展空间。新诗、浪漫主义小说、现实主义小说、现代戏剧等现代文学体裁以及新文艺理论批评的萌生与其在 1932—1945 年的快速发展和所取得的丰硕成果正是越南文论的现代化转型所取得的成就。

而对同一个发展阶段的中国文论来讲，“从文学观念和文学理论批评的发展上看，虽然还在很大程度上具有过渡性特征，但它本身仍然是一个取得重大成就的历史阶段。在中外文化、文学思潮的冲撞、交汇中，文学理论批评的现代品格正在形成，现代化过程亦已展开，许多重大问题都预示着今后发展的方向”①。但同时，宋剑华也指出：“20 世纪中国文学对现代主义文学具有强烈的排斥性，五四时代，是以传统文化心理抗拒现代主义，30 年代以后，则使用政治意识形态观念批判和否定现代主义……”② 这种情况与越南有所区别，19 世纪末至 1945 年的五十余年时间，越南文学、文论对西方文学、文论的接受是较为主动的。而且也不仅限于西学知识分子，成名于儒家科举的老一代知识分子如散陀、梁维次等人也开始通过不同的渠道学习法文并将其作为学习西方知识的重要工具。1945 年，越南民主共和国正式成立，也就是从那时候开始，越南将马克思主义文艺理论当作唯一的文艺理论体系并几乎拒绝和批判所有非马克思主义文论。这种情况同样也发生在中国，当然其历史形态和发展特征因两国社会、文化、历史背景的不同而产生差异，这一点是可以理解的。

## 三、进口马克思主义文论并将其当作文艺理论发展的核心价值观

马克思主义文艺理论在中国乃至越南都具有非常重要的历史地位。作为中越两国社会主义发展倾向的核心价值观，马克思主义理论体系不仅成为中越两国的建国指导思想，在文艺领域上也发挥了很大的作用，甚至完全改变了中越两国在前期所建造的文论体系。从 20 世纪初多元化的文论体系中脱离，中越文论开始走进单一化文论体系。马克思主义文艺理论几乎全面、彻底地影响了两国的文艺生活及文论体系建设。

在中国，19 世纪末梁启超所著的《自由书》之中的《中国之社会主义》可以看作社会主义思想正式传入中国的标杆。1903 年，由日本社会主义先驱者幸德秋水所编撰的《社会主义神髓》以及大杉荣的《劳动运动的精神》《社会的理想

① 黄曼君，《中国 20 世纪文学理论批评教程》，武汉：华中师范大学出版社，2010，第 19 页。

② 宋剑华，《现代性与中国文学》，济南：山东教育出版社，1999，第 101 页。

轮》、河上肇的《马克思之经济论》、山川均的《从科学的社会主义到行动的社会主义》、平林处之辅的《民众艺术底理论与实践》等日本社会主义先驱者的作品都被翻译成中文，并"成为许多中国留日学生和早期革命民主主义者受社会主义思想启蒙教育的重要著作"①。而在这一探索时期，翻译无产阶级有关文艺理论（其实是日本学者对于俄国文学的研究）最为积极的是冯雪峰，他在北新书局上连续发表的《新俄文艺的曙光》《新俄的演剧运动与跳舞》《新俄的无产阶级文学》等文章引起了当时中国文坛的关注。在《日本马克思主义文艺理论在中国的译介》一文中，王志松认为："中国无产阶级文学运动在1928年杂志《文化批判》和《太阳月刊》同时创刊拉开帷幕，之后历经1930年'左翼联盟'成立，至1936年'左翼联盟'解散落下帷幕。"② 1926年，郭沫若在《创造月刊》发表了《革命与文学》一文，文章就革命和文学的关系进行了系统化论述。这篇文章后来被李初梨看作中国第一篇倡导革命文学的文章。其外，在1926—1930年，中国学者也集中将无产阶级文学运动的基本特征与创作的文章翻译成中文，如藏原惟人的《到新现实主义》、青野季吉的《日本无产阶级文学理论的开展》、田口宪一的《日本艺术运动底指导理论的发展》、片上伸的《现代新兴文学的诸问题》等文章在中国文坛上都具有广泛的影响。

除了来源于日本文坛的"第三种人""超越阶级文学"等范畴，据胡永钦、耿睿勤、袁延恒等人在《马克思、恩格斯在中国的传播》中的统计，仅从1920年至1927年，在鲁迅、冯雪峰、周扬、瞿秋白等人的努力下，就有二十余种马克思、恩格斯的经典作品被翻译成中文并在全国范围推广和传播。从这一点可以说明，马克思主义文艺理论在中国的译介与传播首先是受日本革命文学的影响，后来是在中国社会政治的实际要求的环境下才得以系统化地翻译和推广。至于马克思主义文艺理论如何在中国得以萌生，黄曼君也做出了总结："一则译介活动中与马克思主义文艺思想掺杂在一起的也有苏联的'无产阶级文化派''拉普派'，乃至日本福本和夫'左'倾路线影响下的庸俗社会学和机械论的文艺观点；二则马克思主义文艺思想从其诞生的文化场横向移到我国文化场，是一个跨越不同文化时空的接受和重构过程，外来的马克思主义文艺思想既可能因此而在

① 王志松，《日本马克思主义文艺理论在中国的译介》，《东北亚外语研究》2015年第2期，第10—16页。

② 王志松，《日本马克思主义文艺理论在中国的译介》，《东北亚外语研究》2015年第2期，第10—16页。

中国得到新的丰富和发展，又可能因误导或曲解而导致不同程度的‘变形’和‘失真’。”① 本文认为黄曼君的这一总结已概括出中国马克思主义文艺理论思想初期发展的主要特征。但不管马克思主义在中国是怎么“变形”和“失真”，其首先是中国文艺理论本身发展的需求，而不是因为某些社会政治原因。这种情况与马克思主义文论在越南的初期发展有所不同。

中国马克思主义文艺理论主要通过译介日本学者发表的关于“革命文学”“无产阶级”、苏联文学等有关问题的文章以及马克思、恩格斯的原著翻译等渠道而得以传播并很快取得统治地位。而越南马克思主义文艺理论却是在1935—1939年“为艺术而艺术还是为人生而艺术”的文艺争论之中萌生的。在这场文学争论中，海潮在多家报刊上发表了多篇介绍马克思主义文艺理论的文章。不过“为艺术而艺术还是为人生而艺术”的文学争论并未直接提出和谈论马克思主义文艺理论的有关范畴，而是主要围绕及开展文学与社会的关系、文学艺术的职能、自由创作等相关问题的讨论。但在这场争论中，海潮以及裴功惩、山茶、石洞、胡青等人已为越南马克思主义文艺理论和批判现实主义打好了基础。在《文学之两种观念》一文中，少山把文学划分为两种，包括以伦理道德和以创作美为主要创作目的的文学。1935年，海潮在《新生活》上发表了《为艺术而艺术还是为人生而艺术》一文，文章中，其反对少山的文学观念，认为任何艺术创作的目的都在于反映和描画生活，反映劳动人民的思想、情感和抱负，同时其还发挥着改造社会的重要作用，也就是说任何艺术都是“为人生而艺术”；而少山提倡所谓“文艺奉献美”的观念仅代表社会中的衰朽力量的艺术而已。1937年，海潮在《香江》杂志上发表了《文学与唯物主义》一文，提出并深入论述了文学与社会生活的关系，文学与阶级斗争，革命文学，反革命文学等马克思主义文艺理论有关问题。其外，海潮、怀清、裴功惩、仲明、文明、如风、蓝开等人也在《星期六小说》和《骚坛》上发表了多篇论述马克思主义文艺理论问题的文章，如海潮的《迈向文学中之写实主义：小说体裁之几个发展倾向》、怀清的《文学中之诚实与自由》《文学之意义与作用》、裴功惩的《赞成创建越南新文化》等等。

在中国，日本“革命文学”以及俄国十月革命的成功带来了非常深刻的影响，但在越南，俄国十月革命几乎没有引起任何影响。随着中国“新书”运动的

① 黄曼君，《中国20世纪文学理论批评教程》，武汉：华中师范大学出版社，2010，第28页。

兴起，20世纪初的越南知识分子也开始向往、学习日本，因此，潘佩珠、潘周征提倡“东游”运动，这场社会革命运动虽然引起了爱国青年分子的关注，但最终没能发挥太大作用。因此马克思主义文艺理论在越南的译介与传播不像中国从文艺理论自身的需要出发，而是越南共产党人对马列主义的强烈推崇和当时越南文艺理论家对文学的理解相结合而产生的结果。1925—1927年，随着由阮爱国①所创办的共产思想立场培训班的出现以及越南国内的越南国民党、越南青年革命同志会、新越革命党、越南工会、越南农会等革命组织的成立，马克思主义在越南才正式被引进和传播。1938年，陈庭龙在《信息》上发表了《在苏俄的这三年时间》一文，文章系统化地介绍了苏联文学以及马克思主义文艺理论，并提出越南文学马克思主义发展倾向的规划。因此，马克思主义文艺理论在越南的译介与传播和中国相比而言稍微晚了一些，且也没有系统化地将马克思主义的经典原著翻译成越南语广泛传播。马克思主义文艺理论在中国的译介、传播与快速发展主要通过鲁迅、瞿秋白、周扬、梁启超等进步文学家、思想家的努力，而在越南最早接受马克思主义的却不是文学家或思想家，而是越南第一位共产党人胡志明，之后通过他以及陈富、李洪峰等越南共产党先锋队人员的努力，马克思主义才开始全面和快速地传播。这一点就是中国和越南马克思主义文艺理论早期发展最大的差异。

不过在这一阶段，中越文艺理论生活从文学观念、研究类型和方法等方面都具有多样化的发展姿态。“巴金、老舍、曹禺等人的创作经验谈，林语堂、戴望舒等人的文论，朱光潜、刘西渭（李健吾）、梁宗岱、钱谷融、巴人等人的理论译著和文艺论评，‘九叶’诗人的诗论等等。”② 这些成果丰富和多样化了中国文艺理论生活的发展局面。而在越南，怀清、世旅、少山等人倡导的浪漫主义文学的文学观念革新，海潮、裴功惩、范琼等人推崇的现实主义文学观念革新，以及六场文艺争论的连续出现，使越南文论生活的现代化转型进程取得了快速发展和丰硕成就。换句话说，不管是在越南还是在中国，马克思主义文论在其初期发展之中，相对而言与其他文艺思想流派都具有较为平等的关系。

至于马克思主义文艺理论作为一个完全陌生的思想流派，为何能够在如此短暂的时间内被译介与传播并成为中国和越南文坛上独尊的指导思想，本文认为，

---

① 阮爱国：胡志明的别称。

② 黄曼君，《中国20世纪文学理论批评教程》，武汉：华中师范大学出版社，2010，第28页。

张宝贵的以下总结是非常正确的："译文的数量、经典程度及翻译、传入时间的先后意味着逻辑上的主从关系，这说明如果不是呼应马克思主义所针对的社会实际问题，这种主义的文艺理论就失去了传入的理由。"① 换句话说，马克思主义文艺理论之所以能够在中国和越南生根发芽，不仅是因为当时中越两国文艺理论本身的需求，还在于马克思主义本身的社会针对性以及中共、越共对解放民族、统一国家的革命路线的选择。

1899 年，列宁在谈论俄国社会主义建设有关问题时曾指出："对于俄国社会主义者来说，尤其需要独立地探讨马克思的理论，因为他所提供的只是一般的指导原理，而这些原理的应用，具体地说，在英国不同于法国，在法国不同于德国，在德国不同于俄国。"② 列宁的这一观点概括了马克思主义的实践性本质，也让苏联之后的社会主义国家能够更灵活地运用马克思主义来实现无产阶级革命、解放民族和建立新国家的伟大事业。

对于中国的实际情况，李春华在《中国特色社会主义：马克思主义民族化的成功典范》一文中做出如下总结："20 世纪 40 年代至 70 年代末，马克思主义民族化的理论标志是以毛泽东思想为代表性的一系列马克思主义民族化理论形成……以毛泽东为代表的中国共产党人，堪称是马克思主义民族化的杰出代表。毛泽东以超凡的勇气冲破教条主义的束缚，以马克思主义立场、观点和方法为指导，将马克思主义普遍真理和中国具体实际相结合，找到了具有中国特色的新民主主义革命道路……"③ 在这篇文章中，李春华也提到了朝鲜、古巴等社会主义国家的马克思主义本土化建设。对于越南的发展情况，他肯定："越南共产党坚持马列主义和胡志明思想，领导人民克服困难，在社会主义建设中取得了许多重大成就。"④ 李春华所提到的"胡志明思想"正是马克思主义越南化最典范的例子。越共全国人大第九次大会对"胡志明思想"做出了如下定义："胡志明思想是胡志明关于越南革命基础问题的全面和深入的观点系统，是胡志明主席在我国的实践情况的基础上对马列主义运用和发展的结果，同时也是继承和发挥民族传

---

① 张宝贵，《马克思主义文艺理论中国化的早期历程》，《中国社会科学》2008 年第 2 期，第 140—151 页。

② 《列宁选集》第一卷，北京：人民出版社，1995，第 274 页。

③ 李春华，《中国特色社会主义：马克思主义民族化的成功典范》，《马克思主义研究》2011 年第 6 期，第 45 页。

④ 李春华，《中国特色社会主义：马克思主义民族化的成功典范》，《马克思主义研究》，2011 年第 6 期，第 48 页。

统美德和解放阶层、解放民族的观点系统。”① 胡志明也曾经肯定：“开始的时候，就是爱国主义而不是共产主义让我信从列宁、信从第三国际。”② 可见，马克思主义不管是在中国还是越南，都通过不同方式在不同的时期有了新发展，而那种发展就是以马克思主义为思想指导的原理与各国实际情况相结合并通过各国杰出共产党人的阐释、运用和发展所获得的成就。所以马克思主义“中国化”“越南化”既属于马克思主义在中国和越南的具体发展历史所取得的成就，又具有马克思主义本身的国际性发展特征。

总的来讲，马克思主义文艺理论在中国和越南经过接受和传播的初期发展之后，根据两国不同的实际情况以及两国领导的文艺思想转变而得以改造并取得了不同程度的发展。

## 四、结语

中越两国山水相连，文化相通，在文学交流上因此也有着密切和悠久的关系。处于东方文明之中心地位，中国文化特别是其儒家思想对周围国家有着非常深刻的影响。中国古典文学的题材、体裁、表达方式等曾被越南先贤积极接受、学习并在其基础上创新属于自我的文学体系。因此在20世纪之前，中越文学、文论关系均属于越南文学主动接受中国文学的精髓并在本国文化和人文情怀的基础上进行创新和创作的基本状态。而从20世纪初开始，随着两国社会政治开始巨变，中越两国文论从纯粹的传统东方文论体系日渐转换为现代文论体系。如果单纯从发展阶段及形态来看，两国文论的现代转型进程，特别是马克思主义在中越两国的译介与传播的历史演变都较为相同，但把两者放在一起并就具体问题进行客观、合理的比较研究，就能看出其确实存在非常大的差异。而这些差异正反映了中国以及越南文论体系的民族意识和独特之处。

---

① Trung tâm Lý luận chính trị, Đại học Quốc gia Thành phố Hồ Chí Minh, *Sức sống của Chủ nghĩa Mác - Lênin trong thời đại ngày nay*, Nxb Chính trị Quốc gia, 2014, tr. 352.（胡志明市国家大学政治理论中心，《现代时期中之马列主义的活力》，河内：国家政治出版社，2014，第352页。）

② Hellmut Kapfenberger, *Hồ Chí Minh: Một biên niên sử*, Đinh Hương, Thiên Hà (dịch), Nxb Thế kỷ mới, 2010, tr.155.（Hellmut Kapfenberger，《胡志明：一本编年记》，丁香、天河译，胡志明：新世界出版社，2010，第155页。）

# 意象图式下施蛰存和爱伦·坡心理悬疑小说比较*

刘玉红

广西师范大学　外国语学院，广西桂林　541004

**摘　要：**中国新感觉派代表作家施蛰存深受美国19世纪作家爱伦·坡的影响，创作了独具特色的心理悬疑小说。从意象图式的基本类型容器图式及其与路径图式的叠加，可以描述两位作家构建故事框架和深化主题方面的似与异。由此管中窥豹，认识中国作家在对外国文学的借鉴中追求本土性的努力和成就。

**关键词：**施蛰存；爱伦·坡；心理悬疑小说；容器图式；路径图式

## 一、引言

中国新感觉派代表作家施蛰存（1905—2003）与美国作家爱伦·坡（Edgar Allan Poe，1809—1849）的创作相隔百年，将两人进行比较，虽有时空之差，但理由充分，一是在接受方面，坡对中国现代短篇小说的创作产生过影响，如陈翔鹤、李健吾、鲁迅等人的短篇小说明显有其影子①。施蛰存是后继者之一，他明确提到自己受到坡的影响。他在《我的创作生活之历程》一文中提到，他早期的

---

* 收稿日期：2018年6月19日

基金项目：2019年国家社科基金一般项目“认知女性主义视域下美国南方女作家的社会焦虑研究”（项目编号：19BWW074）阶段性成果。

作者简介：刘玉红（1969—　），女，广西柳州人，英语语言文学博士，广西师范大学外国语学院教授、博士研究生导师，全国认知诗学学会常务理事，中国翻译协会专家会员，主要从事英美文学及文化研究。

① 盛宁，《爱伦·坡与“五四”运动以后的中国现代文学》，《国外文学》1981年第4期，第6页。

小说《妮依》是“一篇完全模仿爱仑（伦）坡之作”[①]。有评论家明确指出，“坡是施蛰存深爱的一个作家”，施的《夜叉》《魔道》中诡异的女人是“直接从坡的小说里下来的”[②]。二是两人在诸多方面有可比性。在题材上，两人都擅写短篇小说。坡是西方文坛公认的短篇小说大师，施蛰存“在中国现代短篇作家中似乎还无人可企及”[③]。在主题上，两人都擅写“非正常”心理，坡的心理悬疑小说以黑色浪漫主义笔法勾勒出潜藏在人性黑暗角落里那不可言说的欲望，施蛰存的心理悬疑小说多采用客观视角，不乏对江南市镇风物和田园山野的写实，同时涌动着浪漫抒情的潜流，与人物纠缠不清的性心理旋涡时时呼应。在技法上，两人都重氛围、轻故事，善用短篇小说之短来强化悬疑和恐怖的效果[④]。更值得注意的是，施蛰存在模仿中打造出引人注目的中国本土特色，成为一代名家。鉴于国内相关研究严重不足，本文拟运用当下处于前沿的认知诗学中的意象图式这一视角来考察施蛰存和爱伦·坡心理悬疑小说的异同，以求对现有成果形成互补和拓展。

## 二、文献综述

从数量上看，国内直接将施蛰存与爱伦·坡做比较的文章很少，主要围绕两人的心理小说，有许希阳的《施蛰存与爱伦·坡》，载《长沙铁道学院学报》2005年第1期；翁菊芳的《“恐惧”与“恐怖”——施蛰存与爱伦·坡荒诞小说比较分析》，载《郑州航空工业管理学院学报》（哲学社会科学版）2008年第5期；翁菊芳的《心仪的榜样，艺术追求的标尺——爱伦·坡与施蛰存》，载《湖北师范学院学报》（哲学社会科学版）2009年第3期。

从比较的内容看，这些研究从时空的设置、女性形象超自然之美、变态的爱

---

① 施蛰存，《我的创作生活之历程》，《施蛰存十年文选》，上海：上海文艺出版社，1996，第56页。

② 李欧梵，《上海摩登——一种新都市文化在中国（1930—1945）》，北京：北京大学出版社，2001，第78页。

③ 沈从文，《沈从文批评文集》，珠海：珠海出版社，1998，第168页。

④ 施蛰存受坡的影响还表现在短篇小说里重景物描写，同样起到烘托作用，如《夜叉》。施最为著名的《将军的头》也有景物描写，这个故事因为有浪漫情愫而失去了很多恐怖效力，只在最后，头换了位，也是恐怖中掺了几分失去爱情和遭到误解的凄婉，它不像坡代表性的恐怖小说那样贯彻“效果统一论”，而是走“渐进法”。

欲、死亡等方面比较施蛰存和坡的怪诞主题。研究者有上文提到的许希阳、翁菊芳，两人在上述三篇文章中讨论施蛰存的《夜叉》和坡的《厄舍府的倒塌》的不同阅读体验，但结论是印象式的。翁菊芳在《“恐惧”与“恐怖”——施蛰存与爱伦·坡荒诞小说比较分析》一文也讨论了与意象图式相关的空间意象，可惜只是一笔带过。目前的研究数量虽然不多，但取得了开拓性的成果，有启发意义。不足之处是这些讨论重面轻点，流于泛泛而谈，结论也多为印象式的。有些研究比较了两人的具体作品，但数量单薄。因此，增加比较的作品的数量，以点带面，方可做到全面考察，结论也更为稳妥。

## 三、心理悬疑小说与意象图式

坡对施蛰存在小说创作上的影响既表现在对人之黑色潜意识的探索上①，也体现在对短篇小说这一体裁的认识上。施蛰存的文章《从亚伦坡到海敏威》很短，只有九百多字，但观点密集。在此文里，他没有把华盛顿·欧文（Washington Irving，1783—1859）当作美国短篇小说的鼻祖，而把这一光荣名号放到亚（爱）伦·坡头上，可见他对坡的敬佩。他明确指出，除侦探小说外，坡的“幻想小说”缺少故事性，“完全没有什么故事或结构的”②，“他要写的是一种情绪，一种气氛（atmosphere），或是一个人格，而并不是一个事实”③。由此看出，施蛰存从坡那里挖出了短篇小说的精神和精髓，即短篇小说的魅力在于“情”而非“事”，“事”的铺陈敷衍为的是烘托渲染“情”，不在于讲故事，这样的观点就是心理小说创作的基石。

施蛰存这样点题自己的心理小说，“《鸠摩罗什》是写道和爱的冲突；《将军的头》却是写种族和爱的冲突了。至于《石秀》一篇，我是只用力在描写一种性欲心理”④。的确，这三篇作品都运用了弗洛伊德的精神分析法，进入小说人物的内心世界，挖掘出他们潜意识中的性心理，从而揭示了人物的二重乃至多重

① 在创作心理小说方面，施蛰存还受到奥地利心理分析小说家阿瑟·显尼志勒（Arthur Schnitzler，1862—1931）的影响，详见：王琳，《施蛰存与显尼志勒心理分析小说之关系》，《湖南科技学院学报》2012年第10期，第66—67页。

② 徐冰，《爱伦·坡在中国（1905—1949）》，《名作欣赏》2010年第33期，第129页。

③ 徐冰，《爱伦·坡在中国（1905—1949）》，《名作欣赏》2010年第33期，第129页。

④ 施蛰存，《将军的头·自序》，刘凌、刘效礼编，《十年创作集》，上海：华东师范大学出版社，1996，第793页。

人格。而《魔道》《旅舍》《夜叉》《宵行》《凶舍》[1] 这些精练的佳作更进一步，明暗交错、摇曳不定的江南自然景色对应的是同样摇曳不定的市井之景，耽于幻想而不自知的主人公便在这摇曳不定中逐渐迷失自我，从“正常”滑入了可怕的“非正常”。这些作品奠定了施蛰存中国现代心理悬疑小说大师的地位，自此之后，国内这方面的佳作似乎不多，写恐怖短篇的少而又少，20 世纪 90 年代异军突起的当代恐怖小说作家群多以长篇小说赢得名声，这可能有作者的喜好、出版利润的考虑、市场的需求等多种因素，但与短篇小说相比，长篇小说在一定程度上失去了“效果统一”的精悍和力量。

从意象图式这一视角来理解坡和施蛰存的心理悬疑短篇小说，关注的是他们作品中突出的情节特点，尝试将认知与审美相结合，从而有新的发现。意象图式源于人基本的认知心理。国内外对意象图式的理解不乏相通之处。乔治·莱考夫（George Lakoff）和马克·约翰逊（Mark Johnson）认为，意象图式指人类在与客观外界进行互动性体验过程中反复出现的常规性样式[2]。国内学者同样强调日常经验因重复性而形成认知模式，如蓝纯认为，意象图式是存在于我们的感知和身体运作程序中一种反复出现的动态模式，它使得我们的身体经验具有了结构和连贯性[3]。

基本意象图式并无中外之别，包括容器、路径、连接、力量、运动、平衡、对称、上下、前后、部分—整体、中央—边缘等，它们可相互结合，组合成更为复杂的意象图式。意象图式处于相对具体的心理意象和相对抽象的命题式结构之间。这个抽象的命题式结构的一种形式是隐喻，意象图式通过一系列组合和结构而形成隐喻。实际上，人类语言概念体系的大部分是隐喻式构建[4]，“意象图式再通过隐喻、转喻机制的扩展和转换，就可形成更多的范畴和概念。……因此，意象图式是理解隐喻和转喻的关键，因为当一个概念被映射到另一个概念，特别是从具体域向抽象域映射时，意象图式在其间发挥着关键作用，这就为我们能理解抽象概念提供了主要依据。所以，人类的理解和推理正是凭借着这样的意象图式进行的，各种各样的意象图式交织起来就构成了我们丰富的经验网络和概念结

---

① 名篇《将军的头》有恐怖元素，但悬疑不足，故不列入本文讨论范围。

② 王寅，《认知语言学》，上海：上海外语教育出版社，2007，第 406 页。

③ 蓝纯，《认知语言学与隐喻研究》，北京：外语教学与研究出版社，2005，第 58 页。

④ George Lakoff and Mark Johnson, *Metaphors We Live By*, Chicago and London: The University of Chicago Press, 1980, p. 56.

构，这就是我们能理解意义的基础"①。在心理小说中，这个"意义"更为丰富，也更具隐喻性质。

意象图式是理解心理小说的一条有效途径。心理小说探索的是人类最为自我的一面，而带有恐怖和/或悬疑元素的心理悬疑小说探索的更是人类本性中最为阴暗、最为神秘的一面。这一面的毁灭力既令人恐惧，又令人着迷。对这种毁灭力的理解和表现就是对身体一种极端经验的理解和呈现。由此，从意象图式读解施蛰存和坡的心理悬疑短篇，将有助于我们从互文式文本中提炼出一种初具普适性的结构。

## 四、坡和施蛰存悬疑心理小说的容器图式

意象图式中最基本的一类是容器图式。从人趋利避害的基本认知看，心之恐惧经常与特殊的容器或容器的特殊性有关，黑暗而封闭的物理空间是很容易令人产生恐惧心理的环境，无论是哥特式小说还是惊悚电影，幽暗的荒野、树林，漆黑的地下室、阁楼，曲折的地下通道都是渲染恐怖效果的首选道具。

容器大致有两类：静态的和动态的。静态容器图式基于位置不变、性质不变的封闭式空间。静态容器图式在坡和施蛰存的心理悬疑小说中最为常见，在坡的小说中更为突出，表现为种类多样，从单层到四层应有尽有。单层容器如《一桶白葡萄酒》的地窖，《陷阱与钟摆》的地牢，《活葬》的棺材。二层容器如《泄密的心》的黑夜及其笼罩下的杀人卧室，《红死鬼面具》的古堡和古堡中的七色房间。三层容器如《丽姬娅》的古堡、房间、身体。四层容器如《厄舍府的倒塌》的黑夜、古宅、书房、身体。

多层容器之间往往呈包裹关系，如在《厄舍府的倒塌》中，人物的身体本身是一个固有的空间，是最里层的容器，人物在厄舍府的书房、客厅、地窖活动，这些是第二层容器，包裹这些家居空间的是厄舍府这幢古宅即第三层容器，它的外观和内饰充满美国南方昔日的奢华和今日的衰败，是作品中最富象征意义的容器。身体这个动态的容器和古宅及其内室这些静态的容器又全被包裹在故事所渲

① 王寅，《认知语言学》，上海：上海外语教育出版社，2007，第177页。

染的黑色梦魇中，“那是一种神秘而致命的雾霭，阴郁、凝滞、朦胧、沉浊如铅”①。在小说中，各层容器独立存在又相互依存，形成一个整体性隐喻，向内映射叙述者的潜意识，向外象征美国南方行将毁灭的荣华。在施蛰存的小说中，主要有三类容器图式：单层容器如《旅舍》的旅舍房间，《凶舍》的乡间别墅。二层容器如《夜叉》的野林、坟屋，《宵行》的棺材铺、夜街。三层容器如《夜叉》的身体、野林、黑夜。与坡相比，施的多层容器图式没有明显的包裹关系，而是通过人物视角的迅速转换而实现容器之间的互动，下文讨论的《夜叉》就是一个典例。

除了静态容器图式，两人的小说里还有动态容器图式。动态容器图式有两种形式，一是容器本身可以移动，一是容器之间发生变换。前者在坡的恐怖小说和历险小说中并不少见，如《瓶中手稿》《大漩涡余生记》和《普法尔历险记》中的船只，《失去呼吸》中的马车。这些移动的容器和静态容器一样封闭、压抑、阴暗，在凶险的大自然和死亡面前令人无助和绝望。施蛰存的《夜叉》中有公用汽车，《魔道》有火车，这些运输工具常常起到反讽作用：它们带人逃离可怕的静态容器，却又成为制造恐怖的封闭容器。在两位作家的小说中，更为常见的动态容器图式之间的转换，如坡的《贝蕾妮丝》中房间→坟墓→房间，《怪异之神》的屋里→世界→屋里。施蛰存的《魔道》中火车→别墅→咖啡厅→城里，《宵行》中街道和棺材铺频繁转换。图式转换推进情节发展，也反映出人物急剧下行的心路历程及其后果。

## 五、文本的图式叠加

在很多时候，仅仅是单一的图式难以取得预期的阅读效果，意象图式之间相互叠加、相互融合，在动态变化中可获得更强烈的冲击力。在坡和施蛰存的心理悬疑小说里，容器图式常常与路径图式进行叠加。例如，在《厄舍府的倒塌》中，容器图式占主导地位，但也有路径图式：叙述者从步入厄舍府这个容器到险险逃离，以及在厄舍府中不同容器之间游走，空间的每一次转换，叙述者带着读者更进一步深入人的潜意识幽境中，直到面对厄舍兄妹的死亡又逃离死亡。可以

① 曹明伦，《爱伦·坡集：诗歌与故事》，北京：生活·读书·新知三联书店，1995，第369页。

说，在这个故事里，只有将容器图式和路径图式叠加，才能实现人的心理探索和情节的恐怖惊悚这一雅一俗的有机融合，取得既引人入胜又令人深思的阅读效果。类似的，施蛰存的《夜叉》在叙述结构上也是“容器图式+路径图式”。主人公卞士明在一次乘船野游中与一白衣女子擦船而过，浮动的性遐想令女子的白影挥之不去，这里颇像坡小说中无名杀念的纠缠。这一“邪念”引出他月游野林，两种图式继而发生交错：月下山林是个开放的大容器，“表面上极美丽而实在是极恐怖的魔宫中的迷园”①，卞士明的林中历险是路径图式。半醉的他将一个夜赴幽会的农妇误认为是夜叉，在狂想中一路追踪：灌木丛——茶叶地——溪流——河岸——树林——白墙的坟屋——杀妇，又在恐慌和罪感中一路逃回：寓所——公用汽车——上海——医院病房。路径图式的急剧变化快速推进情节发展，而路径图式的每一次转换都引出不同的容器，唯一不变的是坡似的无边臆想和自我毁灭的本能，最终把深陷负罪感的卞士明送进医院这个再难逃脱的容器。

不难看出，在两位作家的悬疑小说中，容器图式和路径图式既相辅相成，又各有功用和功效，主要表现在两个方面：

其一，容器图式的封闭性是表现心理恐惧、强化恐怖效果的理想方式和高效手段。路径图式是描绘心理质变轨迹的高效手段。容器图式为静态，路径图式为动态，二者有机结合，利于刻画人物黑暗的内心世界，勾勒出其心理变化的清晰轨迹。

其二，坡喜用容器图式，专注激情爆发。施喜用路径图式，心随行变。坡对哥特罗曼司的一大变革就是空间的置换。哥特罗曼司的故事背景通常是阴郁的荒野和森林、沧桑的古堡、错综复杂的地道，有封闭性，但因为过于宽大，并不压抑，而是浪漫成分多些。坡把这些浪漫有余、恐怖不足的空间变为卧室、书房、地窖这些家居空间。从人的认知来讲，家居“容器”在人的生活中本来起到保护、交际、休憩等正面作用。但在坡的心理小说中，这些空间的特点是阴暗、封闭、压抑，常常是凶杀等灾难性事件发生的场合，如此便产生了反讽的效果。封闭的空间突显的是灵与肉的斗争，自我的挣扎。故坡小说多用第一人称，以求读者的认同感。施蛰存爱用路径图式。路径图式突出人物与外界的互动，故能引发一定的现实意义。如施蛰存心理小说中对20世纪二三十年代上海风情和乡土风物的

---

① 刘凌、刘效礼编，《十年创作集》，施蛰存，《施蛰存全集》（第一卷），上海：华东师范大学出版社，2008，第195页。

描写，以及对现实生活中两性关系的表现。《魔道》开头的众生百态，《夜叉》中20世纪二三十年代上海的都市场景和江南的山野风景。《夜宵》中匠人有根的话语十分符合他的下层社会的身份。这种个体心灵与身外世界的互动因第三人称和第一人称的交错而更为灵动。施更希望读者做旁观者，去看出人物臆想的可笑与荒诞。

## 六、结语

“从解释到发现”①，这是国内认知诗学研究界提出的口号，鼓励研究的推陈出新。我们比较坡和施蛰存的部分作品，既有适于普遍认知的发现，也有关于作家个性化的发现。总的来说，两位作家都倾向于在恐怖中糅入幽默，但坡对恐怖是严肃认真地探究，恐怖本身就是主题。施对恐怖则是半心半意地调侃，恐怖是一种表达手段。施和坡都有黑色幽默，但施的幽默和恐怖是融为一体的，若隐若现。坡专有一类黑色幽默故事，如《怪异之神》《瘟疫王》等，是幽默多，还是恐怖多？难以言明。与坡充满鬼魅的恐怖小说相比，施蛰存更倾向于塑造“无中生有”的臆想恐惧，结局通常不如坡的小说那样惊悚。施的小说现实意味更重，最终归于平静或解谜，而坡的叙事则有直坠悬崖的崩溃感。

一旦有了比较，有人自然会想到，施蛰存是否超越了爱伦·坡？对这一问题，有两种回答，一是超越了（许希阳，翁菊芳），二是不提（李欧梵）。笔者认为，具体情况需具体分析，这里提超越不妥，因为两人的创作动机不同，坡专注于黑暗心理的展示和艺术技巧的打磨，而施蛰存在挖掘人的难以言说的欲望的同时，不忘关注时代与社会，两人同中有异，如执意要比出高低，有牵强之嫌。从国际影响力看，坡难以超越，但施蛰存成功地开拓出本土特色和个人风格。所以，更妥当的说法是，施蛰存受坡的影响，但有了新的拓展，成为中国现代文学史上的名家，这是他“想在创作上独自去走一条新的路径”② 所获得的高度认可。

---

① 熊沐清，《“从解释到发现”的认知诗学分析方法——以 *The Eagle* 为例》，《外语教学与研究》2012年第3期，第45页。

② 施蛰存，《将军的头·自序》，刘凌、刘效礼编，《十年创作集》，上海：华东师范大学出版社，1996，第808页。

# 数字人文学科和学术期刊出版*

［美］斯蒂文·托托西·德·让普泰内克[1]（撰）　敬淇钧[2]（译）

1. 普渡大学　比较文学系，美国印第安纳州西拉法叶城　47906

2. 四川师范大学　外国语学院，四川成都　610101

**摘　要**：本文讨论了在线学术出版特别是人文学科有关学术出版政治背景下的数字人文学科。在世界范围内，无论是纸质版还是数字版的人文学术出版的经费都受到期刊订阅金额的限制。本文在“知识殖民主义”论证的基础上主张，人文科学学术出版要反对立足于订阅或作者付费的模式。此外，还就如何创办数字人文学科期刊提出了建议，向作者列出了向数字期刊投稿时应考虑的要素。

**关键词**：数字人文；学报；出版

---

* 编者按：本文据以下文献译出：Steven Tötösy de Zepetnek，“Digital Humanities and Publishing a Learned Journal”，*CLCWeb*：*Comparative Literature and Culture*，Volume 18，Issue 1，2016，http：//docs. lib. purdue. edu/clcweb/vol18/iss1/8. 原文为夹注与脚注并用，为了在格式上同《外国语文论丛（第9辑）》其他论文保持一致，译文全部处理为脚注。经作者2021年9月25日授权，特将此文翻译、刊发于此，以飨学界。

收稿日期：2021年11月16日

作者简介：斯蒂文·托托西·德·让普泰内克（Steven Tötösy de Zepetnek，1950—　），男，匈牙利裔加拿大人，加拿大阿尔伯塔大学（University of Alberta）比较文学博士，美国普渡大学（Purdue University）比较文学教授，比利时根特大学（Ghent University）文化研究与教育学教授，欧洲科学艺术院（the European Academy of Sciences and Arts）院士，《比较文学与文化》（*Comparative Literature and Culture*）编辑。独著《比较文学：理论、方法、应用》与《小说的社会维度》等若干部，编著《数字人文和比较文化研究中的中间性研究》《比较文学、世界文学和比较文化研究之友》《比较匈牙利文化研究》与《比较文化研究和迈克尔·翁达杰的写作》等若干部，发表学术论文200多篇。主要从事比较文化、比较文学、比较传媒、后殖民、移民和少数民族、数字人文、数据科学、教育、在线教学和课程设计、编辑出版印刷和在线、电影和文学、观众研究、欧洲美国加拿大文化与文学、历史、文献学、冲突管理和多元化培训研究。

译者简介：敬淇钧（1997—　），女，四川盐亭人，四川师范大学外国语学院2021级翻译专业英语笔译方向硕士研究生，主要从事英汉、汉英翻译研究。

“音乐、电影、广播、电视节目、书籍、期刊和报纸等文化产品的加工、生产和销售，决定了今天几乎所有的生产和销售环节都是数字化的。如今，文化利用了技术与符号形式，由此形成了多种模式”①。因此，本文无论对数字性的研究，还是对学术的数字出版，都是有意义的。数字人文学科是一个研究和实践的领域，涉及理论框架的构建及其在文化研究中的应用，包括文学和新媒体技术的应用。在人文学科的许多学科和领域中，文化的生产定义为多媒体、跨媒体与跨媒介的建设、互动和实践过程，对其所遇到的各种情况的研究对学术研究具有十分重要的意义，这也延伸到了学术研究的数字出版②。

今天，所有研究领域的学者都已经意识到，在做研究的时候，除非所属的大学能够在网上获得大量的期刊，否则研究会变得十分困难。再加上如今大多数大学图书馆大量减少购买纸质版学报，转而选择了数字访问，而且由于网上的大多数学报都是订阅的，而机构订阅的费用很高，因此许多大学图书馆的资源有限，这种情况不止存在于经济落后的国家。在人文学科中，这种情况尤为严重，因此我认为，人文学科的期刊应该以非订阅式的、开放获取的方式进行数字出版。当然，这里的主要问题是出版这种学术期刊的财务模式，正如露西·凡·朵普（Lucy van Dorp）在2012年提出的那样，“没有实现无障碍获取科学成果的固定方式”③，而如今形势依旧没有任何改变。我赞成的解决方案是，人文学科的无障碍出版应该通过机构资助来实现，这是一个关于知识获取、实践和传播的“政治”问题，大学应该考虑这种解决办法，以便为开放存取的数字出版提供资金。即使这种方案在很大程度上是可行的，但这种出版物需要时间来获得类似于印刷品中的成熟期刊的声望。对我来说，有关人文科学学术出版的主要政治问题是经济发达的国家对经济落后的国家的“知识殖民主义”（“colonialism of knowledge”）问题④。与科学或医学不同的是，在这两个领域中，知识产权是为了创造收入而

① Mikko Lehtonen, “On No Man’s Land: Theses on Intermediality”, *Nordicom Review*, 22.1, 2001, p. 75.

② 关于数字人文学科，参见：例如，Ryan, Emerson, Robertson; Svensson and Goldberg; Schreibman, Siemens, Unsworth; Tötösy de Zepetnek, *Digital Humanities*; Tötösy de Zepetnek and Boruszko; 也参见：Tötösy de Zepetnek, “Bibliography for Work in Digital Humanities and (Inter) mediality Studies”.

③ Lucy van Dorp, *Going for Gold: An Investigation into Financial Models of Open Access Publishing in Biology and the Life Sciences*, MSc thesis, London: Imperial College of London, 2012. p. 27.

④ 参见：Tötösy de Zepetnek and Jia 〈http://dx.doi.org/10.7771/1481-4374.2426〉；也参见：例如，Bernard S. Cohn, *Colonialism and Its Forms of Knowledge*, Princeton: Princeton University Press, 1996.

进行实物生产（the production of mater）的，而人文学科应该实行“知识开放”（“open knowledge”），这意味着，那些感兴趣的人可以在任何有互联网的地方获得知识。

我首先以比文文网（CLCWeb：*Comparative Literature and Culture*）为例。我在普渡大学出版社编辑、出版的《比较文学与文化》（*Comparative Literature and Culture*，1999—　）是开放性的，没有订阅费和作者稿酬，并提出了关于如何创建具有政治背景的数字期刊的建议，以反对上述“知识殖民主义”。正是在 20 世纪 80 年代末和 90 年代，新媒体技术使学术出版业得以创新，我的例子是期刊《加拿大比较文学评论》（CRCL/RCLC：*Canadian Review of Comparative Literature/Revue Canadienne de Littérature Comparée*）（加拿大比较文学协会出版）的转换和复兴，这家期刊于 1989 年将传统的印刷工艺（昂贵而烦琐）改为桌面出版，使期刊的出版成本减少了 80%。此外，分配到这家期刊的研究生在期刊出版的各个方面都得到了培训，并获得了适销对路的技能，多年来，几十名编辑助理中，有很多人在加拿大和其他地方的出版行业找到了兼职和全职的工作。我基于在出版期刊《加拿大比较文学评论》时获得的经验，在 1995 年决定利用新的媒体技术和当时只有一年历史的万维网（World Wide Web）创办一份新的比较文学和比较文化研究期刊，后者是我自 20 世纪 90 年代中期以来正在开发的理论和应用框架①。创办一个开放性的数字期刊推进了我实现人文学科数字化出版的承诺，在我看来，任何人在任何地方只要有电脑和互联网连接，就应该可以免费获得知识。虽然在文学研究中，与历史等学科相比，数字的使用和应用来得很慢，但在 1996 年，我认为数字在研究、教学和出版中已经有很明显的应用②。事实上，在一般的人文学科中，特别是比较文学领域，出版一份经同行评议的、全文开放的期刊仍然很少见，因为在全世界大量的人文学科数字期刊中，正如《比较文学与文化》网页与其他索引服务包括汤姆森路透社锡伊－玛希奇（Thomson Reuters ISI-

---

① 参见：例如，“Comparative Literature”，“From Comparative”；Steven Tötösy de Zepetnek and Louise O. Vasvári，“About the Contextual Study of Literature and Culture，Globalization，and Digital Humanities”，*Companion to Comparative Literature*，*World Literatures*，*and Comparative Cultural Studies*，Ed.，Steven Tötösy de Zepetnek and Tutun Mukherjee，New Delhi：Cambridge University Press India，2013，pp. 3－35.

② 参见：Tötösy de Zepetnek，“The Impact of the Electronic”.

AHCI）索引的情况一样[①]，以开放方式出版的、全文开放的、双盲同行评议的期刊还不到几份。

汤姆森路透社对比文文网的索引是一个困难而漫长的过程：在2001年、2003年、2005年和2007年申请比文文网的索引后，我从汤姆森路透社那里得到确认，从比文文网10.1（2008年）开始，只能在2009年对该期刊进行索引，因此，尽管汤姆森路透社声称任何期刊的索引都不能追溯到过去（但当涉及数字期刊的回溯索引时，这个问题很简单，而它在技术上与纸质期刊不同）。总的来说，因为汤姆森路透社对比文文网索引的批准时间是从2001年到2009年，所以我和汤姆森路透社的合作经验并不是很充分。虽然汤姆森路透社提出的技术问题可能是合理合法的，但是从2009年批准到索引的过程太过漫长，让人无法接受（毕竟，汤姆森路透社是一家营利性公司，其大学图书馆的机构订阅费用为每年约12000美元）。值得注意的是，从我2001年第一次申请到2005年，汤姆森路透社公司对数字期刊的索引并不感兴趣。另外还有一点也值得注意，从2015年起，汤姆森路透社要求将新期刊纳入其索引服务的时间为三年，而不是以前的两年。

在与另一些国家的大学里的工作人员协商后，我们得出了一个结论：很明显，创办一份在线期刊确实很有意义，这样一份期刊将填补广义上的人文科学的学术空白，包括（比较）文学、文化研究、媒体和通信研究以及相关学科和研究领域。因此，该期刊的国际咨询委员会应邀成立，向加拿大国家图书馆申请并获得了国际标准期刊号（ISSN1481 - 4374），在加拿大国家图书馆[②]列出、归档和镜像的新在线杂志已被批准，等等。（有趣的是，在1998年的比文文网，《比较文学与文化》是加拿大国家图书馆为其颁发国际标准期刊号的第一份在线期刊，这是在与加拿大国家图书馆多次沟通后促成的，因为在此之前，该馆并不打算为完全在线出版的期刊颁发国际标准期刊号。）在邀请同事们投稿参与期刊的创办并对收到的论文进行评估和编辑后，第一期比文文网于1999年3月1日正式面世[③]。

阿尔伯塔大学文学院的服务器提供了该期刊的URL和必要的服务器空间，

---

① 参见：Thomson Reuters，“Arts and Humanities Citation Index”，http://science.thomsonreuters.com/cgi-bin/jrnlst/jlresults.cgi.

② 2004年更名为加拿大图书馆和档案馆，该期刊的档案在http://www.collectionscanada.ca/electroniccollection.

③ 参见：“History of RICL”，http://docs.lib.purdue.edu/clcweblibrary/riclhistory

以用于该期刊的网络位置。大学的服务台和阿尔伯塔大学文学院学习技术中心不定期为该期刊及其功能提供技术帮助。从1989年到1997年，我先是担任阿尔伯塔大学比较文学研究所的助理，后来又担任副所长，我的任务是出版《加拿大比较文学评论》，编辑由比较文学研究所（RICL：Research Institute for Comparative Literature）出版的纸质专著系列[①]。1989年，那时我被任命为《加拿大比较文学评论》的助理编辑，由于缺乏资金，该期刊的出版已经推迟了三年，于是我将《加拿大比较文学评论》的出版转换为桌面模式，使用文字处理（word processing，word perfect and bitstream fonts）来制作可在激光打印机上打印的相机拷贝。我在多年的《加拿大比较文学评论》出版过程中获得了许多专业知识，包括编辑、评估稿件的程序和过程、期刊的财务，包括营销、撰写资助申请、培训作为编辑助理的研究生以及桌面出版的所有技术方面的知识，这些知识确实有益于《加拿大比较文学评论》、代表加拿大比较文学协会编辑期刊的阿尔伯塔大学比较文学系、担任编辑助理的研究生，当然还有我自己。

比文文网的目标和范围，也就是《比较文学和文化》包括比较文学学科和文化研究领域的既定传统：它们既是整体的、多元的，也是跨文化的、跨学科的。虽然比文文网还没有评级，在美国也没有得到“著名”期刊认证，但是文章的下载量、期刊的使用情况和文章的阅读情况则展现了另一番景象：2016年6月22日，自2007年比文文网从html格式出版转换到pdf格式后，在比文文网上发表的文章的下载量为1，891，279（期刊的下载量可以在期刊描述下面的索引页上看到，下载量也可以在每篇文章的摘要页上找到）。这表明该期刊的材料被大量阅读和使用，它反映在期刊的引用率上[②]。在2015年艺术与人文类的期刊《文学与文学理论》（*Literature and Literary Theory*）SCImago期刊和国家排名评价65种开放性期刊中，《比较文学与文化》排名第15位，H指数为6（衡量生产力和引文影响），SJR（Journal Citation Reports，期刊引证报告，SCImago影响因子）为0.148。[③] 在爱思唯尔数据库（Elsevier's Scopus）35415种期刊中，比文文网的

---

① 参见："History of RICL"，http://docs.lib.purdue.edu/clcweblibrary/riclhistory

② 尽管人文科学期刊没有类似于在科学中的这样的影响因素，参见：例如，Leydesdorff and Salah，http://www.leydesdorff.net/ahci；也参见：Tötösy de Zepetnek，"The 'Impact Factor' and Selected Issues of Content and Technology in Humanities Scholarship Published Online"，*Journal of Scholarly Publishing*，42.1，2010，pp.70－78.

③ SCImago，http://www.scimagojr.com/journalrank.php?category=1208&openaccess=true

SCImago 影响因子为 0. 148①②。在谷歌学术上，比文文网的 H5 指数（基于 5 年的数据）是 11，其 H5meridian 指数是 14③。

就科学期刊而言，索引和引用率对期刊及其作者在学术界的“影响因子”至关重要。在人文学科中，索引也很重要，并且重要程度与日递增，尽管“度量衡”方法——采用影响因子来评估学术成果——无论在科学、社会科学还是人文学科中都是一个有争议的问题④。正如克莉斯汀·伯格曼（Christine L. Borgman）在 1997 年解释的那样（此后这样的情况没有改变），“科学、社会科学、艺术和人文科学引文索引是一个封闭的系统，由汤姆森科学公司编辑选择的名单上的既定期刊的参考文献组成。并非所有的期刊都被包括在内，书籍和会议记录也很少编入索引”⑤，“科学索引研究所引文统计是最全面的在线书目数据库之一，其覆盖深度在科学领域最深，在社会科学领域较浅，在人文领域最浅……科学索引研究所引文中的指标对艺术和人文领域的有效性最低，因为它们只包括期刊文章的引用”⑥。对此，伯格曼得出的结论是：“澄清数字文件合法性的最简单方法是依靠传统的质量指标，如拥有良好口碑的出版商的印记。然而，这种方法将合法化的大部分控制权让给了出版商，不鼓励实验性的出版形式……在晋升、任期和机构审查中唯一受到重视的出版物是那些出现在以 ISI 引文统计为标准的高影响因子的期刊上的出版物……由汤姆森路透社索引的期刊对质量控制系统有过多的权力。”⑦ 因此，SCImago 或谷歌学者的引用率不一定是数字人文期刊“影响力”的相关指标，因为伯格曼描述的情况，也因为在 2016 年的今天，人文学者仍然喜

① The list of journals including CLCWeb its data are downloadable in. xls at https: www. elsevier com/ solutions/scopus/content # = scopus-policy-and-solution.

② 包括比文文网在内的期刊名单，其数据可在 https://www. elsevier. com/solutions/scopus/content #content-policy-and-selection 中下载。

③ https://scholar. google. com/citations? hl = en&view_op = search_venues&vq = CLCWeb% 3A + Compaartive + Literature + and + Culture.

④ 参见：例如，Eve，“Metrics”，https://www. martineve. com/2015/01/15/metrics-in-the-humanities；Mitchell.

⑤ Christine L. Borgman, *Scholarship in the Digital Age: Information, Infrastructure, and the Internet*, Cambridge: MITP, 2007, p. 64.

⑥ Christine L. Borgman, *Scholarship in the Digital Age: Information, Infrastructure, and the Internet*, Cambridge: MITP, 2007, pp. 158 - 159. 译者按：“科学索引研究所引文统计”译自“ISI citation statistics”，“ISI”是“The Institute of Science Index”的略称。

⑦ Christine L. Borgman, *Scholarship in the Digital Age: Information, Infrastructure, and the Internet.*, Cambridge: MITP, 2007, p. 85.

欢引用纸质期刊和纸质书籍中的资料，而不是数字资料。

为了强调对改变人文学科学术出版政治的论证，我在下面列出了有关创办数字期刊的事项。请注意，马丁·保罗·伊夫（Martin Paul Eve）对如何创建人文学科的开放存取期刊有一个很好的、面向实践的描述[①]。伊夫建议，创办一份由大学图书馆出版的开放性的期刊：然而，在我看来，虽然这可能是一个良好的开端，但是由于一些原因，伊夫的方法可能并不是最佳解决方法，所以更好的策略是以大学出版社的出版为目标，但是请注意，在所有方面，除了交付模式，数字期刊的出版及其运作应该同纸质学术期刊相同；然而，“交付模式”是数字期刊与纸质学术期刊的一个重要区别，因为纸质学术期刊的“交付”是由为出版商工作的印刷商完成的，因此技术问题不属于编辑的任务和专长。当涉及数字期刊时，编辑除了传统的任务，还必须具备新媒体的专业知识，即使期刊有幸拥有出版软件，也可以将一些任务“自动化”。以下是我对如何建立出版人文学科学术成果的数字期刊的建议：

1. 期刊的标题及其统一资源定位系统（URL：Uniform Resource Locator）[②]：重要的是，在完成期刊的基本设置（也就是期刊的名称和统一资源定位系统、国际标准期刊号、国际咨询委员会、目标和范围等，参见以下建议）后，期刊应在乌利希期刊指南（ULRICHSWEB）、全球期刊目录（Global Serials Directory）注册[③]（这是免费的）。

2. 国际咨询委员会（International Advisory Board）：重要的是，期刊的咨询委员会要有在全球不同国家工作的学者，同时他们的学科和领域要与期刊的目标和范围相符，而不是以单一国家为基础的咨询委员会，因为在许多教育系统和索引服务（即汤姆森路透社）的审批过程中，以单一国家为基础的咨询委员会可能被视为利益冲突。期刊的国际咨询委员会成员名单必须在当中列出。

3. 国际标准期刊号要从该国的国家图书馆或其他负责发放国际标准期刊号的机构获得。

---

① 参见：“Starting an Open Access Journal”，https：//www. martineve. com/2012/07/10/starting-an-open-access-journal-a-step-by-step-guide part－1；另参见：Eve’s 2014 book *Open Access and the Humanities：Contexts，Controversies and the Future*.

② 关于这一点，参见：例如，“Understanding”，http：//www. niso. org/publications/press/UnderstandingMetadata. pdf；“URL”，https：//url. spec. whatwg. org.

③ http：//www. ulrichsweb. com/ulrichsweb/faqs. asp.

4. 期刊的宗旨与范围：在单独的文件中描述期刊的知识构成、目标、主题[①]。

4.1. 期刊的目标和范围必须包括用于评估所提交论文的同行评审类型，为了确立所发表的学术成果的可信度和期刊的地位，同行评审应采用双盲模式。如今，人们正在讨论提交给数字期刊的论文的同行评审模式，以实施替代性的同行评审过程，如同行评审[②]，而不是由特定学科或领域的专家进行传统的盲审或双盲同行评审。在我看来，同行评审是一种误导，因为它将限制而不是推动数字人文科学期刊获得声誉。在大多数情况下，在同行评审中，评论是由研究生或最多由初级学者而不是学科或领域的知名学者发布的，虽然在某些情况下这可能是足够的，但是在大多数情况下，这并不是评价学术的最佳方式。

4.2. 盲审或双盲同行评审是编辑最耗时的任务之一，因为众所周知，寻找和接收评论是非常困难的（在美国、加拿大和欧洲，同行评审是没有报酬的——作为一项规则，编辑也没有报酬——而在一些亚洲国家，编辑和评审员都是有报酬的）。

4.3. 关于期刊的同行评审过程和发表或不发表文章的决定，编辑不应该向作者发送在评价过程中收到的每一条评论，而应该发送一个“综合”评价，因为当收到两个正面评价时，可能会出现有不同评论建议的情况，这可能会让论文作者感到困惑：编辑应该从他/她认为适当和必要的两个评论中加以挑选。在得到一个正面评价和一个负面评价的情况下，论文应该交给第三个读者，如果第三个读者的意见是正面的，论文就可以发表。如果有两个负面评价，期刊不应发送收到的评论——只发送一封表明论文未通过接受发表的信——因为可能出现这样的情况：作者提交论文是为了接收评论，以便改进自己的论文。虽然这原则上属于期刊协助学者专业发展的权限，但是会增加期刊的额外工作，所以在以开放存取方式出版的数字期刊中，没有订阅费或作者的报酬（因此没有收入）。有收入的纸质版和数字版期刊可以在论文收到负面评价时发送评论，不过在这种情况下，最好是发送一个综合评价，以避免出现两个评论包含不同建议的情况。

4.4. 由于专业标准的缘故，数字期刊的编辑和编辑助理应该有期刊指定的

---

① Steven Tötösy de Zepetnek，“Digital Humanities and Publishing a Learned Journal”，page 5 of 9 *CLCWeb*：*Comparative Literature and Culture* 18.1 （2016）：http：//docs.lib.purdue.edu/clcweb/vol18/iss1/8.

② 参见：例如，Fitzpatrick，http：//dx.doi.org/10.1080/02691728.2010.498929.

电子邮件地址，而不是用谷歌（Gmail）、雅虎（Yahoo）等普通电子邮箱地址。

4.5. 与纸质期刊类似，数字期刊应在其出版国拥有致力于促进和支持学术期刊的国家协会和/或组织的成员资格［例如，在美国是学期编委会：学术期刊编辑委员会（the CELJ：Council of Editors of Learned Journals）］①。

5. 期刊格式指南（Style Guide of the Journal）：在人文学科中，首选的格式是美语会（MLA）制定的论文指导格式——美国现代语言协会（Modern Language Association of America）② 格式（从 2016 年起，美语会格式手册只有数字版本）。然而，与许多人文学科的学术期刊一样，美语会格式可以根据期刊的特殊要求进行修改，而这些要求对于数字期刊来说是不同的（例如，由于在线文本在屏幕上的阅读方式，脚注或尾注是不可取的；美语会对文本中引用的作品进行说明，解释它是"印刷"版本，这并不重要，因为希望查阅数字来源的读者会发现它是以印刷品或数字方式出版的，或者两者都是；要求在数字出版物中包括访问日期大可不必，因为数字文本要么是可用的，要么是不可用的，所以出版日期才是重要信息）：修改后的期刊格式应在期刊的独立文件中提供，可从期刊的索引页链接到。

6. 该期刊的"最佳实践"文件（人文科学期刊很少有最佳实践的文件，但最佳实践在科学期刊中则是正常标准）。例子参见比文文网的"最佳实践"（"Best Practices"）③。

7. 本刊文章的版权：关于本刊的版权规则，有几种可能性，包括开放版权，也就是允许作者在其他网站上发布已发表过的文章。尽管根据开刊目录（DOAJ）——开放存取期刊目录（Directory of Open Access Journals）④ 对开放存取的定义和规则建议允许文章存放在其他网站，但是同时限制期刊文章上传到包括 academia. edu、researchgate. net 等网站，这是有利的，因为如果这样做，期刊在下载量上会有损失，当然，这在很多情况下是不利的，因为数字期刊的"价值"是基于期刊的使用量等其他因素的，也就是通过下载量来衡量的。因此，如果数字期刊以开放存取方式出版，无须订阅费或者作者付费，那么它就应该享有全部的功劳，包括直接从期刊上下载文章的数量。期刊应该有一份版权文件。

---

① http://www. celj. org.

② https://www. mla. org/MLA-Style.

③ http://docs. lib. purdue. edu/clcweblibrary/clcwebbestpractices.

④ https://doaj. org.

8. 购置和使用用于提交、评估和出版过程的出版软件：有许多这类软件可以通过开放软件或订阅获得，例如，伯克利电子出版社的数字共享出版软件。①

9. 期刊出版商：因为在许多教育系统中，期刊出版商的声望与晋升和任期有关，而大学出版社在文章的“价值”方面排名第一，所以最好的策略是期刊在大学出版社出版。

10. 实施文数识别码（DINA）：文章数字识别码（Digital Identification Numbers for Articles），这需要费用——取决于期刊或出版社的数字参数和设置——但是这对期刊的稳定数字的存在是很重要的，这也同包括汤姆森路透社在内的索引服务有关。

11. 期刊的存档，例如通过 Portico②、CLOCKSS③ 的期刊存档、大学存放和存档，在这类存档中，是有国家图书馆的数字存档的（人文科学期刊在美国不提供存档，而同在大多数欧洲国家的情况一样，在加拿大却需要存档）。

12. 申请和实施索引服务，例如美语会：美国现代语言协会，国际参考文献（International Bibliography）④、数据库（爱思唯尔）⑤、汤姆森路透社⑥。请注意，因为除非文章发表在汤森路透索引的期刊上，否则文章不能计入推广，也无法取得使用期限，所以在亚洲和几个欧洲国家，确保汤森路透的索引是至关重要的。从2015年起，新期刊获得汤姆森路透社索引批准的时间为三年，而不是之前要求的两年。

13. 资金和财务：正如美国和加拿大以及其他地方的人文学科一样，人文学科期刊的编辑没有工资（在某些情况下，课程减免是可能的），期刊的资金一般也是不存在的，无论其是否以订阅为基础：西方的大多数期刊是以订阅为基础的，如果是数字期刊，也大多以订阅为基础，或部分以开放存取为基础。出版数字期刊需要大量的劳动，就像纸质期刊一样（即评估、编辑、营销等过程），在人文学科中，大多数情况下这种工作是在自愿的基础上进行的，无论是纸质还是数字，都是编辑的学术形象和活动的一部分。

---

① http://digitalcommons. bepress. com.

② http://www. portico. org/digital-preservation.

③ https://www. clockss. org/clockss/Home.

④ https://www. mla. org/Publications/MLA-International-Bibliography.

⑤ https://www. scopus. com.

⑥ http://thomsonreuters. com. 关于汤姆森路透社的人文科学期刊，参见：“Publisher Relations”, http://wokinfo. com/publisher_relations/journals/?_ga = 1. 150109686. 1599701819. 1473432003.

14. 编辑助理：编辑应该能够与他们所属的大学协商，是否要资助研究生助教，如果期刊是由出版社出版的，那么就应该由出版商为期刊的编辑和工作人员指定电子邮件地址。也可以在全球范围内刊登广告，招聘编辑助理的候选人。研究生之所以能获得编辑助理的资金，在我看来，是因为他们在阅读提交给杂志的论文、书目研究、编辑和获得新媒体技术的专业知识方面获得了宝贵的经验，提升了编辑助理的知识基础，这在今天的新媒体世界里只能是有利的。

15. 副编辑和/或助理编辑：由于出版一份学术期刊需要大量的劳动，最好为期刊任命副编辑和/或助理编辑。

16. 校对和文字编辑：虽然设置这种岗位无疑是最理想的，但由于缺乏资金，几乎没有人文科学期刊有这种服务，因此校对和文字编辑仍然是期刊编辑和编辑助理的任务。另外，如果期刊由（大学）出版社出版，那么编辑就应要求出版社提供校对和复印件编辑服务。

17. 记录期刊出版物的累积索引，以方便索引和书目服务机构的收录。

18. 关于期刊活动及其出版物的年度报告文件（虽然很少有期刊提供这样的报告，但是这样的文件可以提高期刊的地位和专业性）。

19. 关于期刊历史的文件：这对数字时代的历史保存很重要。在档案中保存期刊的所有电子邮件通信也是很重要的，据我所知，除了期刊的编辑将这些通信保存在他的电脑硬盘上，其他很少有人这样做，但是这显然不是“真正”的保存。

20. 额外的出版物：尽管数字人文科学期刊包括额外的出版物的情况很少，但是这种“额外”的材料是很好的策略，因为它增加了期刊在知识传播中的价值。在期刊的附加部分的出版物可以包括已经获得版权释放的 pdf 格式的书籍、书目（定期更新）、研究资源等。为期刊建立一个列表服务器也是很有用的，可以用它向对期刊工作和出版物感兴趣的学者发送新闻、会议通知、相关出版物等。

与学术期刊数字出版有关的是作者和他提交作品的期刊之间的关系问题，以下是关于如何向期刊提交文章的选定事项清单。这种关系有很多方面，每份期刊都有自己的做法：这里的建议是在我自己三十年来作为几个学报和丛书的编辑以及我多年来出版自己作品的经验，分为以下几点：

1. 如果论文不符合该期刊的格式，那么许多期刊都会拒绝接受收到的论文，所以在投稿前，请查阅该期刊的目标和范围，并据此确定论文的格式①。

2. 不要同时向一个以上的期刊提交同一篇论文：虽然只向一个期刊提交论文进行发表并在很长时间内才收到发表或不发表的审稿结论，发表的压力给作者带来了困难，但是这是学术作品发表的标准是没有任何转圜的余地的。如果一篇论文同时提交给两家期刊，那么就可能会出现两家期刊都把论文发给同一学者进行同行评审的情况，这可能导致论文作者被列入“黑名单”加以封杀。

3. 在提交论文时，不要在论文的“属性”（即在 word 或其他写作软件的“一般”“摘要”和“内容”子字段中）等任何地方写上你的名字。

4. 在电子邮件中，称呼期刊编辑为他的姓氏（即教授或博士），不要称呼“亲爱的编辑”或“先生/夫人”。除非期刊编辑邀请，否则不要用名字称呼：这个建议不仅与学术界的专业标准有关，而且与“现实世界”的专业标准有关。不要向期刊发送电子邮件，询问该期刊是否对该特定主题感兴趣，将论文提交给发表与之主题相关论文的期刊。

5. 当提交论文用于发表时，应包括一个论文摘要，要简短，最多 150—200 字。如果期刊在线系统的投稿程序有此要求，照做即可，如果没有，则附在投稿邮件中，无论是附在邮件本身中还是在论文中。如果是通过电子邮件投稿，不要写冗长的论文解释。

6. 如果在可接受的时间范围内（2—4 个月是人文学科论文评估的通常时间或期刊规定的时限）没有收到期刊关于发表或不发表论文的决定，请给期刊写一封电子邮件，要求提供关于期刊评审过程的时限信息。

7. 在论文引用的作品中，如果有翻译成另一种语言的书籍或文章，应包括翻译者的名字，如果是一篇文章或书籍的多个作者，应包括所有作者的名字（而不是用“等人”），因为从任何出版物中“删除”翻译者的名字或作者的名字是不合适的，他们是对文本的传播做出重大和独特贡献的人（即翻译者），或对文章或书籍的研究和写作做出重大贡献的人。

8. 如今，网上资源丰富，作者可能会将网上查阅的部分文字复制并粘贴到论文中，而现在的期刊使用相关软件来检测抄袭，如果提交的论文中出现了从其他地方摘录的文字，而且没有参考文献，作者可能会被指控抄袭，这不仅会导致

---

① 如果论文以单一文学为导向，那么请查阅此类期刊；关于比较人文学科期刊的清单，参见："Selected Comparative"，http://docs.lib.purdue.edu/clcweblibrary/comparativehumanitiesjournals.

论文被拒绝发表，而且会根据期刊的规定通知作者所在的大学。

9. 与自然科学期刊类似，一些人文学科期刊允许提交由多个作者撰写的论文；但是，在大多数情况下，只有在每个作者对论文的研究和写作做出同等贡献的情况下才允许这样做。如果是摘自学位论文的文章，提交时该文上不应该有导师的名字，因为文学及相关学科和领域的人文学科学位论文按定义是完全基于学生的想法和成果的“原创”和“实质性”学术研究。

10. 论文成书：这涉及博士论文（和硕士论文）的出版，这在人文学科和自然科学领域也已成为标准①。

总而言之，以开放存取的方式发表人文学科的学术成果，不收取订阅费用或作者稿酬，其优势应该引起全世界学者、大学和出版商的兴趣，以改变人文学科学术成果及其阅读和研究用途的面貌。我希望，以上关于创建数字期刊时，如何做和做什么的清单是有用的。从事人文学科工作的学者是否会改变他们对印刷型期刊的态度和偏好，还有待观察。我相信，几年后晋升为更高学术级别的年轻一代人文学者会考虑开放获取的数字期刊。数字期刊的财务模式是困难的；然而，由于在人文学科中，无论怎样做，期刊的资金仍然受到限制，所以除了以数字方式出版学术成果的费用低于印刷期刊的费用，在资金方面，这两种方式没有任何区别。值得注意的是，在美国和其他地方，包括人文科学期刊在内的老牌印刷品期刊都选择以数字方式出版，而不是只出版印刷品，这意味着这些有订阅收入和/或资金的期刊能够节省印刷和邮寄费用，从而可以用订阅和/或资金的收入来支付编辑助理的费用。最重要的是，在我看来，如果人文学科的学术成果在数字期刊上发表时，在同行评审方面具有与印刷期刊相同的严谨性，那么随着时间的推移，数字期刊的声望也会形成。

① 关于如何将论文出版成书的建议，参见：*CLCWeb*，“Notes”，http://docs.lib.purdue.edu/clcweblibrary/dissertationtobook.

# 从东亚走向世界

## ——《东西精舍：中日文学文化比较论》序言*

［日］岛村辉[1]（撰）　寇淑婷[2]（译）

1. 日本菲利斯女学院大学　人文学部，日本横滨　2310017

2. 四川大学　文学与新闻学院，四川成都　610065

**摘　要**：探究尚未有定论的这个时代的东亚交流史，从欧洲到印度再到东南亚，甚至是美洲大陆，展望与此相连的世界的可能性，这正是寇淑婷的研究所呈现给读者的。

**关键词**：东西精舍；中日比较；东亚比较文学

《东西精舍：中日文学文化比较论》一书是寇淑婷多年来对中日文学与文化进行比较研究的成果，这是一部内容充实、展现了其学究前途的力作。

寇淑婷曾于2016年至2017年在我任教的菲利斯女学院大学研究生院担任客座研究员，当时她所从事的研究就是本书开篇所论述的、以郑成功为主人公的文学作品以及郑成功形象的比较研究。她对研究充满热情，态度极其认真，担任导师的我也受益良多。在菲利斯女学院大学的研究工作结束后，她回国继续投身科

---

* 编者按：本文据以下文献译出：しまむら てる，「東アジアから世界へ——寇淑婷氏の拓く通路」，この文章はまだ発表していない。经作者2020年12月30日授权，特将此文翻译、刊发于此，以飨学界。

收稿日期：2021年9月26日

作者简介：岛村辉（しまむら てる，1957—　），男，日本菲利斯女学院大学教授，主要从事日本文学与文论研究。

译者简介：寇淑婷（1980—　），文学博士，女，四川大学文学与新闻学院副教授，主要从事中日文学关系研究。

研，之后，她向母校北京师范大学提交了博士论文，并获得博士学位，正如作者简介所介绍的那样，她现在任教于四川大学文学与新闻学院。

本书所涵盖的内容并未停留在前述“郑成功文学”的研究领域，其还包括对日本人所书写的泰山、成都表象的探究。在日本近代文学领域，其研究了亚洲太平洋十五年战争后的日本文坛，以及对具有独特才华的有吉佐和子及其文学的研究等。同时，在理论方面，她还对中国古代体系性的文学理论著作《文心雕龙》在日本的接受度，按照时代变迁进行了整理和饶有趣味的研究。可见，寇淑婷在俯瞰其广泛的研究领域的同时，并未局限在对中日两国作家、作品论的个案研究上，正如本书书名所示，我认为她将研究放置在了更加广阔的世界中。

在日本留学期间，寇淑婷曾去平户、长崎参观学习，并寻访了平户的郑成功遗迹。后来，我听她说过，她对那里的印象极其深刻。提起平户，就会想起一百年前在郑成功活跃的那个时代，中国的私人贸易商人、往来于中日之间的一位人物，他叫王直。

王直是一位既有能力又有野心的贸易商人，历史上评价其为“后期倭寇”的代表头目。据说 1543 年他在种子岛邂逅了葡萄牙人的商船，并在“铁炮传来”之际，以“中国明朝儒生五峰”之名充当了日本人和葡萄牙人的中间人。王直曾经居住在平户，在其据点长崎县五岛列岛的福江岛，现在还保存着其贸易遗迹和为了祈求航海安全而建造的“明人堂”。探究尚未有定论的这个时代的东亚交流史，从欧洲到印度再到东南亚，甚至是美洲大陆，展望与此相连的世界的可能性，这正是寇淑婷的研究所呈现给读者的，我认为此言一点也不足为过。

在衷心祝贺本书付梓之时，也期待寇淑婷在学术上日益精进取得更大的成就。

# 全球化时代的文学文化研究

## ——《东西精舍：中日文学文化比较论》前言

寇淑婷*

四川大学　文学与新闻学院，四川成都　610065

**摘　要：**《东西精舍：中日文学文化比较论》将中日文学文化比较研究置于全球化时代的世界性视野之中，从东亚俯瞰世界，聚焦“中日文学跨学科研究”“日本文学与中国都市意象”和“中日文论与文化互系研究”三大板块，旨在构建“和而不同”“差异即对话”的东亚文学审美共同体。

**关键词：**比较；精舍；文学文化回环论

今天的学术研究已经进展到了全球化的时代，这个时代的特点是寻求文明共处、构建人类命运共同体，也是追求“和而不同”或者说“差异即对话”，因此，这一时代赋予人文学者的使命更加艰巨、更具挑战性。拙著《东西精舍：中日文学文化比较论》所遵循和践行的就是这样的时代精神和学术理念，至于其效果如何，那只能是交由同行专家和读者来评判。下面我个人首先就本书所涉及的主要概念范畴做一点儿说明和解释。

本书之所以取名“东西”，一是因为中国位日本之西，日本处中国之东，二是因为本书将中日文学文化研究置于全球化时代的世界性视野之中，并未完全拘泥中日文学文化本身，而是在中日之外另辟第三视角，即“西方”视角的使用，西方也是一个重要参照。简言之，我所谓的“东西”具有双重意味：中国与日

---

* 收稿日期：2021年9月26日

作者简介：寇淑婷（1980—　），女，黑龙江望奎人，文学博士，四川大学文学与新闻学院副教授，主要从事中日文学关系研究。

本，东方与西方。夫“精舍”也者，本为空间概念，最初指儒家讲学的学社，后来也指佛教中出家人修炼的场所，在这里转指跨越东西方的研究，也兼有柏拉图“会饮”（symposium）的意趣。

康德认为“时间和空间是可以从中先天地汲取各种综合知识的两个知识来源”，或者说，“空间和时间合起来是所有感性直观的纯形式，并由此而使先天综合命题成为可能”①。康德其意是说，时间和空间是人类用来理解世界的先天条件，然而，在当今世界由于“比较”无处不在，“比较”已成为人们的无意识，即“比较无意识”，于是我们似乎可以冒险提出，在康德的时间和空间之外，应该还存在着第三种理解世界的方式，即“比较”。

在日常生活中，比较也随处可见，最常见的“比喻”就是一种比较。比喻是用与一种事物有相似点的另外一种事物来描写和说明此一事物，是一种常见的修辞手法，也称“打比方”或者“譬喻”。中国古代经典《诗经》中所运用的“赋”“比”“兴”等表现手法，其中的“比”可以理解为“比喻”或“类比”。类比以彼物比此物，无疑也是一种比较。关于“比喻”，美国著名文学理论家乔纳森·卡勒指出：“比喻把一种事物比作另一种事物（如称乔治是头驴，或者把我的爱人比作红红的玫瑰）。如此说来，比喻便是认知的一种基本方式：我们通过把一种事物看作另一种事物而认识了它。”② 在卡勒看来，比喻是人类认识世界的一种方式，然更显而易见的是，这种方式也是通过对两种事物的比较来实现的。卡勒对比喻还有进一步的阐述，如说：“理论家们称‘我们身边’的比喻为基本的比喻手段，比如‘生活是一次航行’。这种比喻手段形成了我们对世界、对人生的思维方式：我们在生活中总是努力要‘达到某一点’，总要‘找到我们的道路’，要‘知道我们正走向哪里’，要‘面对前进道路上的障碍’，等等。”③毫无疑问，卡勒也认为比喻是日常生活中最常见的认知手段，对人们的思维方式具有导向作用。实际上，比喻作为一种比较，人们通常期望通过熟悉的事物来认识不为人所知的事物，从而也能够形成对于熟悉事物的再认识或认识的更新。

回到康德对于世界认识方式的时间和空间来看比较的话，比较可以是处于同

---

① ［德］康德，《纯粹理性批判》，李秋零译注，北京：中国人民大学出版社，2011，第65页。

② ［美］乔纳森·卡勒，《当代学术入门：文学理论》，李平译，沈阳：辽宁教育出版社，1998，第75页。

③ ［美］乔纳森·卡勒，《当代学术入门：文学理论》，李平译，沈阳：辽宁教育出版社，1998，第75页。

一时间轴的比较，也可以是处于同一平面空间的比较，于是这也就是说，比较被置于纵向的历史轴和横向的地理轴之中。在这一状态下审视比较，其目的便不在于求同，事物之坚硬的存在使我们无法同而化之，而在于看到彼此之间的差异，是“和而不同”，是在差异中寻求对话，这种“对话并不是要放弃差异，而是将差异置于对话主义的‘星从’，在其中差异既是话语性的，也是本体性的”①。本书中的“比较”，即是基于这种理念的比较。

接下来我想重申的是文学与文化之关系问题，然而，在讨论这两者关系之前，有必要首先阐明本书对“文学”这一概念的界定。关于文学概念的探讨，一直是学界关注和争议的焦点，例如中国学者金惠敏提出的“没有文学的文学理论”的命题（参见金惠敏：《没有文学的文学理论》，载《文艺理论与批评》2004年第3期；《阐释的政治学：从“没有文学的文学理论”说起》，载《学术研究》2019年第1期），英国学者特里·伊格尔顿的《文学理论导论》（文化艺术出版社，1987）坚持的政治化的文学的观念，日本学者铃木贞美的《文学的概念》（王成译，中央编译出版社，2011）推荐的大文学概念，美国学者勒内·韦勒克的《文学理论》（三联书店，1984）发展的自足性文学定义，等等。基于对学界文学概念的思考，王向远在《比较文学学科新论》中提出了“涉外文学”一说。他指出，“涉外文学”的内涵和外延都大于“形象学”，它包含了一国涉及另一国的所有形式的文学作品以及该作品的所有方面，包括了异国人物形象，以及异国背景、异国舞台、异国题材、异国主题等等；它包括了“想象”性的、主观性的纯虚构文学，也包括了写实性的、纪实性的游记、见闻报道、报告文学、传记文学等②。由此可见，这里探讨的“文学”已不再只是虚构性的纯文学文本，它还包括写实性的非纯文学文本。在本书中，作为研究对象的文学便是在这一意义上的“文学”。

关于“文化”的定义，泰勒在其《原始文化》（1871）一书开宗明义，将“文化”视作“复合之整体”（complex whole），不仅含有传统文化观所谓的“知识、信仰、艺术、道德、法律”等等，也添加有其于人类学意义上对“文化”

① 金惠敏，《差异即对话》，北京：中国社会科学出版社，2019，第18页。

② 王向远，《比较文学学科新论》，南昌：江西教育出版社，2002，第236页。

的理解，即“习俗以及人类作为社会成员所可获得的任何其他能力与习惯”①。泰勒的定义突出了文化的物质性与整体性。雷蒙德·威廉斯也多次表述过其关于文化的定义：在其《文化与社会》（1958）中他提出，文化即“整体之生活方式，包括物质的、知识的和精神的”②；在其《文化是普通的》（1958）一文，他拆分开来说：“我们在两种意义上使用文化一词：意味一种整体之生活方式——共同的意义；意味艺术与学术——发现与创新性的努力。有些作者只保留这些意义中的这一个或那一个；而我则坚持二者，坚持其连接在一起的重要性。关于文化，我提出的问题是深层的个人的意义。文化是普通的，不仅存在于每一社会，也存在于每一心灵。”③ 其《漫长的革命》（1961）又有进一步的发挥：“文化是对一种特殊生活方式之描绘，这种生活方式表达某些意义和价值，但不只是经由艺术和学问，而且也通过体制与日常行为。依据这样一个定义，文化分析就是对暗涵和显现于一种特殊生活方式即一种特殊文化之意义和价值的澄清。”④ 显而易见，威廉斯的文化观汲取了泰勒定义的精髓，即文化是“整体之生活方式”，将物质的、知识的和精神的生活尽行收纳其中。此外，很多文化研究的理论家都探讨过文化的定义，例如伯明翰现代文化研究中心的创始人理查德·霍格特的《识字的用途》等。

那么，文学与文化究竟是什么样的关系呢？对此，乔纳森·卡勒指出：“文化研究包括，并涵盖了文学研究，它把文学作为一种独特的文化实践去考察。”⑤ 可见，文学作为一种独特的文化实践，是从属于文化的，也正是因为文化研究“坚持把文学研究作为一项重要的研究实践，坚持考察文化的不同作用是如何影响并覆盖文学作品的，所以它能够把文学研究作为一种复杂的、相互关联的现象加以强化”⑥。这里强调的是文化对文学的影响及其决定性作用，但实际上，文

---

① Edward Burnett Taylor, *Primitive Culture: Researches into the Development of Mythology, Philosophy, Religion, Art, and Custom*, vol. 1, reprint edition, Cambridge: Cambridge University Press, 2010 (1871), p. 1.

② Raymond Williams, *Culture and Society*, 1780 - 1950, London: Chatto & Windus, 1959, p. xvi.

③ Raymond Williams, *Resources of Hope: Culture, Democracy, Socialism*, ed. Robin, Gable, London & New York: Verso, 1989, p. 4.

④ Raymond Williams, *The Long Revolution*, Harmondsworth: Penguin Books, 1965 [1961], p. 57.

⑤ ［美］乔纳森·卡勒，《当代学术入门：文学理论》，李平译，沈阳：辽宁教育出版社，1998，第46页。

⑥ ［美］乔纳森·卡勒，《当代学术入门：文学理论》，李平译，沈阳：辽宁教育出版社，1998，第50页。

学与文化之间的关系是错综复杂的。

卡勒进一步指出："从理论上说，文化研究是包罗万象的：莎士比亚和打击乐、高雅文化和低俗文化、关于过去的文化和关于当今的文化。但是在实际当中，既然意义是建立在区别的基础之上的，那么人们就把文化研究作为相对于其他科目的研究来对待。那么相对于什么科目呢？因为文化研究是从文学研究中生成的，所以答案常常是：'相对于文学研究，相对于传统意义上的文学研究。'这种文学研究的任务是把文学作品作为作者的成就去理解，而研究文学的主要原因是那些巨著有着特殊的价值，它们无所不容，它们的美、它们的洞察力、它们的普遍意义，以及它们可能会给读者带来的什么好处。"① 在这里，文学也包含了文化，这就是说，文学与文化是一体的。此外，文化也可以通过文学的形式再次回到文化，例如，对于信仰而言，其本身是一种文化，当这种信仰文化作为文学的内容被书写、被阅读和传播，特别是被大众化和日常生活化的时候，那么它就又回到了文化本身。例如在中国，像《三国演义》《水浒传》这类文学作品与其说是文学，毋宁说更是一种文化。

文学与文化是回环式相互转换的，文化是文学的日常形式，文学是文化的理论化和精英化形式，文化可以通过文学的形式再度回归到文化，二者是循环往复的，我们姑且称此为"文学文化回环论"吧！

以上从方法论角度对本书的关键词"东西""精舍""比较""文学与文化"进行了辨析和阐释，这是本研究的基本理念，也是理解本书内容的关键。对于本书所包括的"中日文学的跨学科研究""日本文学与中国都市意象""中日文论与文化互系研究"这些具体研究，此处不再赘言，我更加希望本书能够在研究视角和方法上给读者以某种启示，若此，也就不枉费我笔耕多年的付出了。

---

① ［美］乔纳森·卡勒，《当代学术入门：文学理论》，李平译，沈阳：辽宁教育出版社，1998，第49页。

# 命运、孤独与反抗

## ——《星空下的婴儿：一个魔鬼情圣的自白》的人生“荒诞性”隐喻研究*

张雪勤[1]　董首一[2]

1. 西南交通大学　人文学院，四川成都　611730

2. 西南交通大学　人文学院，四川成都　611730

**摘　要：**安德鲁·西恩·格利尔的《星空下的婴儿：一个魔鬼情圣的自白》是西方命运主题与现代“荒诞”美学相结合的一部当代命运悲剧寓言。该作品体现了“命运”给个体生存所带来的荒诞性，个体试图通过“自欺”与“欺人”来改变命运却进一步陷入迷惘的悖论性，及个体通过爱与“死”而彰显自我的永恒性等三个方面的主题。安德鲁·西恩·格利尔作为“70后”作家，他的这部作品不同于奥威尔、卡夫卡等前辈作家立足于社会政治层面的荒诞表达，他所探讨的是超出政治、经济、意识形态之上的当代人深层的“孤独”，是人类生存的悲剧寓言。

**关键词：**《星空下的婴儿：一个魔鬼情圣的自白》；荒诞性；孤独感；自我反抗

## 一、引言

古希腊命运主题贯穿西方文学之始终。在当代西方文学中，命运主题与现代

---

* 收稿日期：2021年4月20日

作者简介：张雪勤（1998—　），女，四川泸州人。西南交通大学人文学院2020级比较文学与世界文学方向硕士研究生，主要从事现当代欧美文学研究。

董首一（1985—　），男，河南许昌人。西南交通大学人文学院中文系副教授，硕士研究生导师，主要从事比较文学与世界文学研究。

“荒诞”主题相结合，生长出具有现代寓言色彩的命运书写。美国作家安德鲁·西恩·格利尔（Andrew Sean Greer，1970— ）的《星空下的婴儿：一个魔鬼情圣的自白》（*The Confessions of Max Tivoli*）便是这样一部命运悲剧寓言。书中讲述了一个关于“我们每个人都是某人一生的挚爱”的荒诞爱情故事。故事男主人公麦克斯的身体生长违背正常的自然规律，年龄与外表始终难以同步，他带着荒诞的身体秘密戏剧性地与爱丽丝相遇、离别、重逢、再离别、再重逢，最终以养子的身份回到爱丽丝身边。爱丽丝浪漫纯粹、热爱自由，永恒地追寻爱情，但始终受困于麦克斯的爱情之网，她一生爱恋休吉，却等到了后者自杀的结局。休吉按部就班地过着正常人的平凡生活，却以好友之名爱慕着麦克斯，最终为成全麦克斯的爱情而选择自杀。麦克斯、爱丽丝以及休吉都难以摆脱“命运”的掌控，他们与自我、他人和客观世界产生矛盾，最终深陷难以挣脱的孤独处境，从而表现出不同的荒诞性，但他们以爱情、自由和死亡为反抗命运和荒诞世界的生存方式。

目前，中国学者对格利尔小说的研究还比较少，仅见刘露探讨过格利尔在《莱斯》（*Less*）中表现的美国社会边缘人物的生存问题，曹瑶瑶以《婚姻的故事》（*The Story of a Marriage*）为例分析了格利尔小说语言风格的翻译，由此可见，中国学界对《星空下的婴儿：一个魔鬼情圣的自白》的研究存在巨大的空间。本文将依托古希腊命运观及存在主义理论，分析《星空下的婴儿：一个魔鬼情圣的自白》中故事主人公的荒诞特点，探讨他们在各种矛盾冲突中的孤独迷惘，着重研究人物面对荒诞与孤独处境所做出的反抗斗争，从而尝试深化学界对该小说的研究。

## 二、“命运”：个体生来注定的荒诞性

在古希腊悲剧中，作家们将命运主题与人的生存问题联系起来，通过受难、死亡、惩罚、诅咒等方式诠释个体命运，从而展现人生存的挣扎或反抗，强调命运的不可违抗性和偶然性。命运“不是有形的或具体的，而是一个统摄万有的存在，一种不可逾越的界限”①，“在一个被命运过度主宰的宇宙中，自由具有不确

① 李建，《论古希腊悲剧中的命运观》，山东大学硕士学位论文，2008，第22页。

定的价值；人在悲剧中的作用是有限的”[①]。索福克勒斯（Sophocles，前496—前406）笔下的俄狄浦斯反抗神谕却走向杀父娶母的悲剧结局，极力逃脱命运的诅咒却一步步实践了诅咒，他反抗行动的自由性与命运的偶然性的对立最终造就了自身存在的荒诞。这种荒诞在现当代西方文学作品中也得以延续，成为文学创作和哲学世界的一个重要母题。

存在主义对“荒诞”有着明晰而系统的界定，他们认为“荒诞”是一种人与世界脱节的生存状态，“死亡，真理与万汇不可消除的多元性，现实世界的不可理解性，偶然性：凡此种种都是荒诞的集中体现”[②]。加缪指出：“荒诞本质上是一种分裂。它不存在于对立的两种因素的任何一方。它产生于它们之间的对立。”[③] 根据存在主义者的观点，荒诞源于人与客观世界的对立，人与其生存的世界不再是和谐统一的，人无法控制客观世界，反被无秩序无理性的外在支配，人所面对的始终是一个虚无和荒诞的自在的存在，人的心灵无所依托，人的身体无所适从，人努力摆脱存在的荒诞和虚无却徒劳无用。在《星空下的婴儿：一个魔鬼情圣的自白》中，三个主要人物被命运的偶然性与无秩序所控制，不可捉摸的、既定的命运将其带入荒谬的深渊。他们身处一个熟悉的世界但却与现实世界分离，异于常人的身体、无力抵抗的爱情诅咒与不可言明的性取向束缚了个体存在，对生命的憧憬与生命的有限性的对立构成了自身的荒诞。

小说男主人公麦克斯自称是一种和人类彻底脱节的怪物。常人按照年龄正常地经历少年、青年、成年、中年、老年并将以衰老之身迎接死亡，可是麦克斯有悖于这种正常的生长规律：“我在生理上逆行着，眼角的皱纹渐渐淡去，头发是由白转灰再变黑，我的手臂隆起了年轻的肌肉，皮肤日益润泽，先长高，然后又退缩成嘴上没毛的乖男孩。”[④] 麦克斯本该属于正常社会的一员，但是异常的身体将他从“常态”中剥离，使其生来就在生理上遭受苦难。他无法预料命运给自己安排的身体诅咒，更不能改变既定的身体变化规律，在成长之路上也难以用外物遮掩个人明显的身体无序性，只能无奈接受自己被“扭转”的身体，以荒诞之

---

① R. Rader, “The Fate of Humanism in Greek Tragedy”, *Philosophy and Literature*, Volume 33, Number 2, October 2009, pp. 442 - 454.

② ［法］让-保罗·萨特，《萨特文集》（文论卷），沈志明等主编，北京：人民文学出版社，2000，第57页。

③ ［法］阿尔贝·加缪，《加缪文集》，郭宏安等译，南京：译林出版社，1999，第642页。

④ ［美］安德鲁·西恩·格利尔，《星空下的婴儿：一个魔鬼情圣的自白》，范佳毅译，上海：上海人民出版社，2006，第6页。

躯存在在正常世界里。命运的偶然性预设了麦克斯身体的荒诞性，身体的荒诞则构成了麦克斯整个人生的荒诞，麦克斯本身即是一种虚无与荒谬。

女主人公爱丽丝追求爱情但却反复被命运捉弄，戏剧化的、无力抵抗的爱情诅咒使其成为荒诞的个体。小说中，爱丽丝在三个年龄段均是意料之外地与麦克斯相遇或重逢，在追寻爱情的道路上始终与麦克斯紧紧牵缠：爱丽丝在年少时因一只蜜蜂意外地遇见麦克斯，却爱上了麦克斯的好友休吉，休吉的拒绝以及麦克斯与爱丽丝母亲的情人关系让爱丽丝彻底逃离麦克斯。中年时已成寡妇的爱丽丝在一场车祸中戏剧性地与麦克斯重逢，但她并未认出这荒诞身躯下的故人，只当他是成熟稳重的艾斯加并与其相爱结婚；然而爱丽丝偶然发现了那块刻有麦克斯身体秘密的金首饰，最后愤然离去。老年时，收音机里突然播放的摄影信息成为麦克斯寻找爱丽丝的关键线索，退变为孩童的麦克斯最终如愿以养子的身份回到她的身边，命运再次将二者牵连起来。这种一生注定要与麦克斯纠缠不清的爱情诅咒使爱丽丝成为爱情世界里的受难者，她意欲挣脱诅咒却徒劳无益，数次逃离但逃无可逃，逃离的结局依旧是使自己陷入无法摆脱麦克斯的荒谬深渊。

不可言明的同性恋取向使休吉体现出有别于麦克斯与爱丽丝的荒诞性。休吉拥有正常变化的外表，安稳地念书、结婚生子，但在这种表面的正常与和谐中，他以好友之名默默地爱恋和陪伴麦克斯，以常人所经历的生活隐藏了自己不可言说的同性恋取向。同性恋本就遭人非议，难以得到认可，因而休吉的掩饰是社会环境下的必然选择，这种不可言明的性取向使休吉成为现实世界中的异类，无法与普遍价值秩序下的常人产生共鸣。休吉的同性恋取向也蕴含了爱情与友情的对立冲突，麦克斯明白休吉的心意但选择了沉默与忽略，而休吉更是至死都不曾挑明自己的爱，双方的沉默是以维系友情为基点的，一旦挑明，或许二人的友情也难以如过往那般纯粹，因而休吉的同性恋取向注定是不可言明的，只能在沉默中逝去。不可预知的命运给休吉铸上了难解的同性恋枷锁，剥夺了休吉表达情感的自由，他默默在现实世界中遮蔽个人的性取向，心灵难以与现实世界相通，也难以与同性恋圈子和谐交融，最终成为双重世界的荒诞人物。

## 三、孤独："自欺"者与"欺人"者的悖论

在存在主义者的哲学世界里，上帝不存在了，包容一切的宗教大厦骤然倒塌，那些可以在理性世界中找到价值的可能性不复存在，"一切都是容许的，因

此人就变得孤苦伶仃了，因为他不论在自己的内心或者在自身之外，都找不到可以依靠的东西”①。处于由偶然性支配的、无秩序的、不合理的客观世界里的人，孤零零地被抛入这个世界，他们被迫成为“自欺者”或是“欺人者”，在荒诞的客观世界中遗失信仰、难以自解而孤独迷惘。

根据萨特的观点，“自欺”实则是对自在的逃避，对自我采取一种否定态度，“自欺不能够相信它要相信的东西”“自欺是在不相信人们相信的东西中逃避存在。它预先消除了一切相信：即它想获得的相信，而同时又是另一些它想逃避的东西……自欺的原始活动是为了逃避人们不能逃避的东西，为了逃避人们所是的东西”②。“自欺”在古希腊文学传统中已有呈现，悲剧主人公往往在“自欺”的行为里身陷悖论的困境。当俄狄浦斯从神谕中得知自己杀父娶母的悲剧命运时，他选择离开以逃避诅咒，这种离开的过程亦是其“自欺”的过程，俄狄浦斯的最终目的是为了逃避那根本无法逃避的神谕。格利尔小说中的两个男主人公可谓俄狄浦斯的现代化身，他们以“自欺”的方式与荒诞命运斡旋，试图逃避命定的灾难，却进一步地与自我、他人和世界对立起来，从而使自身成为悖论。

小说中麦克斯以谎言追求爱情，在“自欺”行为中与真实的自我碰撞摩擦，最终陷入新的孤独境域。麦克斯一生都在隐藏自我的真实身份以接近和陪伴爱丽丝：年少时他以“提弗利先生”的名义进入爱丽丝的生活，中年时抹杀自己的过往，以“艾斯加·凡杜勒”的新身份与爱丽丝恋爱结婚，而在年老时又以休吉儿子的身份成为爱丽丝的养子。麦克斯坚持逃避无法改变也无法逃避的身体变化规律，逃避现实世界对他的真实认知与理解，即“异类”，同时也是在逃避真实的自我。麦克斯的逃避印证了自身的荒诞性，伪装的自我与真实的自我产生矛盾，因而他总是在讲述谎言时纠结痛苦，自欺使其在获得满足后仍旧是孤独失落的个体：“我回家了，终于回家了。那种忧伤和无望的甜蜜，忧伤的是，我知道，心里藏着这一切，我还是孤独一人。”③ 显然，休吉也是一个俄狄浦斯式的“自欺者”，他试图以平凡生活遮掩自己对麦克斯的同性之爱，逃避不受自我控制的、

① ［法］让-保罗·萨特，《存在主义是一种人道主义》，周煦良、汤永宽译，上海：上海译文出版社，1988，第12页。

② ［法］让-保罗·萨特，《存在与虚无》，陈宣良等译，北京：生活·读书·新知三联书店，2014，第105—106页。

③ ［美］安德鲁·西恩·格利尔，《星空下的婴儿：一个魔鬼情圣的自白》，范佳毅译，上海：上海人民出版社，2006，第259页。

不能逃避的真实性取向，休吉在这种逃避中以“可望而不可即”的状态陪伴麦克斯，独自承受着源自爱情与友情的孤独。

麦克斯的“自欺”与“欺人”是同时存在的，他逃避自我也是在欺骗他人，因而扭曲了自我与他人的关系，自我与他人对立起来，他人亦使麦克斯陷入孤独的“地狱”。在存在主义者看来，“说谎的本质在于说谎者完全了解他所掩盖的真情”，“在自身中肯定真情而在说话时又否认了它，并且为了自己否认这个否定”①。麦克斯深知个人身体变化的不可逆转性，但坚持向爱丽丝隐瞒身体秘密，否定自身存在的真相，同时告知爱丽丝自己已无亲人，抹去了过往的一切，这些“欺人”行为的背后存在一种超越性，即麦克斯对爱丽丝的超越身体和世俗的源自灵魂的爱。然而，这种灵魂之爱引发了麦克斯与爱丽丝、休吉间不可规避的冲突，爱丽丝与休吉的存在都是使麦克斯陷入孤独的催化剂。

萨特认为，爱情具有三重可毁灭性，一是爱情本质上是一种骗局，因而在爱恋的冲动中恋爱者永远不满足；二是别人总是会觉醒的，因而恋爱者将有永远的不安全感；三是爱情是永远被一些别人相对化的绝对，恋爱者也就有了永远的羞耻感。② 谎言是一种虚无，麦克斯的“欺人”行为充斥着不满足感和不安全感，以谎言获取的幸福注定会走向幻灭，命运的偶然性与不确定性终会揭破麦克斯的骗局：爱丽丝在两次得知麦克斯的身体秘密时均是决绝离去。他在这种缥缈、荒诞和具有不确定性的爱情世界里，终归是孤身一人：“亲爱的爱丽丝，我生命中再没别人，就剩下你了。我把他们都遣走了。”③ 此外，谎言中的麦克斯不知不觉地伤害了休吉：年少的“提弗利先生”要求休吉拒绝爱丽丝的爱情，中年的“艾斯加·凡杜勒”让休吉与自己假装陌生人以消除爱丽丝的怀疑，老年的“小休吉”为了陪在爱丽丝身旁而要求休吉离去。麦克斯对爱丽丝的异性之爱与休吉对麦克斯的同性之爱发生激烈冲突，他一心追寻爱情而忽略了陪伴自己的休吉，似是拥有了渴望的一切但付出了惨痛的代价——休吉自杀。休吉死后，麦克斯

---

① ［法］让-保罗·萨特，《存在与虚无》，陈宣良等译，北京：生活·读书·新知三联书店，2014，第79页。

② ［法］让-保罗·萨特，《存在与虚无》，陈宣良等译，北京：生活·读书·新知三联书店，2014，第462页。

③ ［美］安德鲁·西恩·格利尔，《星空下的婴儿：一个魔鬼情圣的自白》，范佳毅译，上海：上海人民出版社，2006，第170页。

“白天吃个不停，晚上哭个不停，还不肯换衣服”①，极其反常的行为蕴含了强烈的孤独感与幻灭感，这是麦克斯彻底失去好友后的悲痛与绝望。因而，在麦克斯选择以谎言追求爱情的过程中，无论是在爱情世界还是友情世界，麦克斯一直与他人存在隔膜，爱情的短暂满足并未填补内心深处的缺失，他始终以孤独的状态与他人对立起来。

加缪在《西绪福斯神话》中提到：“假如我是树林中的一棵树……因为我是这个世界的一部分。我可能会属于这个世界，而现在我以我全部的意识和我对熟识的全部要求来和这个世界相对立。”② 人与客观世界的对立使自我游移在外，人最终成为无所依托的孤独的局外人，局外人即是面对着客观世界的人。孤独的“自欺者”与“欺人者”注定归属于客观世界的局外人，身体不曾脱离现实世界，精神和心灵却难以诗意地栖居。如前所述，麦克斯因身体的异常而在肉体和精神上与客观世界格格不入，心灵飘荡在正常运行的客观世界上空，他凝望着现实世界内部和正常的生老病死规律。在这种“局外人”与“旁观者”的处境下，麦克斯无疑是孤独的，而孤独也给予他融入世界的可能性，孤独让作为局外人的麦克斯得以与现实世界共在，因而他永远在这种无限循环的蕴藏孤独失落的轨道中徘徊。休吉因其不可言明的同性恋取向在爱情和友情上都默默忍受痛苦，无论是在正常的异性恋圈子还是在同性恋圈子，或是在看似和谐的友情世界里，休吉的心灵始终难以获得安宁，休吉亦是常世的局外人。爱丽丝追求常人的浪漫爱情，但一生无法逃离麦克斯，休吉的自杀亦使她倍感悲痛、绝望，这使她与客观世界相分离而成为爱情世界中孤独的局外人。

## 四、反抗：爱情与“死亡”中彰显永恒的自我

在古希腊戏剧中，命运总以神谕的方式宣判人的无力与渺小，荒诞的主人公无法抵抗神谕的诅咒与命运的玩弄，但人乃世界的根本，悲剧人物面临荒诞命运拥有“不服从”的权利：“不服从的代价是毁灭，但我们可以选择是否服从；人被警告应逃避某些东西，但是也拥有选择的自由。向自身弱点屈服的人则是那带

① ［美］安德鲁·西恩·格利尔，《星空下的婴儿：一个魔鬼情圣的自白》，范佳毅译，上海：上海人民出版社，2006，第 261 页。

② ［法］阿尔贝·加缪，《加缪文集》，郭宏安等译，南京：译林出版社，1999，第 657—658 页。

来不幸的上帝的帮凶。”[①] 因此尽管悲剧主人公做出选择的最终结局是走向更深的幻灭，却也体现了人在命运前对自我的坚守和追求。俄狄浦斯以“离开”为反抗诅咒的选择，执着地探寻神谕的真相而与命运斗争，他在反抗中彰显出个体存在的光芒，这种“反抗”的哲学内涵在后世的文学或哲学作品中被不断深化。

存在主义哲学格外强调荒诞的人应采取行动，哪怕行动徒劳无益但不可以不行动，他们主张以反抗的方式应对荒诞、寻找个体存在的意义：“反抗就是人和他自己的阴暗面之间的永恒对抗。它要求一种不可能的透明。它时时刻刻都对世界提出疑问”[②]，“反抗贯穿着生存的始终，恢复了生存的伟大”[③]。萨特也认为荒诞的人应以反抗确立自身，用反抗思想思索世界的荒诞性与表面的荒芜。在《星空下的婴儿：一个魔鬼情圣的自白》中，三个主要的荒诞人物通过对爱情、自由和死亡的追寻来抵抗荒诞命运，虽然他们最终无法改变悲剧性结局，但其反抗行为展现出个体不向悲剧命运妥协的斗争意识，具有古希腊悲剧英雄的崇高色彩。

小说主人公永恒地追求着爱与自由，以爱与自由为个体反抗命运诅咒的首要方式。反抗者首先是说“不”的人，麦克斯从年少到年迈始终在向悲剧命运说“不”，他虽无力掌控异常的身体，但在对个人身体规律的被动接受中是以坚持不懈的反抗为前提的，对爱情的永恒追求即是贯穿其生存始终的反抗，麦克斯在追求爱情的同时追求自己的人格完整性和社会权益。爱情赋予麦克斯希望和力量，他逐渐感受到属于正常人的恋爱与婚姻生活，身体异常带给麦克斯的不自由在爱情中暂时消失了，荒芜失落的心灵在爱情世界里被短暂地安放。麦克斯的爱情谎言虽使他感受到极致的孤独，但也在一定程度上使他拥有了渴望的爱情与自由，麦克斯在荒谬的世界里因爱情而获得了成为一个完整的人的可能。

休吉对麦克斯的同性之爱是他反抗荒诞处境的有力方式。荒诞的同性恋取向使休吉无法拥有真正的爱情，但隐藏同性恋取向的荒谬行为促使他得以长久地陪伴在麦克斯身边，休吉曾在这种同性之爱中获得了友情世界中的幸福与自由。因而荒谬的同性之爱本身也是对荒谬的抵抗，休吉在同性之爱中守护着无法言说的爱情，同时也维系了珍贵深厚的友情。爱丽丝以爱情反抗与麦克斯牵缠的情感诅咒，“像她之前的许多女人一样，她非得靠婚姻才能改变。她一直想改变，做一

① W. R. Agard, “Fate and Freedom in Greek Tragedy”, *The Classical Journal*, Volume 29, Number 2, November, 1933, pp. 117-126.

② ［法］阿尔贝·加缪，《加缪文集》，郭宏安等译，南京：译林出版社，1999，第659页。

③ ［法］阿尔贝·加缪，《加缪文集》，郭宏安等译，南京：译林出版社，1999，第660页。

个全新的女人，于是她就不停地结婚……”[①] 另一反面，爱丽丝呼唤着自由：“我要自己的事业，一个摄影工作室，我要独立工作的空间，是的，是的，噢，我要……”[②] 爱情使爱丽丝无法远离麦克斯，但正是在她不断追寻爱情的过程中，她逐渐成为另一个追求事业与自由的全新个体，保持着个体的自由性和自主性。

“死亡”是小说整体的结局走向，麦克斯与休吉都在自杀中结束了悲剧命运，其自杀行为本身是悲剧性的、荒谬的，但亦是他们应对荒诞和悲剧的终极选择。存在主义者对死亡持否定态度，认为死将会抹去生命中的全部意义，“自杀是一种将我的生命沉入荒谬之中的荒谬性”[③]。加缪也将自杀与反抗对立起来，认为自杀无法表现反抗并成为反抗的反面，他指出，“死亡之后，一切就都完了。我也没有永存的自由，我是奴隶，尤其是一个没有永恒革命希望的、不求助于蔑视的奴隶”[④]。因而存在主义哲学主张人掌握自己的命运，强调荒诞的人要先活着，并使荒诞活着，那么就要正视荒诞。人被死亡选择，但是人自身首先要去选择面对死亡的各种态度，不应把死看作是旋律的结尾的最终的和弦，人必须“要未曾和解地死，不能心甘情愿地死”[⑤]。在存在主义视野下，以自杀结束悲剧人生的麦克斯和休吉表面上是选择了反抗的反面，似乎体现了对荒诞的妥协与服从，并不符合存在主义哲学否定死亡强调“活着”的原则。然而，麦克斯和休吉的自杀行为具有超越悲剧的深刻意义，他们超越荒诞世界和自身肉体，以自杀去反抗命定的死亡之期或悲剧爱情，死亡是他们选择的一种永恒的生存方式。

麦克斯异于常人的身体决定他生命的限度仅有七十年，当他退变为初生婴儿时，他的生命也将宣告终结。麦克斯确知自己的生命长度，但他选择在命定的死亡之期到来前离开世界：“我最后的岁月将是一场身体的噩梦……我俩都知道，我会在那之前结束一切。”[⑥] 麦克斯主动地选择了面对死亡的态度，不屈从诅咒

---

① ［美］安德鲁·西恩·格利尔，《星空下的婴儿：一个魔鬼情圣的自白》，范佳毅译，上海：上海人民出版社，2006，第238页。

② ［美］安德鲁·西恩·格利尔，《星空下的婴儿：一个魔鬼情圣的自白》，范佳毅译，上海：上海人民出版社，2006，第185页。

③ ［法］让-保罗·萨特，《存在与虚无》，陈宣良等译，北京：生活·读书·新知三联书店，2014，第655页。

④ ［法］阿尔贝·加缪，《加缪文集》，郭宏安等译，南京：译林出版社，1999，第662页。

⑤ ［法］阿尔贝·加缪，《加缪文集》，郭宏安等译，南京：译林出版社，1999，第660页。

⑥ ［美］安德鲁·西恩·格利尔，《星空下的婴儿：一个魔鬼情圣的自白》，范佳毅译，上海：上海人民出版社，2006，第251页。

也不悲观地等待死亡，自杀在命运的诅咒面前成为一种最大的反抗，“个人在反抗中接受了死亡并终于为此死去，表明他是为了超出个人命运的利益而牺牲的。宁肯死亡也不愿否定所捍卫的权利”①。麦克斯宁愿提前结束生命也不屈服于命运安排的死期，通过自杀掌握了生与死的主动权，以死亡与异常的身体抗衡、与悲剧性的爱情斗争，从而维护作为人的完整性。

休吉的自杀则是对同性恋悲剧的反抗。为了麦克斯，休吉在年少时拒绝爱丽丝，在中年时被迫“遗忘”麦克斯，而在麦克斯寻找到爱丽丝后，他以近乎乞求的口吻挽留麦克斯：“过来跟我一起在农场住，这会让我快乐无比……我会在你身边。我会照顾你直到你死。我会的。”② 麦克斯仍旧决绝地要求休吉离开以成全自己的爱情，休吉最终以自杀的方式彻底消失了。他反复被要求“忘记好朋友”和“离开好朋友”，绝望与悲痛的累积促成了他的自杀，可见其自杀注定是悲剧的，必然具有“心如死灰”般的悲观色彩。然而，休吉的自杀并不完全悲观，隐含着一种“为他性”，为往昔旧爱而死，以自我牺牲成全自己所爱之人的终极愿望，悲剧之余蕴含了动人的人道主义精神，这种人道主义亦是对悲剧的抗衡。休吉在自杀中反抗了荒诞的命运，向着同性恋悲剧呐喊，以自杀的方式维护了纯粹的同性之爱，哪怕求而不得，但至死都在坚守内心对麦克斯的爱情。因而休吉的自杀并不是对同性恋爱情与荒诞命运的完全妥协，悲剧结局中闪烁着反抗性的乐观主义光芒。

小说中三个主人公均以自己的方式追寻着爱情和自由，并未彻底沦落为悲剧命运的奴隶，爱情和自由一方面让他们本身成为荒诞和孤独的存在，另一方面也给予他们全新的生命力。麦克斯和休吉的自杀亦是辩证的，死亡使其成为悲剧的个体，同时也展现出各自应对荒诞的超越性选择。小说的悲剧不只是纯粹的悲剧，荒诞的人物并不止于荒诞的本质，悲剧和荒诞也蕴藏了深厚的希望。

## 五、结语

《星空下的婴儿：一个魔鬼情圣的自白》将小说人物的悲剧命运与“荒诞”

① ［法］阿尔贝·加缪，《反抗者》，吕永真译，上海：上海译文出版社，2010，第17页。

② ［美］安德鲁·西恩·格利尔，《星空下的婴儿：一个魔鬼情圣的自白》，范佳毅译，上海：上海人民出版社，2006，第254页。

元素完美融合，谱写了一曲具有现代意义的生存哀歌。异于常人的身体、无力抵抗的爱情诅咒以及不可言明的性取向使故事主人公与现实世界格格不入，他们在“自欺”中与自我发生矛盾，在“欺人”中与他人对立起来，最终以局外人的身份游移在客观世界外，心灵无处归依。然而悲剧主人公并未屈从于命运，他们在荒诞和孤独中永恒地追求着爱与自由，或将死亡视作反抗荒诞现实的终极方式，其行动蕴含着古希腊英雄般的悲壮性和崇高性，隐喻了生的伟大与死的永恒。因此，该小说的荒诞性不只是表现出悲观绝望的基调，而是整体上升华了小说的爱情主题，展现出小说处于悲剧与希望之间的艺术张力。从更广阔的层面出发，这种荒诞性也启发现代社会中在身体和心灵上惨遭异化的人以反抗谋求自我生存。

# 外国文化研究

# 民国时期中国民俗学研究中的法国范式*

佘振华

四川师范大学　外国语学院，四川成都　610101

**摘　要**：20 世纪上半叶，法国的民俗学尚未形成一个独立的学科，甚至于法国的民俗研究者也不太使用源自英语的“民俗”，而是更加偏向于使用本土的“民间传统”。但是，这并不是说法国的民俗学研究对中国就没有影响。恰恰相反，它也曾对中国的民俗学形成了一种“法国范式”。与对英国民俗学的理论译介相比，这种“法国范式”的民俗学影响更加偏向于民族学和人类学的方法，并且在中国民俗学研究领域取得很大的成就。

**关键词**：民国；中国民俗学；法国范式

在早期中国民俗学的西方影响中，法国范式最不易辨认。原因之一是在法国自身的民俗学研究史中，强势的民族学将民俗学完全纳入了自己的研究领域。从这个意义上说，在 20 世纪上半叶，法国的民俗学尚未形成一个独立的学科，甚至于法国的民俗研究者也不太使用源自英语的“民俗”（folklore），而是更加偏向于使用本土的“民间传统”（tradition populaire）。但是，这并不是说法国的民俗学研究对中国就没有影响。恰恰相反，它也曾对中国的民俗学，甚至可以说形

---

* 收稿日期：2021 年 9 月 15 日

基金项目：国家社科基金项目“近代法语期刊与‘中国西南表述’研究（1800—1940）”（项目编号：18BWW019）阶段性成果。

作者简介：佘振华（1981—　），男，安徽休宁人，四川大学比较文学与世界文学专业博士，巴黎第十大学（Université Paris X）人类学专业博士后，四川师范大学外国语学院副教授，硕士研究生导师，中国法语文学研究会理事，中国文学人类学研究会理事，主要从事文学人类学、比较文学、法国民族学与人类学研究。

成了一种“法国范式”。与对英国民俗学的理论译介相比，这种“法国范式”的民俗学影响更加偏向于民族学和人类学的方法，并且在中国民俗学研究领域取得很大的成就。当然，我们也不能忘了这一时期胡愈之和杨堃两位学者在译介法国民俗学方面的成绩。

## 一、法国民族学和人类学方法在汉学研究中的运用

与英国民俗学的影响不同，法国民俗学在中国的最早形态并非理论或著作的译介，而是把法国民族学和人类学的方法运用在汉学研究中。造成这一特点的主要原因在于20世纪上半叶法国汉学研究处于世界领先的地位。如雷海宗所言：

由夏德至今日二十余年的光景，国内史学界的成绩虽然可怜得很，西洋支那学界却有非常惊人的进步。尤其是法国最近出来一群后起之秀，其中国历史之知识可与国内所谓饱学宿儒相比，其见识则高超不知若干倍①。

可见国内学者对法国汉学，尤其是法国汉学研究方法的推崇。具体到个案上，以下将分别以戴遂良和中法汉学所来阐述法国汉学在中国民俗学上的成就。前者是法国著名的传教士兼汉学家，代表了20世纪初至20世纪20年代法国在中国民俗方面的研究水平。后者是一个机构，其团队成员包括了法国汉学家铎尔孟、施来麦、甘茂德和中国学者杨堃（社会学）、曾觉之（法国文学）、傅惜华（俗文学）、高名凯（语言学）、聂崇岐（历史学）等，代表了20世纪30至40年代法国汉学中中国民俗研究的成绩。

首先来看看戴遂良的中国民俗研究。这名法国耶稣会传教士一共写了62部著作，主要涉及中国的语言、哲学、宗教、历史和民俗方面。因为在汉学方面的杰出成就，1919年，巴黎国际历史学协会把他评选为“最有影响的汉学家”之一。然而戴遂良在中国民俗研究上的成就源于他的传教士身份，但同时也毁于他的传教士身份。传教士需要面向社会底层，需要长年累月地与底层民众交谈，这不仅要求传教士得具备非常好的汉语水平，同时还让他们有机会接触到中国民间的各种习俗。正是利用这一便利条件，戴遂良得以从事他的中国研究，尤其是他

① 雷海宗，《夏德——中国上古史》，《社会学刊》第2卷1931年第4期，第13页。

的中国民俗研究。然而，他的传教士身份也让他的汉学研究无法得到法国正统汉学家们的好评。戴遂良本人强烈的传教意识导致了他的目标在于为西方传教士在中国推行天主教提供必要的中国文化知识，“这种强烈的传教意识导致主观性和片面性凸显于戴遂良的汉学研究之中”①。于是，这一点招致了法国正统汉学家对他的批评。这些批评主要有两类，一类是批判戴遂良的西方中心主义和天主教中心主义，代表人物有戴密微，后者指出戴遂良“思想狭隘，不放过任何机会来贬低、嘲讽不信教的中国人”②；另一类是批判戴遂良的著作缺乏学术性和规范性，代表人物有沙畹，他对戴遂良的《历史文献》一书评价道：“这部著作缺少其所依赖的权威性资料的出处，也未曾提供支持自己观点的论据……作者在对史实的描述中添加了大量的个人见解。”③ 尽管戴遂良的研究存在着诸多缺陷，但是从田野搜集民俗并整理民间故事的方法还是有许多可取之处，也为中国民俗保存了许多材料。也正是从戴遂良开始，法国正统汉学才逐渐注意到中国民俗的价值。

在戴遂良的著作中，与民俗学相关的主要有《民间叙事》（*Narrations populaires*）和介绍宗教语言的《民间道德与风俗》（*Morale et Usage*）、《近世中国民间故事集》（*Folklore Chinois Moderne*）、《中国宗教信仰及哲学观点通史》（*Histoire des croyances religieuses et opinions philosophiques en Chine depuis l'origine jusqu'à nos jours*）等等。其中，尤其以《近世中国民间故事集》为代表，该集一共收集了 222 则中国古代民间故事，并首次使用西方学术索引的方式来汇编这些收集而来的民间故事，从中归纳出 21 条故事类型和 70 个母题。这一方法在中国民间故事研究中尚属首次，而且也更加便于西方读者了解中国民俗。因此，从这些角度来看，戴遂良的中国民俗研究无论是从方法上还是从资料保存上都是具有一定的积极意义。需要指出的是，戴遂良只是当时法国传教士研究中国民俗的一个个案，除此之外，禄是遒（Père Dore）、顾赛芬等其他法国传教士也分别研究了中国的迷信、仪式等民间风俗。

至于中法汉学所则是一个纯粹的学术机构。由于受抗日战争的影响，法国汉学在中国的重要阵地北京中法大学不得不南迁，所以法国驻华大使馆准备在北京

① 谢海涛，《浅析戴遂良的汉学研究》，《文汇报》2013 年 12 月 23 日，第 11 版。
② 转引自谢海涛，《浅析戴遂良的汉学研究》，《文汇报》2013 年 12 月 23 日，第 11 版。
③ 转引自谢海涛，《浅析戴遂良的汉学研究》，《文汇报》2013 年 12 月 23 日，第 11 版。

设立一个法国汉学研究所，以维持法国汉学在西方汉学中的领先地位。

1941年9月1日，在北京前中法大学旧址内，法国驻华大使戈思默亲自主持了中法汉学研究所的成立仪式，并宣布由铎尔孟担任该所所长。此时的中法汉学研究所非常简单，只设立了民俗学组。该组所有的研究工作都交给了社会学家、民族学家和民俗学家杨堃负责，他当时正任燕京大学社会学教授。除了杨堃，其他的研究人员大致有两类，一类是留在北京，并对法国汉学有兴趣的中国学者，诸如曾觉之、傅惜华、高名凯等；另一类是从法国或者法属印度支那派来的法国留学生，由中法双方的学者共同指导这些法国留学生的汉学研究。至1941年11月，中法汉学所又成立了法文研究班。1942年9月，该所设立了语言历史组和通检组。1943年5月，汉学研究所图书馆也得以组建。

通过上述介绍，我们大致可以发现中法汉学所的几个特点。第一，从成立之日起，该所就是一个纯粹的学术机构，而且该所的学术研究主要是围绕汉学而展开的。在战乱中能有一方研究的净土，中法汉学所在近十年的时间里做出了大量的成绩。第二，该所虽然名为“汉学研究所”，但是其研究的方式与传统汉学乃至远隔万里之外的法国汉学有所不同，后者主要从事的是历史文献的研究，而中法汉学所则是以民俗学研究为最主要的工作，并且深受法国民族学的影响，从事田野考察，搜集民俗。在杨堃的领导下，该汉学所取得了卓越的成绩。

《汉学》杂志是该所出版的研究期刊，在其第一辑中专文介绍了自1941年10月至1944年7月间中法汉学研究所的主要工作，主要包含以下三个大类、九个方面的工作①。第一个类别是对中国民俗的收集与整理，具体内容有以下五个方面：

### （一）五祀研究

中法汉学所民俗学组系统性地对五祀问题展开了研究，拟共计发表七篇论文，分别为导论、通论、论中霤、灶神考、行神考、门神考、结论，最后还附上书目提要以及研究资料。主要讨论了古史研究的概况、五祀的名称、五祀种类以及起源、五祀与五行的关系、战国前后的五祀、中霤的意义及其在五祀中地位的演变、灶神的起源及演化、行神的意义及演变、门神与户神等问题。其中，杨堃的《灶神考》为此系列论文的第四篇。

---

① 具体内容参见：石堉壬，《本所工作概况》，《汉学》1944年第1期，第259—278页。

### （二）风土全志的编纂

该所考虑到中国缺乏翔实的风俗资料书籍，于是计划编纂《中国风土全志》，将各省、县志所载的风土一门编纂成辑。从体例来看，全书按照省、县两级区划编排，主要有四个部分的内容。第一部分为总说，介绍一县的历史沿革；第二部分为提要，以题解的方式解释所录方志的纂修、内容、版本情况；第三部分为正文，全文的记录；第四部分为校勘记，校对和记录县志的不同版本，对其中记载风土一门之异同加以校对、记录。这项工作起始于 1942 年 9 月，主要利用国立北京图书馆里所收藏的资料。截至 1944 年 6 月，该所研究人员已经抄录了河北省 123 个县、山东省 89 个县、山西省 80 个县的风土，初稿整理完毕的有河北省 115 个县、山东省 83 个县、山西省 71 个县。

### （三）神祃资料的搜集、整理与研究

该项工作的神祃资料收集工作，主要来自杜柏秋、于鹤年以及其他各方友好寄赠或代购的神祃 3900 余件，共 4900 余张，其中，比较罕见的作品为四川、湖南、湖北、江西、广东等地的神祃。中法汉学研究所对神祃资料的整理主要有三个步骤。第一步登记，内容包括登记号码、分类号码、名称、类别、地别、采集方式、采集日期、张数、尺寸及备注等；第二步制作目录卡片；第三步制作研究卡片，内容包括登记号码、分类号码、来历、式样、功用、备注及参考书籍。

### （四）年画资料的搜集、整理与研究

首先仍然是年画资料的收集，据该所工作概况介绍，中法汉学所保存的年画，大部分为杜柏秋从各地购买的作品，当然，还有不少作品是通过捐赠或者代购的方式收藏的，共计 350 余件，其中尤其以四川、陕西、河南等地制作的年画较为珍贵。在整理程序上，此项工作的步骤及其条目、格式与上述神祃的收集和整理相同，只是在类别项内有所改动，填写内容为戏剧、故事、颂祝、讽刺、风景等。

### （五）照相资料的搜集、整理与研究

中法汉学研究所民俗学组专门设置了照相室，专门负责相片资料的收集。但凡与民俗学有关的各种活动，如岁时风俗、服饰、居室、游艺、习惯、礼节及民

间技艺等都在拍摄范围之内。该室共拍摄各种傀儡戏、年节风俗、民间技术、国剧身段、姿势语言等相片600多张。这些照片尺寸都是长13厘米、宽11厘米，贴于特制的大卡片上，卡片附有简单的说明，上面记载了登记号码、分类号码、摄制日期、像中人物及备注等。

中法汉学所民俗学组的第二类工作是编制民俗学分类表。根据该所工作概况介绍，这一工作主要参考北大图书馆学专家刘国钧编写的《中国图书分类法》中礼俗部分的分类来进行。同时还参考了布鲁塞尔十进分类法（Classification décimale de l'I. I. B.）中民俗学类的详细条款，并以该组所收藏资料的实际情形进行修改，经过研究所研究员共同详密研讨才撰写成初稿。此后，中法研究所内有关民俗学的日报、杂志论文和书籍上的资料以及照片资料等都按此法分类。

该所民俗学组的第三类工作为摘录各类已出版文献中的民俗学资料。其中主要包含以下三个方面的内容。

（一）为日报论文编辑索引

此项工作是将日报中有关民俗学的资料加以搜集，其程序按圈画、剪贴、制作卡片三个步骤进行，卡片内则注明篇名、著者、日期、版次等项内容，然后按该组所制民俗学分类表排列。民俗学组在其成立后的3年多里，共剪贴11000余件。

（二）为杂志论文编辑索引

此项工作是将研究所图书馆所收藏的杂志中有关民俗学的论文制成卡片，该卡片包括论文名称、著者、卷期、页次及出版年代等项内容，然后将此卡片按该组所制的民俗学分类表排列。

（三）为西方的中国民俗研究著作编辑索引

截至1944年，民俗学组主要是为法国神父禄是遒的《中国迷信研究》和荷兰汉学家格鲁特（J. M. De Groot）的《中国宗教系统》等书，编制人名、书名通检及研究卡片。

此外，北京中法汉学研究所还非常重视向公众展出它的藏品。如1942年7月，该所就举办“民间新年神像图画展览会”。按原定计划，该展览会从7月16日开始，一共持续15天，后来因为参观人数众多，展览会不得不延长10天，至8月10日才最终结束。

综上所述，中法汉学所民俗学组在杨堃的领导下已经取得了很大的成绩，而这一成绩如法国民族学中的民俗学研究一样，并不在于提出某种理论，甚至连对民俗的主观分析都较少，而把重心放在收集和整理民俗上。从这个角度看，法国赛比约和范·热内普民族学式的民俗研究对该所的工作产生了巨大影响。此外，该所的风格还深深地打上了杨堃个人的学术风格，即为相关资料整理提要，编辑索引。例如在杨堃对莫斯的译介方面，杨堃就花了大量的时间和精力整理《法国社会学家莫斯教授书目提要》。

## 二、法国民俗学的汉语译介

最早对法国民俗学进行译介的是胡愈之先生。1928 年，由于激烈地批判蒋介石在“四一二”运动中的暴行，胡愈之不得不流亡法国，在法国巴黎大学学习国际法。在此期间，胡愈之接触到了法国民族学和人类学的相关理论，并将法国学者莫里斯·倍松（Maurice Besson）的《图腾主义》一书翻译成中文。

这本书首先于 1929 年在《一般》期刊的第 8 卷第 4 期和第 9 卷第 4 期上刊载，后于 1932 年 11 月由上海开明书店出版。全书一共八个章节，分别为“图腾主义是什么”“澳洲土人的图腾主义”“美洲印第安人的图腾主义”“马达喀斯加的图腾主义”“亚洲的图腾遗迹”“非洲的图腾主义”“古代世界的图腾主义”“图腾问题及其解释的理论”。通过该书对图腾主义的解释，我们会发现它具有非常明显的涂尔干社会学特征。例如该书强调图腾主义对社群而言的宗教功能，说“图腾主义便是原始人们的宪法。对于此种原始的宪法的研究，能使我们了解某种社会的如何组成，某种概念的如何产生，而且也许更能使我们明白某种宗教的概念在昏暗的史前时代已微露曙光”①。

胡愈之先生翻译此书的目的并不明确，但是他后来并未把图腾或者说民俗学作为自己的研究方向。而以民俗学家、民族学家的身份翻译法国民俗学研究成果的当属杨堃。也许正是因为杨堃是这一领域的专家，所以他对译本的选择也比胡愈之要更加经典。

杨堃主要译介了法国两位民俗学家的理论和方法，分别为汪继乃波（Arnold Van Gennep，今译范·热内普）和葛兰言（Marcel Granet）。在当时的法国，虽然范·热内普并非涂尔干学派的成员，但是他的成就也是在民族学和民俗学两个方面，尤其是在仪式研究理论和法国民俗的整理上。至于前者，范·热内普主要提

① ［法］倍松，《图腾主义》，胡愈之译，《一般》第 8 卷第 4 期，第 643—651 页。

出了“过渡仪式”理论；至于后者，范·热内普提出了一系列整理民俗的方法，并积极地编写了《法国当代民俗学手册》(*Manuel de folklore français contemporain*)。

1932年至1933年，杨堃连续在《鞭策周刊》上发表了《介绍汪继乃波的民俗学》和《汪继乃波的民俗学》两篇介绍性的论文，同时还翻译了范·热内普的《民俗学的方法》《民俗学之纲目》等文章并同样发表在《鞭策周刊》上。通过这些论文和译文，刚刚回国参加工作的杨堃就把法国的民俗学研究方法带回国内。例如在《民俗学之纲目》一文中，杨堃就把法国的分类法译介至国内，文中提到“仅想观察与搜集事实并不算完，我们还应知道怎样去作分类……为的观察能有结果，须先知道从前的探求者整理事实所用的‘纲目’”[①]。此外，该文除了介绍英国民俗学会和侯夫满可来叶（Hoffmann-krayes）的纲目，还介绍了法国民族学家、民俗学家赛比约（即杨堃译“塞毕犹”，Paul Sébillot）的纲目。

至于葛兰言，杨堃从1942年开始在《国立北京大学法学院社会科学季刊》上分三次发表了《葛兰言研究导论》一文，文中不仅介绍了葛兰言的主要研究成果，更是强调了葛兰言的研究方法。《葛兰言研究导论》上篇主要包含“引言”和“葛兰言的学术背景”两个部分，强调了沙畹的汉学研究和涂尔干、莫斯的社会学与民族学研究对葛兰言的影响；在《葛兰言研究导论》中篇中，杨堃主要介绍了葛兰言的研究方法，强调葛兰言研究中国之方法的独特性在于运用涂尔干学派的社会学理论来分析古代中国的社会、文化、宗教、礼仪和风俗。《葛兰言研究导论》的下篇主要是葛兰言著作的书目提要，分为“著作”“论文”“其他著述”三个部分，非常详细地记录了葛兰言本人的绝大部分著作和他人对葛兰言著作的评论。

综合分析以上的译介情况，我们可以了解到民国时期法国“民俗”话语与中国的关联基本是在方法论上的。而且，这种方法论主要是法国社会学和民族学的方法。虽然范·热内普并非涂尔干学派的成员，而且实际上他在法国也一度被涂尔干学派的民族学研究边缘化，但是他对中国民俗学的影响仍然体现在民族学的理论和方法上，尤其是在法国本土民俗学研究的纲目学上。

---

① 汪继乃波，《民俗学之纲目》，杨堃译，《鞭策周刊》第2卷第21期，第5—9页。

# 反面人物的现代性伦理内涵

## ——以《蝙蝠侠：黑暗骑士》为例*

杨明强

哥廷根大学 哲学系，下萨克森哥廷根 37073

**摘 要：**在克里斯托弗·诺兰执导的电影《蝙蝠侠：黑暗骑士》中，小丑是一个迷人的反面人物。电影中，小丑作为一个代表无政府主义和混乱的恐怖分子，他的行为没有规则、没有道德、不受利益诱惑；他神秘、充满活力，拒绝理性分析。借助这一偏执而迷人的形象，诺兰意在对现代高度理性化的社会及其市民伦理进行反思。

**关键词：**克里斯托弗·诺兰；《蝙蝠侠：黑暗骑士》；现代性；道德伦理

如果说好莱坞的超级英雄电影有模式化的特征，这不是苛评。截然对立的正反面人物、惊险刺激的情节、精彩的特效制作，再加上大牌影星的加盟，这些都是超级英雄电影成功的标配。在当今的电影消费市场上，这几项因素加在一起已经足以让一部平庸的电影大卖。与漫威系列的超级英雄电影单纯的正邪不同，克里斯托弗·诺兰的《蝙蝠侠》系列显得与众不同，主要表现为诺兰的《蝙蝠侠》系列电影都有着鲜明的伦理和哲学内涵，意再对当代社会的现实、政治和伦理等问题进行反思。如《蝙蝠侠：侠影之谜》在悲观哲学的底色下讨论社会正义的意

* 收稿日期：2021年5月11日

基金项目：教育部人文社会科学研究项目“影像媒介的时间性及其在话语建构中的价值研究”（项目编号：20YJC760099）阶段性成果。

作者简介：杨明强（1987— ），男，四川德阳人，德国哥廷根大学现代德语文学系2020级德语文学专业博士研究生，主要从事现代德语文学、文学理论和文化研究。

义；在《蝙蝠侠：黑暗骑士崛起》中，诺兰则有意把现代民粹政治和恐怖主义纠缠在一起。不过，就这个系列中对现代性论题的考察来说，《蝙蝠侠：黑暗骑士》（以下简称《黑暗骑士》）则当仁不让成了主角，电影中反面人物小丑活跃的精神气质与正面人物的被动恰好形成强烈的反差。借助这一对立，诺兰有意反思现代理性主义对现代人精神的宰制，借反面人物来反思现代性的命题。

## 一、现代性及其伦理

在德国社会学家马克斯·韦伯看来，现代性就是理性化不断推进的过程。传统世界以宗教和彼岸世界为中心，从而结成一个伦理的统一体。现代世界不同于以宗教神权为价值根基的传统世界，它是一个高度分化的世界，每一生活领域都发展出自身的规范和价值，其规则的根据不是源于超验的神圣价值，而是诉诸以目的为导向的理性计算，韦伯将这一过程称为“世界的祛魅”①。以目的为导向的理性计算具有解神秘化的功能，通过对手段与目的之间不断的计算，为了让一切服从于理性和可以预期的计算，其目的是要排除一切未知和神秘。其结果是，神圣、超验的价值为理性算计所取代，对现代生活的操控成了目的本身。

祛除神秘的世界是一个世俗化的世界，以彼岸价值为导向的终极关怀由此失落，赋予个体生活以秩序和意义的维度也随之丧失。个体必须独自面对自身，因为人的行动没有了更大的社会和宇宙视野的伴随，个体的行为英雄维度也随之丧失。故而，现代人追求的是一种实用的道德伦理，人的生活限于自身周遭的庸常的世界，限于日常生活、斤斤计较和狭隘生活目标的算计之中，追求一种渺小而粗鄙的快乐和可怜的舒适。英雄气概、贵族气质都成了理性计算的敌人，伟大的报复、激情和以死相趋的价值统统显得不合时宜②。对于生活的庸常化，蝙蝠侠和小丑都不满意，他们通过自己的行为，去追求认为值得追求的价值。

《黑暗骑士》的主要情节是以蝙蝠侠为代表的正义力量和以小丑为代表的邪恶势力的对抗，但这却不是简单的正邪对立。在精神气质上，蝙蝠侠布鲁斯不是现代市民世界庸碌无为的市民，他崇尚英雄气概，有自己的崇高的道德原则，所

① ［德］马克斯·韦伯，《学术与政治》，冯克利译，北京：生活·读书·新知三联书店，1998，第48页。

② ［加］查尔斯·泰勒，《本真性的伦理》，程练译，上海：上海三联书店，2012，第4页。

以他行侠仗义，渴望对社会有所作为。借助现代科技的帮助，蝙蝠侠布鲁斯为自己打造了一套蝙蝠侠的装备，飞天遁地，除暴安良，让众多的罪犯闻风丧胆，黑帮不得不收敛他们的嚣张气焰，社会风气为之一改。蝙蝠侠拥有执行暴力的武器和能力，但他却从不滥用这种能力，他所做的只是去打击罪犯，将其交给警察，让他们接受法律和正义的审判。但是，他的行为却为社会多数人不理解，不能得到社会的谅解，其原因在于，他们不能容忍戴着面具的神秘人物在社会中出现，蝙蝠侠的行为被认为是在践踏司法和程序正义，故而不少人总是千方百计想揪出到底谁是蝙蝠侠。所以，他在与警界合作时也只能戴着面具，并且只与警察局长戈登单线接触，因为除此之外他没有可以信任之人。

小丑把蝙蝠侠归为自己的同类，他认为蝙蝠侠和他都是一种超越一般市民社会伦理和道德规范的存在，所以为社会所不容。不同于蝙蝠侠去维护现代市民社会（或资产阶级）的秩序，小丑蔑视众人和社会，认为现代市民社会的道德原则、价值准则等等都是虚伪的做作，是“文明人”（civilised people）玩的精致而可笑的把戏。也正是由此，他要以自己行事的乖戾、无原则、无规划、无道德去撞击他眼中无趣和可悲的市民社会价值和道德。因此，《黑暗骑士》中小丑的不凡出场便可以理解，他和一伙人抢劫银行，同时却拿劫匪同伴做人性实验，他让同伙在抢劫过程中干掉其他同伙，从而让剩下的人分得的利益更大。劫匪们斤斤计较，互相算计，为争夺利益的最大化而互相残杀，但是机关算尽，却失去了卿卿性命，最终一无所获，并用自己的性命来为狭隘的行事原则买单。电影开场几分钟便把小丑的行为乖张、不近情理和毫无原则展现得淋漓尽致。

## 二、反面人物的伦理内涵

从蝙蝠侠和小丑正反两方面的人物来看，现代市民社会的伦理都和他们的存在方式有着显著的冲突。正如启蒙理性所要求的，理性设计的要求是找到终极的答案，让世界变得清晰可见，故而追求“所有真问题要有一个答案”“真问题的答案是可知的”①。蝙蝠侠和小丑在市民社会眼中代表的是未知而神秘的世界，这和现代启蒙理性的追求背道而驰，他们造成市民社会的不安，故而大家不遗余力想要去除他们。就电影的视觉呈现来说，蝙蝠侠的日常生活、他的家世、心理

① ［英］以赛亚·伯林，《浪漫主义的根源》，吕梁等译，南京：译林出版社，2008，第28页。

状态对观众来说都是可知的，对电影中的市民世界却是未知的；小丑更是一个极端，对于电影的隐含叙述者、观众和剧中人物来说，他始终是个神秘的存在。

神秘的存在即意味着他的行为不是理性所能穿透。在与小丑对抗的过程中，蝙蝠侠总是感到小丑过于神秘，猜不透他的行为出于何种动机，其目的为何。管家阿尔弗雷德讲述了一个与小丑相应的反面人物的故事，这一点把蝙蝠侠的性格更明显地衬托出来。阿尔弗雷德年轻时曾和几个朋友为缅甸政府工作，为招安一些不安分的部落，他们计划用宝石去收买部落首领，但是宝石在丛林里被抢，下落不明，他们认为窃贼是为钱财而抢劫，故而试图寻找宝石交易的线索来锁定劫匪，但是，他们的行动长时间内一无所获，最后，他们看到某个部落的小孩玩着橙子大小的红色宝石。这样一个简单故事勾勒出的反面人物的精神气质与小丑相应，他的行为不是以利益为导向，故而阿尔弗雷德他们行动的导向一开始就是错的，但是他们却浑然不知。《黑暗骑士》中的小丑也是如此，他的行动也不是以利益为导向，故而他对蝙蝠侠和警方来说都是参不透的谜题。小丑把走投无路的黑帮拉入他的麾下一起对付蝙蝠侠和警方，却把从黑帮手中拿到的佣金付之一炬，并嘲笑黑帮利欲熏心。

《黑暗骑士》中的小丑代表的是高度理性化的现代社会的反面。现代社会中，人的工作、家庭、医疗、教育、邻里等特征在不同的社会系统中有其对应的标记，官僚机构用一整套数字和程式对这些特征做出精确的记载和划分。但是，小丑却拒绝社会对他做出这种理性化和数字模块化的分割。在电影的叙事中，小丑自始至终都是一个神秘莫测的人物，即使他自己暴露的身世也因前后矛盾显得可疑。例如，他对自己嘴角伤疤的叙述就不一致，一次他说是他父亲酒后所为，另一次则为取悦被毁容的女友。在与警方的较量中，他占尽优势，原因在于，他的身体和社会特征在社会系统中没有丝毫的印记，纵使现代的官僚系统无比强大和有效，但它却对小丑无可奈何。他没有留下任何相关的指纹、DNA、求医记录、身世、住址等信息，因为他是一个整全而神秘的个体，所以他拒绝对人碎片化和程式化地分割。对此，诺兰显然是有意为之，在采访中，诺兰说："显然，我们的小丑总是极端的无政府主义和混乱。由纯粹的无政府主义，他展现出纯粹的恶。……在叙述方式上，我们不想让他变得富有人性，不想去展示他的出身，展示他何以成为如此，因为这都会让他变得更不让人畏惧。"① 正因如此，2019年8

① https://cinephiliabeyond.org/the-dark-knight/

月由托德·菲利普斯（Todd Phillips）导演的《小丑》与《黑暗骑士》中的小丑是个有趣的对比，前者巨细无遗地对小丑的家庭、社交、生存环境还有他的社会经济状况进行呈现，为的是给小丑的最后爆发做出详细的论证。可以这样说，电影《小丑》是对一个变态的犯罪人格进行了一场教科书般的社会学和心理学还原，但是，这一精致的电影语言的修辞也把小丑还原成了一个现实中可信的人物，他没有什么可让人惊叹的地方，故而《小丑》中小丑人格的解神秘化是其优点，但也正是其局限所在。例如，我们知道人的情爱离不开荷尔蒙的作用，但是如果把人的情爱完全还原成荷尔蒙的冲动，那便抽去了人的情爱的丰富精神内涵，人的情爱变得和受生理驱动的动物感官刺激没有差别。菲利普斯导演的《小丑》做的便是这样的工作，它细节的呈现虽然极其真实，但相比于《黑暗骑士》中对现代社会伦理的内涵反思，《小丑》却与现代性论题毫不沾边，引发的只是对他处境的同情而非畏惧，就这一点来说，《小丑》在思想境界上便已等而下之了。

进一步看，《黑暗骑士》中的小丑把他的对手们统统都称为“阴谋家”，这一贬义修辞的意义不言自明，意在对现代人以工具理性为主导的行为原则进行反思。小丑的言下之意不是说其对手都擅长于搞阴谋诡计，而是说他们在生活中过于精心对利益进行算计，做了太多没用的规划，让一切变得清晰可见，排除意外的干扰，正是这样的精明算计束缚住了自己的手脚。在和住院的检察官登特的一次谈话中，小丑对自己有个带有反讽性质的比喻，他把自己比作一条追逐汽车的狗，即使追上了汽车，他也不知道该拿汽车怎么办。借此故事，小丑意在强调他的做事风格，只是为做事而做事，凡事只是临机而发，不计较利益得失，不做精心算计的谋划。他嘲笑黑帮、警察做事都有计划，甚至计划周密，目的就是排除一切意外和不可知的因素，给自己牢牢掌控全局的假象。小丑反其道而为之，他把自己称为混乱的代言人，正如艾尔弗雷德所警告蝙蝠侠而言，他不做计划，“只想看着人间变成地狱”，而对于他，再精巧的理性设计都不免逊色。电影中，他借力打力，他在别人的计划中设计一点意外，原来看似天衣无缝的计划便走向了它的反面，借此，他轻而易举地就把警方严加保护的登特和其女友瑞秋变成了自己的俘虏。

## 三、反面人物的伦理困境

《黑暗骑士》存在着一个巨大的张力结构，从主要的情节来看，电影有着正邪对抗的大框架。若是考虑到正反面人物在时间上的分布，则正面人物所占的时间大大多于反面人物，电影叙事的重点明显放在了正面的一方，作为反面人物的小丑显然只是一个陪衬。不过，电影中的陪衬却成了叙事的隐形主导因素，因为正面人物的行为都是围绕小丑的行为而展开。蝙蝠侠拥有军方也没有的高端设备，可以把所有的手机变成声呐追踪设备，警方在各项任务上也有着严密的人事部署等，这些都属于小丑所嘲笑的“计划”范畴。其反讽之处在于，电影对正面人物的行事过程越是做出详细的叙述，其效果却越是衬托出他们行动的无力，最后连正面人物检察官登特也变成了小丑的同伙。电影中，小丑的乖张、桀骜不驯、充满活力，与正面人物行事的一板一眼形成了鲜明的对比。对此，我们不得不追问，结尾正面人物获胜，是否只是一种对观众的廉价安慰？就此，这里不可避免对电影中小丑所代表的价值内涵做出厘清。

《黑暗骑士》中小丑的乖张、充满活力、不为理性算计所穿透的人格实则是从极端的反面出发对现代伦理的反思。它们是现代启蒙伦理的反面，如果启蒙追求对事物清晰和切实的认知，那么小丑的形象无疑是在告诉我们，人的存在有着不为理性穿透的迷障，它拒绝人们对它进行条分缕析的算计，将其纳入死板的条条框框。《黑暗骑士》对小丑神秘和行事的率性的刻画都极尽其能，众多的评论者沉迷于小丑邪恶而迷人的魅力之中，这种对反面人物的神化，也构成了一种伦理的困境。我们一向认为，只有美好和有秩序的事物才迷人，反之则让人厌恶，但是，小丑用邪恶和混乱证明了他所散发的魅力。不过，如果对电影中小丑所代表的混乱和邪恶进行分析，它的迷人不是其蔑视现存秩序的浪漫激情，而是他性格和行为模式中那种拒绝理性拆解的因素。故而，对小丑个性的神化不是在美化暴力和混乱本身，而是在呈现人身上不可拆解的神秘因素构成的高深莫测、丰盈而又充满活力的人性。这一神秘的存在是人存在的未知之域，正是它拒绝让个体的存在和价值通过公式来计算而一览无余，从而使人的存在价值值得敬畏，这正是处于工具理性宰制下的人性所缺乏的活力。

我们知道，现代社会所遵循的不是丛林法则，社会规则的建立在于理性公民基于平等交往而形成的界限，即以赛亚·伯林所强调的人的“消极自由”①。个人的行为并不能无法无天，而是应该建立在对这种交往形成规则的遵守之上。在这一限度以内，人的存在仍然有巨大的空间，并且这一空间之中，人拥有理性，但不是任由理性宰制的玩物。这一划定的生活领域并非狭窄逼仄，相反，它给不甘平庸的人以极大的自由，在与他人平等共存的基础上去实现丰盈、充满活力的人生，这便是蝙蝠侠所代表的向度。蝙蝠侠的存在虽然不为市民社会所理解，他们认为他超越法律，但蝙蝠侠抓到罪犯之后不用私刑（追求结果的实质正义原则），而是将其交给警察和检察官，通过法律途径（即程序正义原则，实现结果正义需借助正当的程序）去实现他所追求的社会正义。正是在这一层面上，蝙蝠侠也在生存伦理上成为小丑的反面。

由此，诺兰用一对正反人物，对现代保守的市民社会的道德原则进行了批判，意在用极端的方式唤醒趋于僵化的社会道德和伦理，用神秘和未知来赋予其活力。电影的结尾，蝙蝠侠承担起登特的被小丑策反后的罪责。无辜之人承担罪责，这无疑是对市民社会无知的反讽和批判。不过，批判归批判，电影中的正面人物取得了最后的胜利，它说明现代市民社会即使不完美，但它的一些重要价值原则在经过重新审视之后仍然值得去珍视和维护。

---

① ［英］以赛亚·伯林，《自由论》，胡传胜译，南京：译林出版社，2003，第189页。

# 从作为炼金术士的浮士德看“炼金术意识”*

范耀心[1]　范　锐[2]

1. 四川大学　历史学院，四川成都　610207

2. 四川师范大学　文学院，四川成都　610068

**摘　要：**浮士德的炼金术士这一常被忽略的身份，暗示着他具备一种意识，即“炼金术意识”。这种意识包含对世界的构成方式和可变性质的认识，包含精神世界与物质世界之间的同构，也包含对物质财富的正义性认定。这种意识与近代几乎所有的自然科学与社会科学领域都有千丝万缕的关系，对欧洲乃至世界的近代化历程产生了影响。对这种意识的关注，也有助于解释为什么中国有炼丹家却没有浮士德。

**关键词：**炼金术；意识；浮士德

## 一、引言

炼金术对于世界的影响这个问题，属于这种类型的问题：每个人都知道，却很少有人能说清楚；相关资料众多，却缺乏清晰的线索。它涉及哲学、宗教、神学、化学、物理乃至文学、心理学等各个领域，现有的研究总的倾向是把这种影响划分到各个领域中，由不同领域的研究者研究其在本领域的影响。

如上海师范大学的杨勇勤在《论文艺复兴时期欧洲炼金术的阿拉伯渊源》

* 收稿日期：2021年10月7日

作者简介：范耀心（1998—　），男，四川成都人，四川大学历史文化学院2018级历史学专业本科学生，主要从事历史文化、文学研究。

范锐（1968—　），男，山东东平人，文学硕士，四川师范大学文学院外国文学教研室主任，主要从事世界文学研究。

中，通过分析阿拉伯炼金术对欧洲炼金术的影响，事实上论述了炼金术对近代欧洲文化的影响，即更加重视实验的过程和结果。这篇文章认为这种影响的意义主要是“有助于欧洲近代实验化学的兴起”①。也就是说，虽然在谈文化，最后却落足于化学。

北京科技大学科技史与文化遗产研究院的晋世翔在《近代实验科学的中世纪起源——西方炼金术中的技艺概念》中论述了“微粒炼金术”所带来的变革，作者认为这种变革主要是极大地提升了人工技艺的地位②。与上一篇文章相比，这篇文章更为重视炼金术在哲学—神学意义上的影响，但仍然把这些影响分解了。

在对炼金术影响的片面化和碎片化理解方面，新疆大学李宏刚的《管窥古代炼金术对中西社会发展的影响》是很有代表性的：该文把中西哲学与炼金术的关系局限于前者是后者的“思想基础”，而把炼金术对中西社会的影响仍然局限于科技与工业的进步方面。作者虽然提到了炼金术是“中国没能走上资本主义道路的一个重要原因”，也为“西方大肆进行殖民掠夺创造了条件”③，但理由仍然是碎片化的。

值得一提的是，上述的李文还体现出一种倾向，即勉强地把中国古代的炼丹术与西方的炼金术混为一谈。在这个问题上，中共崇左市委党校杨文定的《阿拉伯时代的炼金术文献说略》进行了一定程度的纠正。该文在谈论阿拉伯炼金术文献时涉及其与中国古代炼丹术的关系。虽然在引用文献时使用了如“金丹术”这样的概念，但该文认为中国对阿拉伯炼金术的影响主要还是在于“中国炼丹术的长生元素”④。这一问题虽然不是本文的主题，但与之相关。

综上，在炼金术影响研究中的这种碎片化现象，使得从总体上把握炼金术的影响变得比较困难。本人并不想成为一个炼金术专家，对我而言，研究炼金术的意义在于发现其在整个人类文化发展脉络中的作用。我感兴趣的是人类文化发展的历程和趋势，对炼金术我只想在这个历程中为它找到一个定位。

---

① 杨勇勤，《论文艺复兴时期欧洲炼金术的阿拉伯渊源》，《天津大学学报》（社会科学版）2009 年第 6 期，第 522 页。

② 晋世翔，《近代实验科学的中世纪起源——西方炼金术中的技艺概念》，《自然辩证法通讯》2019 年第 8 期，第 1—8 页。

③ 李宏刚，《管窥古代炼金术对中西社会发展的影响》，《科技信息》2010 年第 15 期，第 134 页。

④ 杨文定，《阿拉伯时代的炼金术文献说略》，《金属世界》2019 年第 1 期，第 20 页。

也就是说，我希望能为炼金术的影响找到一个纲领，它在不同领域的影响都能被这个纲领统一起来。我认为这个纲领是能够找到而且有必要找到的，只是在我能检索到的现有研究中没有发现。

如果问谁是欧洲历史上最著名的炼金术士，答案很难讲是牛顿还是浮士德。但后者的名气主要不是因为炼金术。事实上，在歌德的《浮士德》中，直接提到炼金术的地方并不多，例如：

他结交一些炼金术士，
自己躲进黑暗的丹厨，
按照无数的丹方，
把古怪的东西融汇一炉①。

浮士德在这里说的是他父亲，不过浮士德本人，不管是在歌德的作品中，还是在英国剧作家克里斯多夫·马娄的作品中，以及其他关于他的作品中，与炼金术的关系丝毫不逊色于他的父亲。

正是在同一段中，我看到了这样的诗句，那是浮士德打算重译《圣经》的时候：

我写下一句：原始有名！
写到这儿就停顿，谁帮助我继续前进？
这名字我不能评价过分，
如果我精神上得到正确的启示，
必须另译从新。
我改译为：原始有意。
这第一行要十分仔细，
下笔切莫躁急！
这意字怎能把万物创造化育？
应当译成：原始有力，
可是我刚把它写在纸上，

① ［德］歌德，《浮士德》，董问樵译，上海：复旦大学出版社，1982，第54—55页。

就已经醒悟到它并不合适。
蓦然间豁然贯通，心领神会，
放心地译作：原始有为！①

这一段完整地体现出一个过程，对“原始”即世界本源的认识：从“有名”到“有意”到“有力”，最终落实到“有为”。“有为”到底是什么意思，文学界众说纷纭，但从炼金术的角度看含义很明确：它其实就体现了炼金术士的基本观念——物质可变，且有改变的动力。

这段情节的启发在于：浮士德用一个“为”字就统摄了他的整个思想观念，所谓“浮士德精神”，其核心就在于“有为”。理解了“有为”，就能理解整个浮士德精神，类似于中国人所说的“纲举目张”的效果。

在浮士德的启发下，我们可以发现炼金术的整个产生和发展的过程中体现出的一种认识世界和面对世界的观念，我把它称为“炼金术意识”。我认为，厘清和理解这种观念，有助于我们从根本上厘清和理解炼金术对整个世界产生的影响。限于学力和篇幅，本文只在中世纪，即5—17世纪的范围内谈论这种“炼金术意识”及其影响。本文论及的文学意义上的浮士德，主要来自歌德的《浮士德》。虽然这部巨著创作于18—19世纪，但其中作为炼金术士的浮士德，仍然是一个中世纪的形象。

## 二、“炼金术意识”之一：对物质世界的认识

在炼金术最盛行的14世纪，罗马教皇约翰二十二世于1317年发布了一道诏书禁止一切炼金术。这位教皇警告说：“他们造不出金子，却一味许愿……即日起，炼金术将被禁止，任何从事或资助炼金的人都将受到惩罚。”② 这是炼金术遭遇的最著名的一道禁令。人们注意到，颁布这道禁令的教皇本人就因为其巨大的财富和与炼金术士阿诺德·威兰诺瓦之间的关系而被怀疑懂得炼金术，因而这道禁令被认为在某种意义上反而加速了炼金术的传播。很多人怀疑禁令的真诚，认为它在针对假炼金术的同时，也试图掩盖教皇自己的财富来自炼金术的真相。

---

① ［德］歌德，《浮士德》，董问樵译，上海：复旦大学出版社，1982，第64页。
② 陈旭，《中世纪的炼金术》，《生命世界》2015年第11期，第68页。

在今天看来，真能制造出黄金的炼金术显然是无稽之谈，而教皇的禁令则似乎具有了另外的针对性：真正要禁止的是炼金术体现出的唯物主义世界观。

这种世界观就是我所说的“炼金术意识”的第一个组成部分，即对物质世界的认识。它又包括如下两个部分：

### （一）世界是由其性质可以改变的物质构成的

不管炼金术士们采用什么原料，获得什么结果，正如被认为是医学化学运动先驱的瑞士医学家帕拉切尔苏斯所言，炼金的过程就是“将天然的原料加工成为适合某种新要求，对人类有用途的产品”[①]。这一定义和别的内容大致相似的定义一样，说明了炼金术在人们习惯性地给它戴上的神秘主义面纱之下，其实有一张唯物主义的面孔。除了对世界的物质性质的认定，这一定义还认为物质的性质是可以转化的，即经过加工成为新产品。

人们总是在谈论炼金术对近代化学、医学、生物学乃至物理学的贡献，但无论是前述帕拉切尔苏斯对医学化学的贡献，还是第一位化学元素发现者布兰德对化学的贡献，还是化学家、生理学家海尔蒙特对生物学的贡献，还是被公认为史上最伟大的物理学家之一的同时也被公认为是炼金术士的牛顿对物理学的贡献，都有一个纲领性的共同的出发点，即他们相信构成世界的物质是可以转化的，这种转化可以是人为的，而且他们致力于这种转化，不管这种转化的结果是否是他们本来想获得的，正如弗朗西斯·培根所说，他们没有找到地下的黄金，却深耕了葡萄园[②]。

这可以说是“炼金术意识”对人类的首要贡献，正如“有为”一词对浮士德一生的作用。与其说是炼金术催生了很多人类近代学科，不如说是这种炼金术意识开启了人类进入这些学科的大门。事实上，紧随中世纪之后到来的人类地理大发现的时代，也是这样一个浸透着“有为”与“改变”的精神的时代。

### （二）物质构成和改变的规律是可以通过实验掌握的

在建立了“物质可以改变”的观念之后，炼金术意识又顺理成章地解决“物质如何改变”的问题，答案是“通过实验”。这就使得炼金术和近代自然科

---

① 陈旭，《中世纪的炼金术》，《生命世界》2015年第11期，第71页。
② 陈旭，《中世纪的炼金术》，《生命世界》2015年第11期，第68页。

学发生了真正的关系。

在古希腊的世界观体系中，“自然”和“人工”之间有着清晰而严密的界限。苏格拉底—柏拉图认为世界的本源是事物应然的“理念”（Idea），人工制作之物是模仿理念而成的，而艺术品又是模仿人工制作物的影像，是“模仿的模仿”，远不能表达真理①。这种观念在他们的思想上的后代亚里士多德那里发展为“自然/人工”之间的严格区分。而这种区分和所有近代自然科学的以技艺建构、人工控制为主要特征的实验思维之间明显是泾渭分明的。

当思考实验科学思维是如何冲破了古希腊哲学家们对人工技艺的蔑视和嘲弄而把人类科学带入近代的时候，人们往往会提及为一次科学实验而失去生命的弗朗西斯·培根做出的重大贡献，但却往往忘记，在培根之前，无数的炼金术士已经在那些黑暗、潮湿，摆放着坩埚、蒸馏瓶和奇怪的药品，飘荡着可疑的烟雾的厨房或阁楼里，通过那些提炼出白磷、合成盐酸的无数次实验，把这种意识建立起来，即人力施加于物质的效果，只能通过一次又一次的实验来获得。

正如科学史家帕罗·罗西所说：“培根关于‘科学作为自然的仆人，协助其运作，通过狡猾手段秘密迫使其服从人的统治’这一观念；以及知识就是力量的观念，都可以追溯到魔法和炼金术传统。”② 在我看来，这种“炼金术传统”首先就是一种通过实验去改变物质的意识，而这种意识对整个近代自然科学的影响，是所有被在各个领域内分别阐述的影响的总和。

上帝和魔鬼同时选定了浮士德来作为他们的赌具不是偶然的。身为炼金术士的浮士德事实上就是一位中世纪的科学家，他的书房可能是当时人类世界里最先进的实验室。他代表着通过人工和科学来改造上帝创造的自然的能力与倾向，换言之，炼金术士这一身份赋予了浮士德独一无二的人类特性。即使在借助靡菲斯特的魔法去和海伦相聚的时候，歌德也没有忘记使浮士德的学生瓦格纳以人类科技参与其中。

## 三、“炼金术意识”之二：物质世界与精神世界的同构性

“炼金术意识”在体现出对物质世界认识的同时，也体现出对精神世界的认

---

① ［古希腊］柏拉图，《理想国》，王杨译，北京：华夏出版社，2012，第357—359页。

② ［荷］H. 弗洛里斯·科恩，《科学革命的编史学研究》，张卜天译，长沙：湖南科技出版社，2012，第383页。

识。这两种认识具有同构性。

如前所述，在古希腊的观念中，“自然”是一种客观存在，以宙斯为首的希腊众神并非创世主。而在基督教观念中，世界是由上帝创造的。这一宗教观念来自希伯来，与炼金术本无关系。但在中世纪的基督教神学中，创造世界的过程被详加研究，使得上帝本身似乎具备了某种炼金术士的形象，《圣经·旧约·创世纪》记载：“上帝看光是好的，就把光暗分开了。”[①]“又造出各样飞鸟，各从其类。上帝看着是好的。”[②] 在《圣经·旧约·创世纪》所描述的这些过程中，上帝似乎在做实验，在把某物创造出来之前，他也不知道好不好。上帝也曾试图让各样飞鸟和走兽来陪伴男人，而在造出女人之前，这些实验可以说是失败的[③]。

如果要描述这种物质世界与精神世界的同构性，那就是：在“炼金术意识”中，世界是由可以被人力改变的物质构成的，而这一世界同时也存在于精神领域。

因此，中世纪的人们普遍相信，正是上帝通过在“实验室”的理性实践活动，才造就了我们所身处的宇宙理性秩序。在培根、牛顿这样的科学家被认为与炼金术有密切关系的同时，神学家和哲学家们也时常会不知不觉地和炼金术士走到一起。赫尔墨斯既被称为“炼金术之父”也被称为“哲学之父”，教皇约翰二十二世与炼金术士阿诺德·威兰诺瓦之间的关系也众所周知。

这种炼金术意识使神学、哲学具备了某种自然科学的性质，即具备了某种“通过人力去改变原状”的倾向。在文学中，这种倾向甚至通过这样的情节体现出来：人行使了本属于上帝的权力，即造人。

在《浮士德》的第二部第二幕，一间“中世纪风格的实验室”里，描写了这样的场景：

> 我们混合数百种原料，
> ——混合至关重要——
> 将造人原料从容调好，
> 把它装进圆瓶，外封泥胶，

① 《圣经》，新标准修订版、新标点和合本，中国基督教协会，第1页。
② 《圣经》，新标准修订版、新标点和合本，中国基督教协会，第2页。
③ 《圣经》，新标准修订版、新标点和合本，中国基督教协会，第3页。

蒸馏以适度为妙，
这件工作完成得静静悄悄。
……
玻璃瓶发出美妙之力的声音，
瓶中物质浊了又清，终要定型！
我看见一个可爱的男性小人，
模样儿玲珑透顶①。

做这场实验的是浮士德的学生瓦格纳，他造出的小人霍蒙若鲁斯(Homunculus)，事实上是中世纪炼金术士们一直以来的追求，只是相比于炼金术士的构想中那个透明而无肉体的形象更为有机实在。

这个情节一方面进一步体现出浮士德的“原始有为”思想，另一方面也说明了炼金术意识不光在哲学与神学上，而且在文学上也打下了自己的烙印。事实上，这种烙印在近现代文学史上已经形成了一条线索，从《浮士德》到雪莱夫人的关于人造人的科幻小说鼻祖《弗兰肯斯坦》，再到斯蒂文森的《化身博士》、王尔德的《道连·格雷的画像》以及乔治·威尔斯的《隐身人》和《莫罗博士的岛》② 等等。

“炼金术意识”中的“通过人力而改变”的理念在精神领域的影响最为直接的体现莫过于在近现代心理学上。人们常常谈论荣格的“炼金术象征”，即炼金术的过程象征着人从无意识到意识状态的逐渐启悟，达到对立面的和谐统一，并最终成为一个整合和独特的整体的过程③。但我们不应该忘记，这整个过程的源头都基于这样一种理念，即人的意识可以通过干预而改变。

① ［德］歌德，《浮士德》，董问樵译，上海：复旦大学出版社，1982，第401—403页。

② 分别参见：［英］玛丽·雪莱，《弗兰肯斯坦》，刘新民译，上海：上海译文出版社，2007；［英］罗伯特·路易斯·史蒂文森，《化身博士》，荣如德译，上海：上海译文出版社，2006；［英］王尔德，《道连·格雷的画像》，黄源深译，北京：人民文学出版，2004；［英］乔治·威尔斯，《隐身人》，郑红娟、范锐译，四川文艺出版社，2012；［英］乔治·威尔斯，《莫罗博士的岛》，胡筱颖、田原译，四川文艺出版社，2012。

③ 张江，《荣格炼金术思想及其应用初步的研究》，华中师范大学硕士学位论文，2012，第1—2页。

# 翻译学研究

# 工程翻译文本、原则和方法刍议*

朱　华

四川师范大学　外国语学院，四川成都　610101

**摘　要：**工程翻译是以传达工程信息为目的，在工程领域不同语言相互转化的过程中形成目标文本独特的语言和风格。工程文本属于信息型文本，由此文本产生不同的文本功能，影响译者的翻译策略和方法。对于工程术语和专用词汇，要求准确、严谨，可采用“语义翻译”策略；对于工程翻译内容，为了便于理解，可采用“交际翻译”策略。总体上讲，工程翻译应当采取变通手段，使目标语通顺、自然，传达准确真实的信息，符合目标语读者的表达习惯，但忠实原文始终是工程翻译质量的第一评价。翻译原则是对工程翻译过程的整体导向，从宏观层面上指导工程翻译策略、方法的运用，工程翻译需掌握工程翻译的原则。工程翻译原则主要有：直译优先、灵活有度、约定俗成等。

**关键词：**工程翻译；文本类型；翻译标准；翻译原则；翻译方法

“工程”是指土木建筑或其他生产、制造部门用比较大而复杂的设备来进行的工作，如土木工程、机械工程、化学工程、采矿工程、水利工程等，也指具体的建设工程项目。工程翻译是指工程领域里的应用翻译，包括以上领域里的工程文本的笔译和口译。中国翻译理论家方梦之在著作《英汉—汉英应用翻译教程》中认为，应用翻译是以传达信息为目的，同时考虑信息的传递效果的翻译①。法

---

* 收稿日期：2020 年 4 月 7 日

作者简介：朱华（1958—　），男，安徽潜山人，四川师范大学外国语学院教授，四川省高等学校教学名师，四川师范大学旅游管理、翻译专业硕士研究生导师，四川师范大学翻译研究中心主任，中国西部地区外语教育研究会常务理事，主要从事翻译与跨文化交际研究。

① 方梦之，《英汉—汉英应用翻译教程》，上海：上海外语教育出版社，2005，第 1 页。

国翻译理论家洛波尔德·维克多·德利尔（Léopold Victor Delisle，1826—1910）在著作《翻译：口译法》（*Translation：An Interpretive Approach*）中将应用翻译定义为："运用语用学知识对应用文本所进行的以传达信息为根本目的的翻译。"[①] 结合应用翻译的定义，本文对工程翻译的定义是：以传达工程信息为目的，在工程领域中两种或多种语言转换的应用翻译。

## 一、工程翻译的特点

工程翻译与文学翻译不同，具有信息性、匿名性、时效性。工程翻译具有信息性，译文需逻辑严密，无前后矛盾；语言简洁，不说套话，忌讳渲染；契合原文范式和风格。工程翻译具有匿名性，但匿名仍然要承担法律和经济责任，一个数字的误译可能导致重大经济损失。误译可能导致重大后果，译员因此要承担巨大的心理压力[②]。工程翻译具有时效性，需译员各方通力合作，保证按时、保质递交文稿而不影响项目施工。译者应掌握工程文本的这些特点，选择与之相适应的翻译策略和译文表现形式，满足工程翻译委托人和译文接受者的期盼，从而帮助工程人员有效交流信息。掌握工程翻译的这些特点，对于工程翻译，无论是口译还是笔译，都是十分重要的。

### （一）信息性

信息性（informativeness）是指译文要突出传递真实世界的客观信息和现象，保证信息传递的准确、真实和有效。工程文本为"信息型"文本，即赖斯所说的"重内容"（content-focused）的文本。功能翻译理论认为，应以交流信息"始终如一地传达文本信息"为第一要义，信息的准确与真实是这类文本的功能核心，而不是语言层面上的形式对应。要保证准确、客观地传递原文信息，必须注意源语、译语间的语言文化差异，使译文结构合理、通顺自然，不可因盲目套用原文的语言形式而导致译文堆砌生硬、逻辑不清、信息失真[③]。

---

① L. Delisle, *Translation：An Interpretive Approach*, Ottawa：University of Ottawa Press, 1988, p. 74.

② 许明武、左洪芬，《现场口译中译员"减压策略"举隅》，《中国翻译》2008 年第 3 期，第 78 页。

③ 贾文波，《功能翻译理论对应用翻译的启示》，《上海翻译》2007 年第 2 期，第 11 页。

### （二）匿名性

匿名性（anonymity）包括两方面的内容。一是大多数工程翻译由于业务交往或工作之需，仅在有限的范围内交流，译者对委托人负责，而且委托人可能就是读者本人，没有必要署名，对于公开出版物，译者有署名的，也有不署名的，这由出版单位与译者协商决定。二是大部分工程翻译缺乏译者个性和风格，文本的互文性较强，有的技术文本具有固定的格式，有的甚至有刻板的现成句式，语句的复现率大，遵循大致相同的程式（经常与原文的形式相应），译者无须署名①。

### （三）时效性

时效性（timeliness）指两个方面，一是工程技术文本及其译文本身的时效，应用翻译的主要功能是传递信息，信息在一定的时空中产生效益，超过时间，就意味着失效。译本的时效性经常转化为“翻译时限”，翻译时限即指委托人对译者完成译文的时间要求。翻译时限是翻译服务质量要求的重要指标之一，也是翻译报价的依据之一；二是工程翻译项目信息量大、交付时间短，特别是翻译投标文件，很难一人按时保质、保量完成，可采取统筹安排，分工协作②。由于工程翻译语料的性质，可借助电子工具和计算机辅助翻译，使用平行文本和语料库。电子化和网络化是保证翻译时效性的工具，译者应当努力掌握。

## 二、工程翻译的文本

卡特琳娜·莱斯（Katharina Reiss）、汉斯·维米尔（Hans Vermeer）认为：“在正常的情况下，文本类型决定译者的翻译方法；文本类型是影响译者选择适当翻译方法的首要因素。”③ 能够解决所有文本类型的翻译策略和方法并不存在，因此应当首先要区分文本类型，根据不同的文本类型选择翻译策略和方法。英国

---

① 方梦之，《应用翻译研究：原理、策略与技巧》，上海：上海外语教育出版社，2013，第45页。

② 方梦之，《应用翻译研究：原理、策略与技巧》，上海：上海外语教育出版社，2013，第46页。

③ Katharina Reiss & Hans J. Vermeer, *General Foundations of Translation Theory*, Tubingen: Niemeyer, 1984, p. 175.

翻译理论家彼得·纽马克（Peter Newmark）认为，翻译就是文本的翻译，研究翻译不能离开文本。他根据卡尔·布勒（Karl Bühler）的语言功能理论将所有的文本划分为三大范畴：A 表达型文本（expressive text）、B 信息型文本（informative text）和 C 召唤/呼唤型文本（vocative text）①。根据文本类型，纽马克为译者提供了具体的文本操作方法（见下表）。

**纽马克文本操作指南**

| | A expressive 表达 | B informative 信息 | C vocative 呼唤 |
|---|---|---|---|
| (1) 方法 | "字面" 翻译 | 等效翻译 | 等效再创作 |
| (2) 翻译单位 | 小 | 中 | 大 |
| 最大单位 | 搭配词 | 句子 | 文本 |
| 最小单位 | 词 | 搭配词 | 段落 |
| (3) 语言 类型 | 重修饰 | 重写实 | 重影响 |
| (4) 意义损失 | 大 | 中 | 因文化差别而异 |
| (5) 新词与新意 | 原文有，一定要保留 | 非具充分理由不允许 | 非正式文本，允许 |
| (6) 关键词（须保留） | 主导主题、文体标记 | 主题词 | 标记词 |
| (7) 新奇的比喻 | 移译 | 意译 | 再创造 |
| (8) 与原文比例 | 大致相同 | 略长 | 无定式 |

按照赖斯的文本分类和纽马克的文本操作指南，工程文本属于信息型文本。但是文本不是决定翻译唯一的因素，工程翻译还应当充分考虑翻译目的和文本功能。工程文本具有"信息性""匿名性"的特征，因此工程文本的翻译应以译入语的功能为导向，以传递信息为目的，重点放在客观事实上，传递指代内容，重写实；翻译单位不宜过大，一般以词组、句子为翻译单位；语言不可夸张，以写实为主；主题词必须保留，对于新词、新意一般可用译音或直译方法；关于内容与形式，文本重点在内容不在形式，不宜过分"删""减""改"。语言维度在于逻辑，文体"直白不加修饰"。

① 陈凯、张建辉，《彼得·纽马克翻译理论浅析》，《河北师范大学学报》（教育科学版）2008年第6期，第142页。

## 三、工程翻译的策略

文本类型决定文本特征，而文本类型和翻译目的又决定翻译策略。换言之，不同的文本翻译策略也不同。工程翻译策略分为“语义翻译法”和“交际翻译法”两大类，两种策略的差异在于，前者要求译文接近原文的形式，在结构和词序安排上力求接近原文，再现作者的思维过程，体现了“功能对等”的主张；后者更重视读者的感受，强调译文的可读性，注重接受者的理解和反应，即信息传递效果，是“目的论”推崇的翻译策略①。

### （一）语义翻译

语义翻译在工程翻译中运用比较广泛。语义翻译力争表现原文确切的意义，译文力求保留原文的文化、词汇和句法特色，尽可能接近原文的词汇结构和语法结构，最大可能地贴近原文形式，强调再现作者的思维过程而非其意图②。在翻译方法上多采用直译法，译文更直接、具体，但可能出现让读者感到晦涩难懂的情况。

原文：Using prestress to eliminate cracking means that the entire cross section available to resist to bending.

译文：用预应力来避免裂缝的出现意味着整个截面可以抗弯。

译文采用顺译法、直译法，再现了原文的形式和语言特点，无论是词汇还是句法，都保留了原文的特色。这是语义翻译策略在工程翻译中的运用。

### （二）交际翻译

交际翻译更多考虑的是读者的感受，强调译文的可读性和效果。由于交际翻译不拘泥于原文的内容或形式，注重的是译文的整体效果，在翻译方法上采用增译、省译、合译、重构、转换、逆序等翻译方法，使译文更顺畅，可读性更强。但由于内容或增或减，有可能导致一些信息被忽略，而一些内容过度阐释。

原文：When a curved tendon is used to prestress a beam，additional normal force

① 冉明志，《应用翻译理论与实践》，成都：西南交通大学出版社，2014，第5页。

② 杨士焯，《简析纽马克的语义翻译和交际翻译理论》，《福建外语》1989年第2期，第68页。

de-between the tendon and the concrete because of the curvature of the tendon axis.

译文：采用曲线钢筋来对梁施加预应力时，由于预应力钢筋束轴线的弯曲影响，在钢筋和混凝土之间会产生附加径向压力。

译文采用重构法，将原文的介词短语“because of the curvature of the tendon axis”前置主句之前翻译，符合汉语“前因后果”的思维习惯。这是交际翻译策略在工程翻译中的运用。

总体来讲，“语义翻译”和“交际翻译”策略在工程文本的翻译中均可运用。彼得·纽马克认为：“所有的翻译在某种程度上都既是交际翻译也是语义翻译，只是侧重点有所不同。”① 采取什么样的翻译策略，视文本的语境和功能而定。工程翻译应遵循“直译优先”的原则。如能直译，则采取直译；如不能，则采用变通的方法。对于工程术语和专用词汇，为了准确、严谨，可采用“语义翻译”策略；对于工程翻译内容，为了便于理解，可采用“交际翻译”策略。语义翻译策略和交际翻译策略不能完全割裂开来。

## 四、工程翻译的原则

翻译标准，也就是衡量翻译质量的尺度。工程文本属于信息型文本，翻译以传递信息为主要目的，译文应忠实原文，同时注意信息传递效果，用工程术语表达工程专业内容，尽量契合原文风格。因此，工程文本的翻译不同于重“美学”“情感”表达型文本和重“感染”呼唤型文本的翻译。“信”是工程翻译质量的第一评价，内容不宜过分“删”“减”“改”；“达”则是工程翻译的基本要求；而“雅”是指工程翻译特有的语言美、形式美。工程翻译应当语句通顺，契合原文风格，追求“达”和“雅”不能偏离原文意义，这是工程翻译的标准。

但是，“翻译标准”并不等同于“翻译原则”，它们属于微观和宏观两个层次，不能混为一谈。翻译原则是对整个翻译过程的高屋建瓴的整体导向，而不是作为评判翻译质量的具体标准②。因此，工程翻译除了遵循工程翻译标准，还应在工程翻译原则的指导下进行工程翻译的实践，从宏观层面上指导翻译策略、方法的运用。工程翻译原则可以概括为：直译优先、灵活有度、约定俗成。这三项

① 谢天振，《当代国外翻译理论导读》，天津：南开大学出版社，2008，第15页。

② 谢龙水，《工程技术英语翻译导论》，北京：北京希望电子出版社，2015，第14页。

基本原则是功能翻译理论在工程翻译领域的具体运用，也是工程翻译在翻译过程中必须坚守的译事法则。

### （一）直译优先

“直译优先”是语义翻译策略在工程翻译中的应用。朱光潜在《谈翻译》一文中指出，直译是“依照原文的字面翻译，有一字一句就译一字一句，而且字句的次第也不更动”。但他又指出，直译和意译的区分根本不存在，“理想的翻译是文从字顺的翻译”①。工程翻译以传递信息为目的，首先讲的就是“信”，而“直译”是实现“信”的最佳选择，也是最便捷的翻译方法，但直译也必须“文从字顺”。“直译优先”要求译文接近原文形式，在结构和词序安排上力求接近原文。

例1. 原文：In general, a pinned joint transmits axial load and shear.

译文：一般来讲，铰接节点传递轴力和剪力。

例2. 原文：The standard of setting out for tunnels must be high, using carefully calibrated equipment, precise application and double-checking everything.

译文：隧道的测定标准必须很高，应使用精心校准的设备，精确应用并反复检查每一处。

上面两个译文采用了直译法。如果用“直译”能够忠实地传递原文信息，而又能达到“信”“达”效果，工程翻译应当采用“直译优先”原则。

### （二）灵活有度

“灵活有度”是交际翻译策略在工程翻译中的应用。所谓“灵活有度”，要求译者在“信”的基础上灵活翻译，不要“硬译”。“灵活有度”强调译文的可读性，注重接受者的理解和反应，即信息传递效果。虽然工程翻译强调“信”，忠实原文，但也不能过度直译。“灵活有度”关键在“度”，译者应在准确理解原文的基础上掌握分寸。如果翻译灵活、行文如水，而内容离题万里，则弄巧成拙，适得其反。工程文本给译者灵活发挥的空间不多，不能过度意译，更不可随意释译。

例1. 原文：The slump test is related to the yield stress due to the fact that

---

① 朱光潜，《朱光潜全集》（第4卷），合肥：安徽教育出版社，1988，第299—300页。

concrete slumps or moves only if the yield stress is exceeded and stops when the stress is below the yield stress.

译文：塌落试验与屈服应力有关，理由是：在屈服应力过高的情况下混凝土塌落或移动，但在混凝土应力低于屈服应力时混凝土静止不动①。

如果按原文的句子结构或词序翻译的话，就会使译文生硬、洋化。翻译应当灵活有度，通过拆分、重构处理原文，而不拘泥于原文的形式。“due to the fact that”可灵活地译成“理由是”，这样的变通译文既忠实原文，又不损失原文信息。

例2. 原文：The Contractor shall ensure that the Performance Security is valid and enforceable until the Contractor has executed and completed the Works and remedied any defects. If the terms of the Performance Security specify its expiry date, and the Contractor has not become entitled to receive the Performance Certificate by the date 28 days prior to the expiry date, the Contractor shall extend the validity of the Performance Security until the Works have been completed and any defects have been remedied.

译文：在承包商完成工程和竣工并修补任何缺陷之前，承包商应保证履约保证持续有效。如果该保证的条款明确说明了期满日期，且承包商在此期满日期前第28天还无权收回此履约保证，则承包商应相应延长履约保证的有效期，直至工程竣工，修补缺陷②。

此文有两个状语从句，都是用“until”来引导，但用了不同的处理方法。第一个时间状语从句前置，译为“在……之前”，第二个置后，译为“直到……”，以保持句子平衡，灵活有度。如果统一译为“在……之前”，则句法显得生硬。总的来讲，直译优先，但如果不能，则做适当变通。

值得注意的是，一些工科背景的翻译人员凭借自己的专业知识和技术特长，随意发挥，过分自信，译文貌似无不妥之处，仔细斟酌，则语义失误，中式英语严重；而学外语的翻译人员却因不懂专业，胆子小，硬译、死译、逐字对译，常犯“硬译”或“死译”的错误。要把握好灵活的分寸，首先靠的是译者对原文的悟性，同时具备良好的中英文语言基础和写译能力。如果译者不具备这样的条件，切忌“灵活”，还是直译为好。

---

① 谢龙水，《工程技术英语翻译导论》，北京：北京希望电子出版社，2015，第14页。

② 国际咨询工程师联合会1999年版第4.2款，第22页。

### （三）约定俗成

所谓“约定俗成”，意指在翻译过程中碰到某些词语已经有固定的译法，译者不可另用别的译法，应直接采用现成的译法，以免读者发生误解，例如，“liquidated damage”译为“赔偿金”，不能译为“清算损害”；“Irish Crossing”已有“爱尔兰交叉”译法，就不能译成“过水路面”，这就是“约定俗成”翻译原则。工程领域“约定俗成”的翻译原则主要体现在工程专业术语、行话等的翻译。碰到这类词语应多查专业词典，或向专业人士请教，不可擅自翻译。下面列举一些工程术语约定俗成的译法。

| 土木工程 | civil engineering | 砌体结构 | masonry structure |
|---|---|---|---|
| 点焊螺帽 | nut weld | 扭力试验 | torque test |
| 悬链线拱 | catenary arch | 水平推力 | horizontal thrust |
| 屈服点 | yield point | 含水量 | moisture content |
| 级配曲线 | grading curve | 抗剪强度 | shearing strength |

例1. 原文：Arches may be grouped into circular, parabolic and catenary arch in terms of the shape of arch. With regard to structural articulation the arch can fixed or hinged.

译文：拱根据不同的外形一般分为圆弧形、抛物线和悬链线拱。有关的节点可以固接或铰接。

例2. 原文：Arch bridges work by transferring the weight of the bridge and its loads partially into a horizontal thrust restrained by the abutments at either side.

译文：拱桥受力是通过将其重量和荷载部分转化为水平推力，该力受到每端墩台的约束作用。

“约定俗成”的翻译原则对工程翻译非常重要，已经形成的固定译法不能随意改变。在工程领域里，同一词语乍一看可能有多种译法，这就要求译者按“约定俗成”的原则加以甄别。工程翻译的固定译法需要译者不断积累，并建立语料库。违反“约定俗成”的翻译原则，有可能导致重大经济损失。

综上所述，工程翻译是以传达工程信息为目的，在工程领域不同语言相互转化的过程中形成了自身独特的语言和风格。工程文本属于信息型文本，由此文本产生不同的文本功能，影响译者的翻译策略和方法。对于工程术语和专用词汇，要求准确、严谨，可采用“语义翻译”策略；对于工程翻译内容，为了便于理解，可采用“交际翻译”策略。总体上讲，工程翻译应当采取变通手段，使目标语通顺、自然，传达准确真实的信息，符合目标语读者的表达习惯，但忠实原文始终是工程翻译质量的第一评价。工程翻译不仅要熟悉工程翻译的标准和方法，还需掌握工程翻译的原则，从宏观层面上指导翻译策略、方法的运用。工程翻译的主要原则有：直译优先、灵活有度、约定俗成等。

# 论民族文学翻译伦理的生态式建构*

周 杰

成都信息工程大学 外国语学院，四川成都 610225

**摘 要：** 少数民族文学翻译对中华文化“走出去”有重要的构建意义。中华各民族独特的语言、文化、风俗特征，要求译者与翻译生态中的“诸者”遵循相应的伦理规范，以准确传递少数民族文学的“民族性”。民族文学翻译伦理可分三个层面，即价值原则、现实策略、责权诉求，来进行生态式建构：以传介少数民族语言文化特色为宗旨的翻译生态平衡为价值原则，通过多维整合、动态适应的现实策略实现少数民族文学翻译的最佳整合适应选择，满足以译者为核心的“翻译群落”责任的责权诉求。

**关键词：** 少数民族文学；翻译伦理；生态式建构

## 一、引言

少数民族文学是中国文学的有机部分，民族文学外译是传介各民族地域语言文化的重要途径。季羡林就曾指出中华文化外译与英美作品汉译的失衡现象，他提请大家注意“翻译生态的平衡”，克服翻译界只关注英美文本的“偏食”现

---

* 收稿日期：2019 年 1 月 17 日

基金项目：2017 年四川省哲学社会科学“十三五规划”外语专项项目“先秦哲学典籍译介伦理综观研究——基于语料库研究范式”（项目编号：SC17WY003）阶段性成果。

作者简介：周杰（1981— ），男，四川成都人，英语语言文学硕士，成都信息工程大学外国语学院副教授，主要从事翻译与跨文化交际、英语语言文学教学研究。

象。[①] 少数民族文学具有较强的民族性，涵盖了少数民族社会的方方面面，是向国际社会展示中华民族文化多样性的平台："民族文学，即表现中国少数民族的生活、历史、性情与想象的文学及其理论与批评。"[②] 我国少数民族文学与汉民族文学以书传文学为主的语体特点及文化传统不同，具有独特的民风民俗、历史典故，且以口传文学为主的语体特点。因此，民族文学译者要准确向西方读者传递民族文学的语言文化特色，不仅要积累扎实的翻译技能与民族文化知识，也需要重视民族文学的"民族性"特质，并遵循相应的道德规范、价值目标等伦理要素。从思想意识上认清民族文学翻译的目的与价值、实现价值原则的现实策略及译者与翻译活动"诸者"的权责，对民族文学传介意义重大。

## 二、民族文学翻译伦理的生态视野与建构思路

中国是以汉族人口为多数的多民族国家，少数民族文学典籍与作品的传播面与受众度无论是国内还是国外，目前还远远低于汉语言文学作品。汉语言文学与少数民族文学都是中国文学生态系统不可或缺的生态因子，是向国际社会展示中华文化多样性与包容性的重要平台。因此，民族文学的译介与民族文学译者的培养是目前中华文化"走出去"的一项重要且迫切的任务。西方生态整体主义（ecological holism）认为："系统强迫个体相互合作，并使所有的个体都密不可分地相互联系在一起。"[③] 又如中国古代生态哲学的"性天相通""天人合一""道法自然"等生态伦理思想[④]也同样可用于探讨翻译活动各要素之间、译者与翻译生态环境之间的伦理关系。人类作为自然界的一员，其翻译活动也要遵循自然界的运作规律，如译本在目的语环境中的优胜劣汰与译者在翻译生态环境中的适者生存等。而翻译伦理对翻译生态中的各个主体有着重要的支配与导向作用，对译本的生成与传播有重要意义。少数民族文学翻译活动与其环境是一个生态有机整体，少数民族文学译者与参与翻译活动的其他生态主体如翻译活动赞助人、委托

---

① 陈历明，《季羡林先生翻译思想综论》，《华侨大学学报》（哲学社会科学版）2015年第3期，第114—121页。

② 罗漫，《"作品中心"与"民族文学"的新定义》，《中南民族大学学报》（人文社会科学版）2015年第5期，第167页。

③ 马兆俐，《罗尔斯顿生态哲学思想探究》，沈阳：东北大学出版社，2009，第153页。

④ 林红梅，《生态伦理学概论》，北京：中央编译出版社，2008，第48—49页。

方、民族地区文化管理部门等，都受到原语翻译生态环境如民族文化传播相关政策、民族文化语境，以及目的语翻译生态环境诸多要素如西方读者的认知、文化心理、审美等因素的影响，前后两者相互作用、互为促进。如藏族史诗人物传记《格萨尔王》是基于藏族神话而进行的创作，其中包含了许多目的语读者文化知识缺失的文化意象词，如“唐卡”“藏袍”“蹬长靴”“煨桑”。译者若缺乏藏族民俗知识修养，在翻译时不考虑目的语读者的文化心理，一味直译或音译，则破坏了目的语的翻译生态环境的认知要素平衡，使读者无法准确理解藏族文化的意象与内涵，由此对作品产生“陌生感”与“疏离感”。因此，为了准确理解原文的文化内涵，民族文学译者除了熟知民族文化风俗、思维心理、历史地理、社会政治经济发展，掌握少数民族文献学与民俗学知识之外，还须综合考量翻译生态环境诸要素，征求出版部门的译作要求与修改意见，根据语境灵活运用归化与异化策略，适当采用音译加注释的策略，以维持原语与目的语在翻译文化认知维的生态平衡。美国伦理学家悌利指出：“伦理学现在可以大致定义为有关善恶、义务的科学，道德原则、道德评价和道德行为的科学。”① 少数民族文学翻译作为不同民族之间跨文化交际的语言活动，也遵循着相应的道德原则、义务与规范，要接受道德评价。民族文学译者是否能在全球化、跨民族的背景下准确传介中华少数民族文学的内涵、语言特色与悠久的历史传统，让国际社会了解与认同中华少数民族文学，对维护少数民族文学在中国文学与世界文学中的地位与话语权具有重大意义。在民族文学翻译生态中，译者及参与翻译活动的诸者的道德、义务、权责的厘定是民族文学翻译活动合理实施的前提与保障。笔者结合少数民族文学语言、文体、风俗、典故等特征，拟从价值原则、现实策略、责权诉求三个方面构建少数民族文学翻译的生态伦理。

### （一）价值原则：以少数民族语言文化特色译介为主旨的翻译生态平衡

翻译活动依照何种价值目标进行，对译本的生存有着重要意义。对此，芬兰学者切斯特曼将价值原则首次引入翻译伦理研究。他认为价值才是翻译规范的目标：“如果目标策略是为了遵守规范，那么规范的目标又是什么呢？简而言之，

① ［美］悌利，《伦理学导论》，何意译，桂林：广西师范大学出版社，2001，第7—8页。

我认为答案是：促成实现某些价值。”[①] 翻译伦理规范的制定也要遵循相应的价值原则，也就是为了什么而制定翻译道德规范与行为准则。存异伦理的倡导者韦努蒂指出，好的翻译则“集纳了各种异化倾向”，通过在译文中提供了与原文本的某种“对应……使译入语言发展得更大、更广、更加丰富多彩”[②]。民族文学译者要遵循何种准则或宗旨进行翻译，也就是何种“价值原则”，是民族文学翻译伦理要解决的首要问题。少数民族文学翻译作为中国文化“走出去”战略的一部分，其最终的价值目标是要原汁原味地传递民族文学语言、地域文化的特色与多样性，使西方读者在能够理解译文语言的基础上，尽可能接触与欣赏中华民族文化的异质之美，发挥民族文学的国际影响力与对目的语文化的建构作用，成为世界文学生态的重要构成部分。那么，民族文化中“异”的特质理应通过不同的翻译策略得以保留。同时，生态翻译学认为，平衡是任何生态系统所具备的基本特征，它也是翻译生态体系的基本特征[③]。少数民族文学翻译的译文也不可因一味追求“异域特色”而无视翻译生态系统中目的语读者的接受能力，使译文艰涩难懂，打破原文民族特色与目的语读者接受能力之间的生态平衡。基于上述两个方面的考虑，可以将民族文学翻译的价值原则确定为以传介民族语言文化特色为宗旨的翻译生态平衡。此处的翻译生态平衡是指翻译生态环境中各个生态要素如原作者、原文、译者、目的语读者、赞助者、委托人、翻译管理部门、相关政府机构之间为协调翻译活动达到的平衡。例如，蒙古族英雄史诗《江格尔》最早流传于我国新疆卫拉特蒙古族人聚居的地区，经过历代江格尔奇（演唱江格尔故事的民间艺人）的修改与润色后，成为大型史诗。《中国大百科全书》解释“中国文学”词条说：“收集到的共有60余部，10万行左右。”[④] 该作品具有浓厚的口传体色彩，善用韵文样式如民谣、民间叙事诗、祝词、赞词等，音韵节律变化丰富，其蒙古文手抄本“立江格尔”在民间源远流长，英译工作可谓烦琐浩大。为了向西方读者传递原作的民族特色，首先要确定收录全面、注解规范的《江格尔》汉译版本，新疆大学贾木查教授经过多年烦琐的校勘注译工作，主编《史诗

---

① Andrew Chesterman, *Memes of Translation: The Spread of Ideas in Translation Theory*, Amsterdam/Philadelphia: John Bejamins, 1997, p. 172.

② Lawrence Venuti, *The Scandals of Translation: Towards an Ethics of Difference*, London and New York: Routledge, 1998, p. 81.

③ 胡庚申，《生态翻译学：建构与诠释》，北京：商务印书馆，2013，第114页。

④ 中国非物质文化遗产网，江格尔，http://www.ihchina.cn/13/14653.html

〈江格尔〉校勘新译》并得到了国内学者的高度评价，“具有国际性、完整性、文学性、导读性和拓展性”[①]。之后由湖南大学吴扬才教授主译的英文译本于2010年8月问世，较为准确地传递了原作的语言文化特色，以下面的节选诗英译为例：

| | |
|---|---|
| Other kingdoms common, bland, | 圣主江格尔管辖的土地， |
| Comparing not with Jangar's land. | 绝非寻常国度可比。 |
| The Bumba sea's blue waves were sure | 宝木巴海碧波荡漾， |
| To lap against the long, broad shore. | 拍打着宽阔的岸堤。 |

该译本采用英语读者所熟悉的英语英雄双体诗结构对译，用词形象生动如common（普通）、bland（平淡无奇）。结构简练，每两行押尾韵，第三行Bumba与blue、lap与long押头韵，读起来朗朗上口，符合英文诗歌押韵的传统与目的语读者的审美心理[②]。译文既传介了蒙古史诗口语体的语言特色，又兼顾了目的语读者的接受心理，达到了以传介民族文学语言文化特色为宗旨的翻译生态平衡的价值原则。又如侗族古歌中“月贺”一词，指侗族民间习俗，是侗族语的音译，意为“集体做客”，是侗族人在重大节日的社交活动，以整寨之间的相互拜访为主要形式。主要活动形式为唱歌，如“拦路歌”“酒歌”“感谢歌”“收碗歌”及“送行歌”，并杀猪宰羊招待客人。译者若是没有将传介民族文化作为价值准则，按照字面意义将其译为“monthly visit”，虽然方便西方读者理解，但却抹杀了原文丰富的文化风俗与内涵，破坏了原语的翻译生态平衡。若遵照以传介民族文化特色的价值准则，可音译为Yuehe，并添加英文注释：It's a common social visit among the Dong people, often paid by people of other villages. The main activity is singing, so as to strengthen the friendship between the villages. 这样，英文读者不仅可以了解该词的文化内涵，亦对侗族人的风俗习惯有了进一步了解。因此，少数民族文化外宣翻译不仅是让民族文化易于国外读者理解，更重要的是保留与传介民族文化中特有的文化风俗元素。

---

① 单雪梅，《史诗〈江格尔〉在英语世界的推介与英译本特色》，《新疆师范大学学报》（哲学社会科学版）2011年第1期，第98—103页。

② 单雪梅，《史诗〈江格尔〉在英语世界的推介与英译本特色》，《新疆师范大学学报》（哲学社会科学版）2011年第1期，第98—103页。

### （二）现实策略：少数民族文学翻译的多维整合、动态适应

根据伦理学对价值与现实的区分，为了实现“传介民族文学语言文化特色为宗旨的翻译生态平衡”的翻译价值原则，少数民族文学译者还需要切实可行的现实策略。在生态翻译学看来，翻译实践的多维整合主要体现在译本的整合适应选择度：译者产生译文时，为适应源语翻译生态环境，在语言维、文化维、交际维等多维度的“选择性适应”和照顾到目的语环境因素的“适应性选择”程度的总和①。少数民族文学翻译的“多维整合”主要体现在三个方面：语言认知维、文化意识形态维与语境交际维，译者根据少数民族文学的翻译语境，动态地适应这三个维度对译者的要求。

首先，少数民族文学译者要对民族文学原作者与目的语读者的语言认知维进行整合、平衡。译者个人家庭背景、所处的时代、所受的教育、所思所想，都会形成其翻译的个体特征②。少数民族文学译者作为翻译适应选择活动的主体，须在具有一定的原语民族语言文化先知识、民族地区生活经验与民族语言能力下进行翻译活动。译者是否了解原作者的创作环境、教育背景、生活经历与语言水平，能否洞悉原作者的认知水平与运用语言的意图，协调自己在外部世界认知与语言知识认知层面与原作者的差异，并关照目的语读者的认知水平与期待，达到认知维的生态平衡，对译者与译本在译语环境中的接受度与认同度意义重大。如《侗族祖先在哪里》所收录的古歌出现了文化词“走姑娘”。“走姑娘”习俗在南部侗族地区颇为盛行，夜晚，姑娘们在屋里针线缝纫，客寨小伙们弹奏乐器吟歌对唱，互表爱慕之意。若直译为 walking the ladies，便让英语读者百思不得其解，贻笑大方。英语文化 walk 做不及物动词有步行、走的意思。若做及物动词有“遛”的含义，如遛狗。侗族的姑娘难道要像宠物一般被侗族男人随意使唤？该译本的译者显然没有考虑到原语的文化内涵与目的语词汇的多重用法，也未能考虑英语读者对该习俗的认知缺失。“走姑娘”意在向姑娘表达爱意，若考虑英文读者的接受心理，可译作 romantic visit。可见，了解译文读者的认知水平与期待，对原作者、译文读者的认知维平衡负责，这既能使民族文学译者更好地适应以原文本为代表的翻译生态环境，也可避免由于译者对原作者、译文读者的认知缺省

---

① 胡庚申，《翻译适应选择论》，武汉：湖北教育出版社，2004，第180页。

② 方梦之，《论翻译生态环境》，《上海翻译》2011年第1期，第1页。

而造成的翻译群落“认知维的生态失衡”现象。

其次，少数民族文学译者要对原作与目的语读者的文化意识形态维进行整合与平衡。从影响翻译活动的外部环境来看，翻译不可能在真空下进行，译者总在一定社会与文化环境下进行翻译活动，必然受原语及译语意识形态的影响①。而这种影响早在译者身处原语文化接受教育、学习过程中便通过外部环境植入译者的内部环境，对译者的世界观、价值观与翻译策略产生深远影响。当少数民族文学译者进行选择性适应时，要充分尊重原文本所反映的原作者的意识形态；而当译者进行翻译的适应性选择时，又必然要考虑到目的语文化的意识形态对读者的影响，选择的结果不能不顾及译语读者的意识形态环境，而将源文本所反映的原作者意识形态强行植入译语意识形态，造成译本冲击、破坏译语读者意识形态的生态平衡，遭到译语读者的排斥，导致作者、译者、目的语读者三者在意识形态维失衡。如“吃新节”是侗族古老的传统节日，节日当天，侗族人在桌上陈列食物，以祭供祖先与庆祝农事丰收，先由年长者烧香化纸祈祷祖先英灵，品尝各种饭菜，接着，按各房长次的顺序入席吃祭供的新食，共同祭祖。若忽视中西方宗教差异，译作 festival of eating newly ripe grains to worship Dong people's God，将祖先等同于基督教文化中的“上帝”，则原文体现的意识形态就被完全抹掉，虽为西方读者所接受，但却未能传介民族文化特色，且吃新节还有庆贺丰收之义，吃的内容也并非只是新收的谷物。再如侗族古歌中“萨岁”一词，侗族语为 Gaeml，意为创立村寨的始祖母。在向西方读者传递侗族祖先这一意识形态时，可以增加注释以便西方读者更深入了解民族文化意象的多样性：Sasui，the great grandmother ancestor who founded Dong people's village and sacrificed herself to protect it. 民族文学作品中的神话意象是“民族性”十分重要的体现，译者在翻译时应注意避免一味迎合西方读者的意识形态与审美心理，采用归化策略“隐去”原文不易理解的民族特色词汇。在保证译文可读性的基础上，尽量保留民族文学作品的民族意识形态，否则便不能达到传介民族文化特色的价值原则。

再次，少数民族文学译者要根据具体的翻译生态语境，运用不同的翻译策略以达到翻译语境交际维的生态平衡。少数民族文学翻译离不开翻译生态环境，而话语环境是翻译生态环境的重要组成部分，不同的话语环境要求译者采取不同的

---

① Andre Lefevere，*Translation/History/Culture*：*A Sourcebook*，Shanghai：Shanghai Foreign Studies University Press，2004，p. 14.

翻译策略。翻译的最终目的是促成原文与读者之间的有效交际。少数民族文学翻译应凸显以译者为核心的各生态主体对翻译生态环境的“动态适应性”，尤其是翻译生态环境中的话语环境，以促成目的语读者与民族文化之间的交际。少数民族文学无论是史诗或传记，还是民歌唱词，都具有口口相传、富于音韵节律变化与本民族文化风俗的特点。如侗语古歌中“多耶”一词是侗族人用民间歌舞来悼念萨岁这位古代女英雄的庆典仪式。在动态唱诵与庆典仪式进行的语境下，为了保持歌谣的连续性与音律美，只需采用拼音音译为“Duoye”即可。而在静态文本环境下，可采取音译加注释的方法：Duoye，a ceremony that celebrates the Grand mother of Dong people with singing and dancing. 因此，当民族文学翻译活动处于一种动态的话语语境时，语境已经对翻译活动进行了信息补偿，民族文学译者应根据翻译语境灵活调整翻译策略，使译本简洁易懂，便于交际。

### （三）责权诉求：以少数民族文学译者为核心的群落责任

翻译生态系统为了维持自身的平衡、稳定与和谐，对翻译群落有着自身的责权要求，满足翻译生态系统的责权要求对译文的生存与传播有重要意义。少数民族文学译者作为翻译行为的实施者，对译本的产生具有决定作用，是民族文学翻译群落中最为核心的因素，对维持翻译生态系统的稳定和谐负有核心责任。从生态视角看，从事少数民族文学翻译职业的译者与客户（特定目的语读者群）都属于翻译群落的要素，一旦承担了翻译任务，并以契约形式进行约束，那么，满足客户对译文蕴含的少数民族语言文化特色的期待与需求，便成为译者的价值目标。如果少数民族文学译者违背了此价值目标进行翻译，译文便破坏了译者与客户，甚至是与第三方（少数民族文学传播出版部门、文化事务管理部门）之间以契约形式约定的群落主体生态平衡，最终在目的语生态环境中受到冷落。这里，少数民族文学译者适应与选择的过程就是与两种语言文化生态系统中多种意识形态、文化传统进行协商、统筹协调群落主体间关系的过程。而翻译群落中的其他诸者对民族文学译本的生成具有重要的辅助与推动作用。如彝族民间口传文学经典《阿诗玛》中包含大量民歌民谣及民间传说且版本众多，需要大量搜集与校勘工作，其优美的民歌旋律与特殊的音韵节律亦成为翻译的一大难点。为了还原原作民间歌谣与口语体式的彝族口传文学特色，云南人民文工团对石林圭山地区关于《阿诗玛》的20个传说与380首民歌进行整理并编译出汉语本，之后由翻译家戴乃迭考虑英语读者的接受习惯，采用英国民谣体（Ballads）将整理本译出，最终由人民出版社出版。这个过程充分体现了翻译生态群落中的各主体要素如政府机构、译者、出版机构通过参与翻译活动的不同阶段，统筹协调而达到的翻译生态平衡，履行了以少数民族文学译者为核心的翻译群落诸者的责任与权利。又如，维吾尔族文学古典长诗《福乐智慧》，是用回鹘文（古维吾尔文）写成的作品，有三个手抄本。土耳其学者热西特·拉赫麦特·阿拉特（Reşit Rahmeti Arat）对三种抄本进行大量汇校工作，于1947年出版了拉丁字母标音转写本，是最为完整的校勘本。之后，美国芝加哥大学罗伯特·丹柯夫（Robert Dankoff）教授基于该校勘本，在保留原作思想神韵的前提下，采用西方读者熟知的《圣经》语录式散体转译了原作长诗，以传介原著伊斯兰教深邃的哲学宗教思想。英译本 *Wisdom of Roval Glory*（*Kutadgu Bilig*）：*A Turko-Islamic. Mirror for Princes* 于1983年由美国芝加哥大学出版。1984年，民族出版社出版了由新疆社会科学院民族文学研究所主编的该著作拉丁字母原文转写和现代维吾尔语诗体译文合刊本。1989年，福乐智慧研究学会在喀什成立，为该作品的译介传播提供了稳固的学术机构平台。从《福乐智慧》的搜集校勘到译者翻译，再到出版部门的校对出版，以及学术机构对其后续的研究与翻译活动的开展，无不体现出翻译群落中的诸者在民族文学翻译生态系统中的“共生共建、互为联动”的作用。从生态视角看，少数民族文学翻译群落中诸者能否履行各自所承担的责权与所遵守的少数民族文学翻译职业规范，将直接影响甚至决定译作的传播与生存。这已远远超越了传统民族文学翻译伦理研究以民族文学译者伦理作为单一对象的狭隘，对反思与改善目前民族文学翻译伦理研究重“译者伦理、译者责任”，而轻翻译群落中“他者伦理”研究的现状意义重大。经过价值原则、现实策略与责任诉求的分析，笔者从生态视角将少数民族文学翻译伦理模式构建如图：

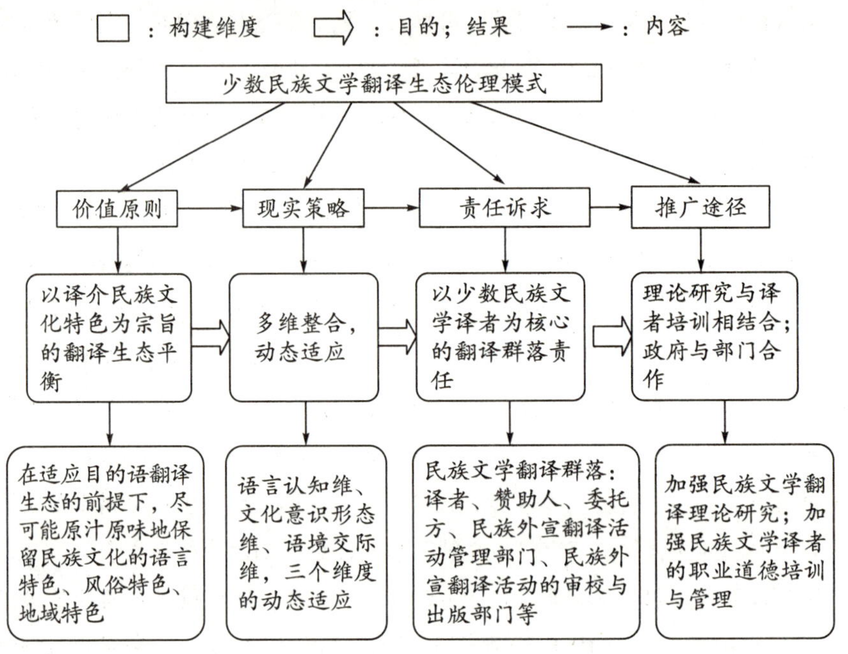


## 三、结语

在“中华文化走出去”战略推行背景下，少数民族文学翻译有利于国际社会了解中华民族多元文化与塑造中国国际形象。少数民族文学翻译伦理应以传介民族文化特色为宗旨的翻译生态平衡为价值原则，突出译本的“民族性”特征，以多维整合（语言认知维、文化意识形态维与语境交际维）与动态适应为现实策略，以译者为核心、群落统筹协调为责权诉求。同时，民族文学翻译理论研究与民族文学译者培训相结合，政府与民族文化传播机构通力合作，从而形成一种少数民族文学翻译群落主体（译者、民族文学翻译研究机构、民族文学翻译赞助机构、民族文化外宣传播机构）相互支撑、互为联动的生态翻译伦理模式。该模式从更加宏大的民族文学翻译生态视野中去考察民族文学翻译伦理，为民族文学翻译研究提供了认识论与方法论的新视角，对中华少数民族文学“走出去”具有积极的战略意义。

# 科学技术观视角下不同文本翻译搜索引擎的选择*

展露露

云南师范大学　外国语学院，云南昆明　650500

**摘　要**：自然辩证法的创立与发展是同科学技术的进步分不开的。马克思认为，技术是现实生产力，是改造世界的物质力量。从起源上看，技术是人类在利用和改造自然的劳动过程中所掌握的物质手段、方法和知识等各种活动方式的总和。技术在发展过程中成为人与自然、人与社会之间进行物质、能量和信息变换的“媒介”。随着科技的发展，翻译搜索引擎给我们带来了很多便利，提高了我们翻译的效率。本文以科学发展观为理论指导，运用文献与行动研究法研究科学技术观视角下不同文本翻译搜索引擎的最佳选择，其中选择的文本有科技、旅游、商务、时政，最后得出适合四类不同文本的最佳翻译搜索引擎。

**关键词**：自然辩证法；科学技术观；翻译搜索引擎

自然辩证法是马克思主义哲学中唯物辩证法的一种，与它同属于一个范畴的还有历史辩证法和思维辩证法等①。马克思主义唯物辩证法具有最高意义的普遍性，它对应的是整个世界，反映的是客观事物运动发展的一般规律以及普遍联系②。自然辩证法作为马克思主义的哲学理论的重要组成部分，从广义上来讲，它是自然界的辩证法，是唯物主义辩证法在自然界中的具体化；从狭义上来讲，它是科学技术的辩证法，是关于科学技术的研究方法和发展规律的哲学思考。另

* 收稿日期：2021 年 9 月 30 日

作者简介：展露露（1994—　），女，河南周口人，云南师范大学外国语学院 2019 级翻译专业英语笔译方向硕士研究生，主要从事英汉、汉英翻译研究。

① 《建国以来毛泽东文稿》第六册，北京：中央文献出版社，1992，第 357 页。

② 《毛泽东文集》第七卷，北京：人民出版社，1999，第 42—142 页。

外，自然辩证法以科学技术为媒介，还包括对人与自然、人与社会之间关系的辩证法以及共同发展规律学说的研究，它对于促进科学技术与人类社会和自然界的和谐可持续发展有着重要意义[①]。同时，在翻译领域，科学技术的发展给我们提供了很多的便利。本文以科学发展观为理论指导，选择搜狗翻译引擎、DeepL 翻译引擎、百度翻译引擎、有道翻译引擎、腾讯翻译引擎五类翻译搜索引擎来测试不同类型的翻译文本，以此总结适合四类不同文本的最佳翻译搜索引擎，进而为翻译工作者今后的工作提供最佳翻译搜索引擎选择。

## 一、中国马克思主义科学技术观

科学是一个建立在可检验的解释和对客观事物的形式、组织等进行预测的有序的知识的系统[②]。“科学”还指可合理解释，并可靠地应用知识的主体本身。在我看来，科学是可以直接或间接地被证实的一种真理。这种真理不以人的意志为转移，不受人主观意识的主导，不管人类是否发现新的科学，科学一直以某种形式表现着，只是这种潜在的科学真理能否被人们正确认知[③]。科学反映了事物的客观规律，然而人们认识科学又是一个主观的过程，所以人们对科学的认识是主观与客观的高度统一。什么是技术？技术是依据一定的科学原理来解决一个实际问题的手段或方法[④]。技术的标准定义：是人类为了满足自身的需求和愿望，遵循自然规律，在长期利用和改造自然的过程中，积累起来的知识、经验、技巧和手段，是人类利用自然改造自然的方法、技能和手段的总和[⑤]。在翻译领域，翻译搜索引擎的种类繁多，我们要在这些翻译搜索引擎的基础上进行多次测试，以此来总结科技文本、旅游文本、商务文本、时政文本应该选择何种翻译搜索引擎。

① 《邓小平文选》第三卷，北京：人民出版社，1993，第91—377页。
② 《邓小平文选》第二卷，北京：人民出版社，1994，第86—131页。
③ 《邓小平文选》第二卷，北京：人民出版社，1994，第86—406页。
④ 江泽民，《论科学技术》，北京：中央文献出版社，2001，第68—76页。
⑤ 江泽民，《论科学技术》，北京：中央文献出版社，2001，第20—68页。

## 二、科技、旅游、商务、时政文本下翻译搜索引擎的最佳选择

接下来分别用五种翻译搜索引擎（搜狗翻译引擎、DeepL 翻译引擎、百度翻译引擎、有道翻译引擎、腾讯翻译引擎）来检测不同文本，以此总结适合四类不同文本的最佳翻译搜索引擎。

### （一）科技文本

原文本：Mould is a fundamental technological device for industrial production. Industrially produced goods are formed in molds which are designed and built specially for them. The mold is the core part of manufacturing process because its cavity gives its shape. ①

文本翻译：模具是工业生产的一个基本技术装备，人们借助它完成工业产品的成形过程，而这些模具是为产品特别设计和建造的，它是零件生产过程的核心，因为它的孔穴形成了零件的形状。

搜狗翻译版本：模具是工业生产的基本技术设备。工业生产的产品是在专门为它们设计和制造的模具中形成的。模具是制造过程的核心部分，因为它的型腔决定了它的形状。

DeepL 翻译版本：模具是工业生产的基本技术设备，工业生产的产品是在专门为其设计和制造的模具中形成的。模具是制造过程的核心部分，因为它的型腔赋予了它的形状。

百度翻译版本：模具是工业生产的基本工艺装备。工业生产出来的产品是在专门为它们设计和制造的模具中形成的。模具是制造过程中的核心部件，因为它的型腔决定了它的形状。

有道翻译版本：模具是工业生产的基本工艺设备。工业生产的产品是用专门为其设计和制造的模具成型的。模具是制造过程的核心部分，因为它的型腔给出了它的形状。

腾讯翻译版本：模具是工业生产的基本工艺设备，工业产品是在专门为其设计和制造的模具中成型的。模具是制造过程的核心部分，因为它的型腔决定了它

① 盛楠主编，《机械英语综合教程》，北京：人民邮电出版社，2016，第 52 页。

的形状。

总结："technological device"为专业词汇，译为"技术设备"。从专业词汇的准确译法我们可以得出 DeepL 和腾讯翻译搜索引擎的准确性比较高；再者"for them"依据上下文，我们判断不出来具体指什么，所以译为"其"是最佳的选择。综上所述，依据专业词汇和代词的译法，我们得出如下结论：DeepL 最佳，腾讯次之，接着是有道、搜狗，最后是百度。

### （二）旅游文本

原文本：The Tang Dynasty saw dynamic interactions between China and other countries. According to historical documents, the dynasty exchanged envoys with over 70 countries, and Chang'an, the capital of Tang, bustled with envoys, merchants and students from other countries. ①

文本翻译：中国唐代是中国历史上对外交流的活跃期。据史料记载，唐代中国通使交好的国家多达70多个，那时候的首都长安里，来自各国的使臣、商人、留学生云集成群。

搜狗翻译版本：唐朝见证了中国和其他国家之间的动态互动。根据历史文献记载，唐朝与70多个国家互派使节，唐朝的首都长安则挤满了来自其他国家的使节、商人和学生。

DeepL 翻译版本：唐朝时期，中国与其他国家的交往十分活跃。据史料记载，唐朝与70多个国家互派使节，唐朝首都长安更是熙熙攘攘，各国使节、商人、学生络绎不绝。

百度翻译版本：唐朝时期，中国与其他国家的互动十分活跃。据史料记载，唐朝与70多个国家互派使节，唐朝都城长安到处是各国使节、商人和留学生。

有道翻译版本：唐朝是中国与世界各国交往的活跃时期。据史料记载，唐朝与70多个国家进行了使者往来，唐朝的都城长安到处都是外国使节、商人和学生。

腾讯翻译版本：唐代，中国与其他国家的互动充满活力。据历史文献记载，唐朝与70多个国家互派使节，唐都长安熙熙攘攘，各国使节、商人和学生熙熙攘攘。

---

① 任朝迎，《科技英语翻译实用教程》，杭州：浙江大学出版社，2013，第7页。

总结："dynamic interactions" 译为 "交往活跃" 或 "活跃时期"，在这里腾讯和搜狗的翻译较为生硬；其次依据汉语的表达习惯，汉语喜欢用四字格，所以 "bustled with" 译为 "熙熙攘攘" 和 "络绎不绝"。综上所述，依据词汇和汉语的表达习惯，我们得出如下结论：DeepL 最佳，有道次之，接着是百度、腾讯，最后是搜狗。

## （三）商务文本

原文本：Finance is playing a particularly important role. China is now creating a modern financial sector that can channel its vast savings into the most efficient investments — including the start-ups that you will create. ①

文本翻译：金融发挥着极其重要的作用。中国正在打造一个现代化的金融领域，将巨额储蓄转向最高效的投资，包括你们将来要成立的创业公司。

搜狗翻译版本：金融发挥着特别重要的作用。中国现在正在创建一个现代金融部门，可以将其巨额储蓄用于最有效的投资——包括你将创建的初创企业。

DeepL 翻译版本：金融正发挥着特别重要的作用。中国现在正在创建一个现代化的金融部门，可以将其大量的储蓄引导到最有效的投资中去——包括你将创建的创业公司。

百度翻译版本：金融在其中起着特别重要的作用。中国现在正在建立一个现代化的金融部门，它可以将其巨额储蓄用于最有效的投资，包括你将要创建的初创企业。

有道翻译版本：金融发挥着特别重要的作用。中国正在创建一个现代金融部门，可以将其巨额储蓄用于最有效的投资——包括你将创建的初创企业。

腾讯翻译版本：金融在其中扮演着尤为重要的角色。中国现在正在创建一个现代金融部门，可以将其巨额储蓄引导到最有效的投资中——包括你们将创建的初创企业。

总结："Be playing a particularly important role" 译为 "起着重要作用"。我们可以看出腾讯翻译的较为直白；再者 "the start-ups that you will create" 译为 "以后要创建的创业公司"。我们可以看出 DeepL 翻译搜索引擎准确性较高。综上所述，依据词汇和短语的准确译法，我们得出如下结论：DeepL 最佳，百度次之，

① 王燕，《英语口译实物二级》（新版），北京：外文出版社，2017，第 18—33 页。

接着是搜狗、有道，最后是腾讯。

（四）时政文本

原文本：China faced many difficulties and challenges. World economic growth was weak, international economic and trade frictions intensified, and downward pressure on the domestic economy grew. The Party Central Committee with Comrade Xi Jinping at its core rallied the Chinese people and led them in surmounting difficulties and accomplishing the year's main targets and tasks, thus laying the crucial foundation needed to reach the goal of building a moderately prosperous society in all respects.①

文本翻译：我国发展面临诸多困难挑战。世界经济增长低迷，国际经贸摩擦加剧，国内经济下行压力加大。以习近平同志为核心的党中央团结带领全国各族人民攻坚克难，完成全年主要目标任务，为全面建成小康社会打下决定性基础。

搜狗翻译版本：中国面临许多困难和挑战。世界经济增长疲软，国际经贸摩擦加剧，国内经济下行压力加大。以习近平同志为核心的党中央团结带领中国人民战胜困难，完成了全年的主要任务和目标，为全面建设小康社会奠定了重要基础。

DeepL 翻译版本：中国面临诸多困难和挑战。世界经济增长乏力，国际经贸摩擦加剧，国内经济下行压力加大。以习近平同志为核心的党中央团结带领中国人民攻坚克难，完成了全年的主要目标任务，为实现全面建成小康社会目标奠定了重要基础。

百度翻译版本：中国面临着许多困难和挑战。世界经济增长乏力，国际经贸摩擦加剧，国内经济下行压力加大。以习近平同志为核心的党中央团结中国人民，带领他们克服困难，完成了全年的主要任务和任务，为实现全面建设小康社会的目标奠定了重要的基础。

有道翻译版本：中国面临许多困难和挑战。世界经济增长乏力，国际经贸摩擦加剧，国内经济下行压力加大。以习近平同志为核心的党中央团结带领全国人民，战胜困难，完成全年主要目标任务，为实现全面建设小康社会目标奠定了重要基础。

腾讯翻译版本：中国面临不少困难和挑战。世界经济增长乏力，国际经贸摩

① 王燕，《英语口译实物二级》（新版），北京：外文出版社，2017，第38—49页。

擦加剧，国内经济下行压力加大。以习近平同志为核心的党中央团结带领全国人民攻坚克难，完成全年主要目标任务，为实现全面建成小康社会目标奠定了坚实基础。

总结：“World economic growth was weak”中“weak”指代为经济的不景气，乏力；其次“many”在正式文体尤其是政府工作报告中译为“诸多”会更切合外宣文体；再者“building a moderately prosperous society in all respects”译为“建成小康社会”而非“建设小康社会”。所以有道、百度、搜狗翻译搜索引擎出现了严重的翻译事故。综上所述，依据词汇的表达和具体国情国策，我们得出如下结论：DeepL 最佳，腾讯次之，接着是百度、有道，最后是搜狗。

## 三、科学技术观与翻译搜索引擎的关系

国务院总理李克强于 2020 年 5 月 22 日在第十三届全国人民代表大会第三次会议上所做的《政府工作报告》指出，科学技术是人类为了满足自身的需求和愿望，遵循自然规律，在长期利用和改造自然的过程中，积累起来的知识、经验、技巧和手段，是人类利用自然改造自然的方法、技能和手段的总和。在翻译领域，翻译搜索引擎的种类繁多，我们在遵循自然规律的基础上对这些翻译搜索引擎进行多次测试，以此来总结科技类文本、旅游类文本、商务类文本、政治类文本应该选择何种最佳翻译搜索引擎，来达到最佳的译本效果。我们可以看出，翻译搜索引擎依赖于科学技术的发展，科技不发展，我们就用不了这些翻译搜索引擎，进而就测试不出来何种文本适合何种翻译搜索引擎，同时我们也可以看到两者是相互促进的关系，因为通过不同的测文本试，我们可以检测出翻译搜索引擎的瑕疵，这也为今后翻译搜索引擎的改进和发展提供了帮助。总之两者相互促进、互为动力，相互交织、相互渗透。

翻译搜索引擎作为科学技术的一种应用表现，从学习到工作，从未离开过我们的生活。为了防止翻译搜索引擎给我们带来负面的影响，我们应该对翻译搜索引擎加以更加辩证的认识，更加科学的运用，应该在发展新的搜索引擎的同时，研究如何更好地发挥搜索引擎的功能，如何更好地挥舞握在人类手里的这把“宝剑”。我们要对科学技术观有个全面深刻辩证的了解，需要追溯其根源，所以有必要了解一下马克思主义经典作家们对科学技术的观点阐述。要全面地了解科学技术的形成过程及其在各个时期的社会功能，需要把它放在广阔的历史背景下来

观察，考察科学技术观在我国的实践运用也是全面了解科学技术的一个方面。应景于我国科学技术的逐渐强大，所以有必要对我国的科学技术观的形成历程做一个简要梳理。在物质层面，科学技术作为一种生产力要素满足了我们对各种物质的需求，其次在精神层面也为我们提供了各种思想及理念。在某种意义上讲，科学技术在未来未经探索的各个领域的设想具有一定的可行性，给人以希望和鼓舞的力量。这种鼓舞的力量和可能实现的希望已经慢慢地稳稳当当地变成推动现代社会发展和现代思想进步的主要动力。

# 外语教学研究

# 基于目标导向与任务驱动的英语中考话题整合式复习研究*

方　娟[1]　邓道宣[2]

1. 乐山高新区嘉祥外国语学校，四川乐山　614000

2. 乐山师范学院　外国语学院，四川乐山　614000

**摘　要**：英语单元整体教学是当前中学英语研究的热门话题之一。英语单元整体教学是指以单元话题为统领、单元目标为导向、任务型活动为驱动，不断强化学生对各课时内容的记忆、理解和运用，全面发展学生的听、说、读、写能力，并在完成单元任务的过程中发展学科素养。

**关键词**：目标导向；任务驱动；初中英语；单元整体教学

## 一、引言

中考复习教学是初中英语教学的重要组成部分，有效的复习教学能发现学生的不足和存在的问题，让学生学会总结和归纳所学知识，巩固和提高学生的综合语言运用能力和应试能力，同时有利于对学生英语学科核心素养中思维品质和文

---

* 收稿日期：2021 年 10 月 8 日

基金项目：2020 年度乐山市教育科研立项课题“基于目标导向与任务驱动的初中英语单元整体教学研究”（项目编号：乐教函〔2020〕104 号）和 2021 年度乐山市教育科研立项课题“大观念视域下中学英语单元整体教学的实证研究”（项目编号：乐教函〔2021〕124 号）阶段性成果。

作者简介：方娟（1985—　），女，重庆荣昌人，乐山高新区嘉祥外国语学校英语教师、英语教研组组长，中学一级教师，主要从事外语教学研究。

邓道宣（1957—　），男，四川乐山人，乐山师范学院外国语学院教授，硕士研究生导师，主要从事外国语言学及应用语言学研究。

化意识的培养①。但是目前存在的问题是，很多复习课还停留在“知识专题——课本按序回归——模拟试题”三部曲。这样的复习教学缺乏对整个初中三年知识的整合和归纳，而且没有一个话题语境，学生对这样的复习课提不起兴趣，直接影响了复习教学的效果。复习内容如果只是对课文内容的简单复现，缺乏深度和广度，也不利于学生思维品质和文化意识的培养。所以，如何进行有效的复习教学还需要进一步的实践和探讨。

## 二、基于目标导向与任务驱动的英语中考话题整合式复习

“基于目标导向与任务驱动的英语中考话题整合式复习”是以某一话题为主要线索，打破教材原有单元划分界线，整合相同话题内容，创设一定的任务情境，将该话题下的语言词汇、语法知识、语言技能等有机融合起来，以语篇为主要依托，以学科素养为目标，以任务为驱动，开展听、说、读、写的等语言实践活动的单元整体教学方法。其目的是，引导学生围绕话题建立结构化的知识体系，提升综合语言运用能力，能在新情境中完成特定的交际任务，并能形成积极的情感态度和价值判断。这种复习方式的课堂特征是，在“能用英语做某事”的单元整体教学目标的引领下，以任务型活动为载体，引导学生在语言活动中感知、操练、运用本单元的词汇、语法结构、功能项目等，在完成任务的过程中掌握语言知识，逐步发展语言能力、文化意识、思维品质和学习能力等英语学科核心素养。与传统的复习方式相比较，话题整合式复习以素养为目标，任务为驱动，更能够激发学生的学习动机，进而促进学生更加主动、有效地学习英语，在培养学生“用英语做事”和中考应试能力的过程中发展学生学科素养，体现课程育人价值，从而和当今时代背景下的发展学生核心素养的教育理念相切合。

主要步骤：

1．根据2011年版课程标准的24话题，对教材单元按话题重新整合

以外研社 *New Standard English*（NSE）为例，教材一共六册书，共有64个模块（不含七年级上册的4个Starter模块），涵盖了课程标准中的24个话题。在认真学习、研究大纲和考试说明的基础上，可以采用“同类归纳”方法，从学生的

---

① 梁惠萍，《以话题语境为主线的初中英语复习教学探讨》，《中学教学参考》2020年第3期（上旬），第33页。

实际出发，以教材为蓝本，依据课程标准中的 24 个话题，对初中阶段的所有内容进行重新整合，把整套教材的 64 个模块整合成 12 个贴合学生生活和经验的话题，见下表：

**话题整合表**

| 整合话题 | 对应教材模块 | 对应课标话题 |
| --- | --- | --- |
| 话题一：<br>个人情况 | 七上 M1、七上 M 2、七上 M8、七下 M 2、七下 M 7、八下 M 1、八下 M 2、八下 M 6、八下 M 10 | 1. 个人情况<br>2. 家庭、朋友与周围的人<br>6. 个人兴趣<br>7. 感情与情绪 |
| 话题二：<br>人际交往 | 八上 M 11、八下 M 9、九上 M 5、九上 M 6 | 8. 人际关系 |
| 话题三：<br>日常活动与节假日活动的计划和安排 | 七上 M 10、七下 M 3、九上 M 2、九上 M 4 | 4. 日常活动<br>9. 计划与安排<br>10. 节假日活动 |
| 话题四：<br>购物 | 七下 M 5 | 11. 购物 |
| 话题五：<br>饮食健康与安全与救护 | 七上 M 4、八上 M 8、八上 M 12、八下 M 4、九上 M 5、九下 M 4、九下 M 5、九下 M 6 | 12. 饮食<br>13. 卫生与健康<br>14. 安全与救护 |
| 话题六：<br>文娱与体育 | 七下 M 12、八上 M 3、八下 M 5、九上 M 8 | 16. 文娱与体育 |
| 话题七：<br>科技与通信和历史与社会 | 七上 M 7、九上 M 3、九上 M 9 | 18. 通信<br>22. 科普知识与现代技术<br>23. 历史与社会 |
| 话题八：<br>天气和旅游与交通 | 七下 M 10、八上 M 4、八上 M 10、八下 M 8、九下 M 1 | 15. 天气<br>17. 旅游与交通 |
| 话题九：<br>居住环境 | 七下 M 4、七下 M 6、八上 M 2、九下 M 3 | 3. 居住环境 |
| 话题十：<br>自然和世界与环境 | 七上 M 6、七上 M 9、八上 M 6、八上 M 9、八下 M 3、九上 M 1、九上 M 10、九上 M 12 | 20. 自然<br>21. 世界与环境 |
| 话题十一：<br>学校与语言学习 | 七上 M 3、七上 M 5、七下 M 1、七下 M 11、八上 M 1、八下 M 7、九上 M 11、九下 M 2、九下 M 7、九下 M 8 | 5. 学校<br>19. 语言学习 |
| 话题十二：<br>故事与诗歌 | 七下 M 8、七下 M 9、八上 M 5、八上 M 7、九上 M 7 | 24. 故事与诗歌 |

通过整合话题，把整套教材连成一个整体，把各个零散的知识点串联在一起，有助于学生编织一个完整的知识网络，建设知识体系，提高综合运用英语的能力，从而有效提高中考英语复习的效率①。

2. 根据整合形成的“新”单元，实施单元整体教学

例如，整合话题“人际交往”包括原教材的4个Module，根据这个话题包含的“社会行为”和“合作与交流”两个子话题，这4个原有Module可以分别归入两个子话题，形成两个“新”单元，分别包括原教材的八上M 11、八下M 9、九上M 5和九上M 6。

《普通高中英语课程标准（2017年版2020年修订版）》指出，单元是承载主题意义的基本单位，单元教学目标是总体目标的有机组成部分。教材各单元提供主题语境和语言材料，构建学习活动场域②。可以看出，单元是内容单位，更是一个学习单位，是一段学习经历，因此，单元教学需要整体设计。英语单元整体教学是指以单元话题为统领、单元目标为导向、任务型活动为驱动，不断强化学生对各课时内容的记忆、理解和运用，全面发展学生的听、说、读、写能力，并在完成单元任务的过程中发展学科素养。单元整体教学不仅仅是内容的整合，更重要的是教学目标的整合，即以学科素养为目标，因为素养是人在社会情境中实施某种行为时表现的观念、品格和能力，而行为不是单一知识或技能，它融合知识、技能、情感、态度与价值观等多方面的元素，超越所教的知识与技能，突出强调社会责任感、创新精神和实践能力。单元目标是指学生最终形成完成单元任务的能力（competence），这种能力是学生在单元内各课时学习中获得或形成的知识（knowledge）、技能（skills）和情感态度（attitude）在行为中（behavior）的综合体现。而实现教学目标的重要措施就是以单元任务为驱动。2011年版《义务教育英语课程标准》指出，学生通过英语课程学习掌握基本的英语语言知识，发展基本的英语听、说、读、写技能，初步形成用英语与他人交流的能力，进一步促进思维能力的发展。其中任务型语言教学途径也提出，要创设真实的情

① 邓韵仪，《以话题为主线的中考英语复习方法的实践与思考——以外研社NSE教材为例》，《中学教育》2019年第7期，第229—230页。

② 中华人民共和国教育部，《普通高中英语课程标准》，北京：人民教育出版社，2020，第55页。

景，让学生在这真实的情景中进行真实的语言交际实践活动①。现行初中英语教材一般都采取了“话题、功能、结构、任务”相结合的编写思路。教材以话题（topic）统领每个单元的教学内容，语法结构为表述话题内容和实现与话题内容相关的交际功能服务。为此，教材采用不同层次的任务（task chain，课时任务和单元任务）的形式来组织教学活动，让学生通过“用语言做事情”来学习和使用英语。教材各单元提供话题语境和语言材料，构建学习活动场域，并有任务作为驱动，学生在完成任务的过程中，逐渐达到对本单元目标语言的灵活运用，同时形成积极的情感态度和价值观。因此，一般而言，现行初中英语教材中一个module或unit既是一个内容单位，更是一个学习单位。

## 三、“新”单元的教学设计

八下M 9“Friendship”以“友谊”为话题展开听、说、读、写一系列语言实践活动。通过Unit 1玲玲与帮助热线专家的对话，及Unit 2张蓓的一篇文章《一个美丽的微笑》，探讨学生在友谊问题上的困惑及解决办法，让学生意识到友谊的重要性。通过本模块的学习，学生能积极对待生活，友善对待身边的人，正确对待朋友间出现的问题，多方面了解中西方交友文化，努力做一名受欢迎的青少年。九上M 6“Problems”以青少年在成长过程中遇到的诸多真实问题，如与父辈意见不统一、违背与父亲的约定带来烦恼等为话题，来展开听、说、读、写的语言实践活动；引导学生感悟在生活中与人沟通，积极面对与人相处中出现的问题的重要性，学会换位思考、以诚待人等处世之道。通过以提出问题以及为问题提供解决方法的方式来继续学习条件状语从句，要求学生能够用含有if的条件状语从句的主从复合句来描述问题以及提供解决方法。功能是能够在日常交往中恰当理解和表达态度（警告和禁止：如No deal. That's not the point.）的语言形式。经过整合后的“新”单元根据具体学情可以分为2—4个课时，本单元的教学设计主要内容如下：

---

① 周霞，《重在语言运用，突出复习实效——浅谈初三英语“话题整合”复习模式》，《教学管理与教学研究》2019年第11期，第56—57页。

### （一）教学内容分析

本单元以“人际交往”为话题展开听、说、读、写等一系列语言实践活动。通过具体事例，探讨学生在人际交往中遇到的问题或困惑及解决办法，引导学生感悟在生活中与人沟通，积极面对与人相处中出现的问题的重要性，学会以诚待人、换位思考等处世之道，启发学生能积极对待生活，友善对待身边的人，正确对待朋友间出现的问题，提高人际交往能力。通过以提出问题以及为问题提供解决方法的方式来继续学习表示询问和建议的功能项目和语言结构（如条件状语从句）。

### （二）学情分析

1. 初三学生求知欲较旺盛，已不满足教师对所学内容的简单重复；有一定的抽象思维能力和概括能力；有一定的英语学习经验，掌握了一定的英语学习策略；对如何与人相处和交往有一定的个体经验，但也面临一些具体困难或困惑，因此本单元话题贴近学生生活，容易引起他们的共鸣。

2. 初三学生有一定的语言基础；基本熟悉本单元内容，一般能在听、说、读、写等活动中使用本单元的词汇及句型。但对已学内容有所遗忘，运用能力有待提升，由于新学这个单元时精力主要集中于语言学习，对如何应对与人交往中遇到的问题思考不够，缺乏全面而多角度的认识。因此，本单元的重点是通过两个原始单元的整合式复习，引导学生进一步认识到友爱、诚实、移情等是重要的交友之道；能运用所学语言口头和书面表达自己对此的认识，能够反思自己的交友经历，不断改善交友之道。

### （三）单元目标

运用正确的人际交往原则和方法改进自己的交友之道，提高人际交往能力。这个单元目标可以分解为以下课时目标：

1. 通过听、说等活动，能够理解别人关于人际交往中问题的描述以及建议；运用目标语言描述人际交往过程中遇到的具体问题和困难以及相对应的积极建议，以此形成关于人际交往词汇和语言结构的结构化知识。

2. 以阅读讨论等方式呈现张蓓、史蒂夫等人在交友或与家人相处过程中遇到的困惑，以及解决困惑的过程或建议，分析评价在此过程中人们的态度和行为及背后的意义，领会问题解决办法或建议的作用和意义。

3. 以讨论的形式，讨论人际交往经常会遇到的困难和问题，并提出有针对性的解决办法或对他人的建议，总结人际交往应该遵循的原则和态度，就如何建立良好的人际关系发表个人观点，提出一至两条建设性的建议。

4. ①通过书面表达，反思自己的交友经历，总结得失，提出改进的具体措施；或者②运用目标语言访谈身边的同学，询问他们在人际交往过程中遇到的困难或困惑以及解决问题的方法。根据访谈内容，完成一份访谈报告。

### （四）单元任务

我们需要以积极的态度应对人际交往中的问题。请你以“What makes good interpersonal relationship?”为题，为你校《校园英语园地》写一篇征文稿件。内容要点：

1. 良好人际关系的重要性。
2. 人际交往的基本规律。
3. 自己的交友经历和体会。
4. 改进自己交友的设想。

注意：紧扣主题，表述全面、准确、流畅；可以适当发挥。

在单元整体设计完成后，就可以根据具体情况设计课时教学方案。

## 四、结语

“基于目标导向与任务驱动的英语中考话题整合式复习”的教学思路体现了英语学科大观念理念，即学生在完成单元主题学习后，运用所学的语言和文化知识，围绕该主题建构新的结构化知识，用英语交流和表达新的认知，形成解决问题的新思想、新方法和价值观念，继而能将其迁移到新的情境中用于解决实际问题[①]，更好地体现了英语课程的育人功能。

---

① 王蔷等，《基于大观念的高中英语单元整体教学设计》，《中小学外语教学》2021 年第 1 期，第 1—7 页。

# 学科教学与信息技术融合研究

## ——以英语课堂教学为例*

孙 鹏

攀枝花学院 外国语学院，四川攀枝花 617000

**摘 要：**传统“纸笔嘴”的教学模式看似呆板，但对人（师生）的素质要求极高，看似教学效率不高，但在教师的影响下，学生对知识内化的程度和相应能力的形成具有不可否认的巨大作用。信息技术进入课堂，确实改变了知识的传播途径，增加了课堂活动的形式，还不断地刺激学生的神经，更利于调动学生学习的积极性和课堂的参与度，但教师务必把握好融合的内容、把握好融合的时机和把握好融合的手段，否则，欲速则不达。

**关键词：**学科教学；信息技术；教学融合

学科教学与信息技术融合实践，国际国内可以说风起云涌，迄今为止，已经走过了教育技术“从辅助到支撑，从整合到融合”的发展研究路线。事实上，在国内，从国家层面到学校层面都在开展不同学科、主题明确而又层次多样的研讨活动，虽然信息技术发挥作用的认同感在不断提高，但“世界各国对教育信息化的高期望值与实际效果之间均有较大落差”。在信息技术应用于课堂教学，其教学效果明显不佳的情况下，我国各级政府依然在继续加大财政在教育信息技术方

---

* 收稿日期：2021年8月26日

基金项目：2020年度四川省教育科研课题项目“核心素养观下语篇理解思维导向途径及应用研究”（项目编号：SCJG20A190）研究成果。

作者简介：孙鹏（1963— ），男，四川仪陇人，攀枝花学院外国语学院教授，主要从事应用语言学、基础教育与英语教学研究。

面的投入，最明显的表现就是，原来在城市学校才有的信息技术设备在乡村学校几乎一应俱全，这是我国教育大发展的可喜局面。面对信息技术运用的新形式，我们该如何定位现代信息技术所发挥的作用呢？这是我们从事教育的人士应该冷静思考的问题。在北京师范大学教授何克抗看来，网络式学习（Electronic Learning，略称 E-Learning）与混合式学习（Blended Learning，略称 B-Learning）是两种教育思想的体现。网络式学习是基于网络电子传媒的“以学生为中心”的教学思想，是建构主义教育思想的代表；而在教育发展过程中，人们进一步认识到建构主义教育思想不是教育的全部，而应进行混合式学习，即要把传统教与学的优势和网络式学习的优势结合起来。也就是说，既要发挥体现教师引导、启发、监控教学过程的主导作用，又要充分体现学生作为认知过程主体的主动性、积极性与创造性。国际学术界的认识已经从网络式学习转变为混合式学习，这种转变突破了建立在建构主义学习理论基础上的“以学生为中心”的教育思想①。近 30 年来，信息技术在我国学校层面的应用冒出了不少新名词，比如计算机班、多媒体班、云教育班和互联网学校等等，这些“新技术班”的教育成效究竟如何呢？当然不可否认其积极的一面，但其作用无论多大，有专家还是认为，信息技术应用于课堂也不过就是“锦上添花”，这似乎是目前形成的基本共识。实际上，在课堂应用中，由于认识上的偏差也导致了一些不利局面的出现，比如信息技术束缚了师生的手脚，成了信息技术的“奴隶”，“靶式”教学现象并非鲜见，教学任务虽然完成了，但教学质量如何值得思考。鉴于此，笔者提出在信息技术课堂上，我们应该“把握好融合的内容、把握好融合的时机和把握好融合的手段”。这里撰文探讨，以求达到抛砖引玉的目的，让我们共同推动“信息技术与教育、教学的深度融合”。下面分别讨论这三个“把握好”。

## 一、把握好融合的内容

谈到融合，我们的第一反应应该是以多媒体为代表的信息技术载体上的教学内容绝对不等于是教材的翻版，也就是说信息技术载体上用于课堂呈现的教学材料不应是教材原版的一一复制，而是依据课程一定阶段的培养目标而进行的教学

① 何克抗，《教育信息化发展新阶段的观念更新与理论思考》，《课程·教材·教法》2016 年第 2 期，第 3—10 页。

材料的多种可以灵活运用的组合，以期抓住重点、突破难点的精心设计和安排。以义务教育阶段英语教材为例，从教材设计来看，教材有纸质版本的教科书，也有电子版本的影像材料。可在课堂跟踪中，我们发现一些教师要么直接按教材编排内容的顺序开展课堂教学活动，往往以电子版本的内容组织课堂活动，从而完成教学任务，至于教学质量问题则被教师“抛在脑后”。这种局面反映的一个现实就是照本宣科或照屏宣课，这与学科融合教学不太相符。学科融合教学既有对学科教材内容重组的意思，也有信息技术之于学科的嵌入应用，嵌入的内容理应是学科教学内容的重点和难点，或是阶段培养目标发展需要的基本点（影响学生进一步发展不可缺少的教学内容，有的内容即使前一阶段或前一年学过，还需要复习和巩固，不然对学生后续深化学习带来负面影响）。如果教学设计缺乏对教材重点、难点和基本点的考虑，即使课堂教学40分钟完成了教学任务，也很难达成教学预期的目标。其实，课堂40分钟很宝贵，一位富有教育理想的教师，其课前的教学设计必定是充分的，教学材料的选用更富有教育意义，课堂活动则顺理成章、环环相扣，每走一步自然会对学生参与学习活动产生吸引力。教学实践中，我们发现这类教师的教学质量不容怀疑，其受学生的欢迎程度自然很高。总之，这里的第一个“把握好”充分体现了教师教育教学活动的主导性作用，一定程度上回归了传统的教育价值观，与教育部长陈宝生2018年9月倡导的既要进行“课堂革命”，又要注意教育的“四个回归”要求是一致的。

## 二、把握好融合的时机

一节40分钟的课堂，只要精心策划，其实能做很多有效的事。在“信息技术与教育、教学的深度融合”理念引领下，使用什么教学材料，在何时使用这些教学材料，不是随意的。有的教师始终觉得教学时间不够用，加班加点成为他们经常的“业余活动”；有的教师在任何情况下都能应对自如，越是时间紧张，他们的教学活动越有条理，引导学生学习的活动忙而不乱，其差别主要就在于教师学科专业化程度的高低，在于教师教育技术应用是否娴熟。从学科专业化程度来看，比如英语教学，他们对英语这门课程的特点在认识上的深度和广度，能正确理解《义务教育英语课程标准》的精神，能吃透英语教材编排的结构和内容布局，这样就能较好地抓住英语学科的教学重点和难点；与此同时，高水平的教师还能随时依据学情变化，增加或减少或调整相应的课程教学内容，以达到增添课堂教学活动新鲜感的目的。这种教学设计，当然突破了传统的按部就班的教学思维，其教学效率和效果是可想而知的。从信息技术层面来看，熟悉相应信息技术的性能、明白信息技术使用的目的，就有助于教师在整个教学活动中适时嵌入相应的依托信息技术提供的教学资源，比如图片、音频、视频等。如果课堂使用的演示文稿（PowerPoint）仅是教材内容的翻版，而且从一节课开始就连续不断地浏览演示文稿，这与翻书式的教学活动就没有什么差别，学生同样不会感兴趣的。如果教师能做到基于重点、难点或基本点来设计演示文稿等教学辅助材料，并依据学情变化展开分析、讲解与练习，师生眼耳鼻舌口五官都能并用，这就是融合的时机。

## 三、把握好融合的手段

在最近100多年的历史发展中，技术进步在教育领域已经留下了历史的痕迹，从早期的幻灯片走进课堂到广播电视在教学中的运用，形成的“广播电视大学”这类学校至今还存在。近30年来，国外信息技术在教育领域开始运用，随着教育理念不断变化，从慕课到翻转课堂再到混合式教学则是明显的标志，这些变化的内在逻辑在于从过分强调信息技术的作用到人（师生）的主体性作用的认识上的转变；在中国，信息技术在课堂上的运用也在不断推陈出新，大致从20世纪90年代中后期开始至今，在基础教育领域里先后出现过以计算机技术进步来命名的各种代表教育技术进步的班级或学校，如“计算机班”“多媒体班”“云教育班”和“互联网班或学校”等。这些以技术进步命名的班或学校无非是强调了信息技术在教育领域的运用，至于是不是教育的真正进步，值得商榷。细想起来，这些技术只不过是给学习者在更大的时空范围内提供一种学习的便利，给有志于提高学习的人提供一种学习的可能。确实，在课堂教学中应用这些信息技术完全可以丰富教学手段，增加课堂教学活动的形式，让课堂教学活动不断换新，增强对学生的吸引力，激发学生的学习兴趣。但信息技术的使用是否真的能提高教学质量呢？这还是让人怀疑，国内外都有专家对此做过研究。其实，在西方发达国家，“语言课堂教学的技术革命在20世纪60年代就达到顶峰”①。加拿

---

① H. H. Stern, *Fundamental Concepts of Language Teaching*, Shanghai: Shanghai Foreign Language Education Press, 2005, pp. 442 -446.

大语言教学知名专家汉斯·斯特恩（Hans Stern）认为，教育技术的功能不用质疑，问题的关键是技术的复杂性与教学内容或目标的复杂性不相干，所以，人们一定程度上青睐传统教学途径。上海大学冯奇教授等[①]在对比研究中发现该校大学英语多媒体教学效果不明显，而自主式多媒体网络教学班的成绩反而还要低于其他模式的教学。国内其他大学一线英语教师也陆续发现了运用多媒体教学存在的一些问题。我们回顾传统"纸笔嘴"教学活动，会觉得传统课堂中的人味更强，给学习者留下的印象更深，形式虽少，但师生的专注力更强，好的教师还是学生的崇拜对象，这样可以达到言传身教的效果。现在拥有的信息技术课堂，形式多，花样换新快，师生忙于切换教学手段的使用，对于教学内容的"入脑"程度有待考察。按常理，课堂的"静"是一种思考行为，缺乏思考的学习很难有长久的记忆保持，这恰好印证了孔子早就说过的"学而不思则罔"这句话。确实，信息技术的应用，尤其是图文并茂的教学材料，一时容易给学习者留下深刻的印象，但如果教学缺乏对现有教学材料的总结，缺乏对现有教学材料的提炼，可能学生饱了感官的眼福，而腹内空空的现象则时有发生。美国著名教育家梅里尔·哈明（Merrill Harmin）等人的研究认为，教学材料可见度愈高，则对人的思维要求愈低[②]。所以，在课堂教学中，我们要善于把传统教学手段与现代教学媒体进行结合应用，充分发挥不同媒介的积极作用，这样有利于提高课堂教学质量。

纵观历史发展，新技术进入教育领域的应用具有时代特征，原来以为"电视教学"可以取代学校的事件从来没有发生，当今"互联网教育"技术进入课堂、进入家庭的程度虽然愈来愈广，但其始终不可能代替学校教育。世间万事人为先，这恐怕是个普遍真理，其他的一切存在只不过是用来为人服务的。在教育领域，在新技术进入课堂后，我们必须认真考虑新技术在教育中的辅助、支撑、整合和融合作用，踏实做到以上所讨论的三个"把握好"，才有利于整体提高课堂教学效率，从而有效提高课堂教学质量。

---

① 冯奇、万华，《大学英语多媒体教学思考》，蔡基刚主编，《大学英语教学研究与思考论文集》，北京：高等教育出版社，2002，第148页。

② Ken Beatty, *Computer-assisted Language Learning*, Beijing: Foreign Language Teaching and Research Press, 2006, pp. 16 - 36.

# 学生深度参与的小学英语沉浸式课堂构建及案例分析*

秦洁荣[1]　吴清彦[2]

1. 四川师范大学　外国语学院，四川成都　610101

2. 四川师范大学　外国语学院，四川成都　610101

**摘　要**：小学英语沉浸式课堂是按照母语习得方式，开展英语教学的一种课堂模式。课堂中的所有教学行为和教学目标都需要借助目标语言来完成和实现。学生深度参与的小学英语沉浸式课堂使学生处于目标语的语言学习活动中，在教师的引导下完成对英语的深度体验式学习，在语言学习过程中实现教师、学生和学习活动之间的互动互促。本文强调在“以学生为中心”的教育理念指导下，引导刚接触第二外语的小学生顺利过渡到全英语的课堂，实现深度参与的沉浸式课堂教学。本文旨在探讨老师如何通过课堂指令建设，基于教师的提问策略和课堂反馈形式，引导学生深入参与语言及文化内容的学习，并且通过沉浸式语言课堂的实践活动，在语言的实践运用当中完成对英语的习得。

**关键词**：深度参与；小学英语教学；沉浸式课堂

---

* 收稿日期：2021 年 10 月 13 日

基金项目：2020 年教育部产学合作项目“‘资源共享、智能双培’导向下的外语教师培训课程研发与课程体系构建”（项目编号：202002038011）阶段性成果。

作者简介：秦洁荣（1979—　），女，四川崇州人，四川师范大学外国语学院副教授、副院长，硕士研究生导师，主要从事基础教育英语学科教学、英美文学文化等领域的研究。

吴清彦（1997—　），女，四川广元人，四川师范大学外国语学院 2020 级学科教学（英语）专业硕士研究生，主要从事基础教育英语学科教学研究。

## 一、引言

学生深度参与的小学英语沉浸式课堂将“以学生为中心”作为课程设计理念，以学生参与性学习活动作为学习的主体形式，师生共同采用目标语英语作为教学语言的一种课堂模式。2019年，中共中央、国务院印发的《关于深化教育教学改革全面提高义务教育质量的意见》提出，教师要“强化课堂主阵地作用，切实提高课堂教学质量，优化教学方式，注重启发式、互动式、探究式教学”①。2011年版《义务教育英语课程标准》强调，语言知识的呈现和学习应从语言使用的角度出发，提升学生“用英语做事情”的能力②。学生“深度参与”的小学英语沉浸式课堂体现了目标语言的语用功能与学习者探究学习能力的结合，与《关于深化教育教学改革全面提高义务教育质量的意见》和2011年版《义务教育英语课程标准》的要求一致。

沉浸式英语教学在中国有过以下教学案例：1997年，西安率先进行了幼儿园和小学“早期英语半沉浸式教学”实验；1998年，北京、上海、深圳等城市分别在幼儿园大、中、小班开展了沉浸式外语教学试点；2001年，上海徐汇、普陀等区多所中小学开始在音、体、美、生物等课程中采用英语部分沉浸式教学，其后各区县建立了一大批双语教学实验学校。这些实验不仅证实了沉浸式教学模式在我国实施的可行性，同时体现了其有助于学生掌握目标语言的工具功能、互动功能和信息功能等，利于学生语言综合素质发展的自身优势。沉浸式英语教学注重学习与环境的有机结合，将学生全面置身于浸泡式英语学习环境中，“在自然的英语环境中接受语言的刺激，获得可理解性输入和有意识的输出，用英语思考交流，形成英语思维系统”③。活动理论同样强调学生中心，学习者与环境的有机交互，为深度参与的小学英语沉浸式课堂学习活动的设计提供了理论支撑。鉴于此，本文将从课堂教学指令、课堂提问策略、教师反馈语和活动化课堂构建等方面，结合案例分析，探讨教师如何构建学生深度参与的小学英语沉浸式课堂，

---

① 《关于深化教育教学改革全面提高义务教育质量的意见》（2019年6月23日），《人民日报》2019年7月9日，第2版。

② 中华人民共和国教育部，《义务教育英语课程标准》，北京：北京师范大学出版社，2011，第26页。

③ 傅向萍，《沉浸式教学法在初中英语教学中的实践和研究》，《校园英语》2019年第12期，第74—75页。

为小学英语教学提供新的启示和借鉴。

## 二、深度参与的内涵

长期以来，学生在课堂上的参与度一直被认为是高效教育的核心之一。学生课堂参与的深度与学习兴趣、学习动机、个人目标、自我认识、任务类型等密切相关。诺斯特兰（Nystrand）区别了学生的两种参与：程序化的参与和实质的参与，前者指单纯的行为参与，后者则包括了心理的投入，并认为只有实质的参与才和学生的高层次思维发展有关。在这个意义上，他提出了“深度参与”的概念，指出深度参与是认知、情感、行动的统一，是学生身心能量的深度卷入，既强调活动过程中参与者的“在场”，又强调参与者共同生成活动的结果①。学生深度参与的课堂遵循“学生主体、教师主导”的学习主体关系，体现学科知识掌握与意义建构及学习者情感体验相关联的学习过程，有利于促进学生的深度学习②。

活动是小学课堂教学的重要组成部分，为了引导小学生深度参与课堂，教师设计有乐趣、有梯度、有创新、有挑战的英语学习活动是必不可少的。活动理论的基本思想是：“人类活动是个体与社会文化历史环境下的人或事物之间的双向交互的过程。”③ 根据恩格斯托姆（Y. Engestrom）提出的活动系统三角模型（如图 1 所示），思考学生“深度参与”的小学英语沉浸式课堂教学活动的设计。

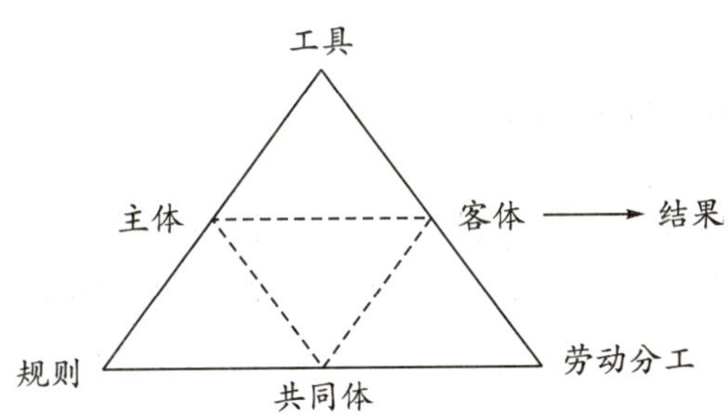


**图 1　第二代文化活动理论**（Engestrom，1987）

---

① 舒勤、刘姗，《深度参与教学研究综述》，《教育科学论坛》2016 年第 23 期，第 70—72 页。

② 程良宏，《学生深度参与的课堂学习及其实践路向》，《西北师大学报》（社会科学版）2021 年第 2 期，第 54—60 页。

③ 孙加梅，《活动理论对教育游戏设计的启示》，《中国教育技术装备》2014 年第 22 期，第 64—65 页。

该结构模型包含7个活动要素：工具、主体、客体、规则、共同体、劳动分工和结果。活动的主体采用一定的中介工具，作用于客体，并最终使其转化为结果。整个活动过程处于一定的社会文化环境中，受到规则、共同体和劳动分工的影响。学生深度参与的小学英语沉浸式课堂下，教师、学生、学习内容、教学环境等形成了一个完整的学习系统，每个英语学习活动的设计与开展都围绕着该活动系统中的相关要素进行。活动的主体是学生，教师是活动的设计者、组织者和引导者。客体是学生学习的内容，与学生在任务活动驱动下要实现的目标密切相关。在沉浸式课堂中，共同体即与整个学习活动过程有关的成员，主要指老师和学生。工具包括学习活动过程中要用到的各种资源，如沉浸式的教室环境、教材、多媒体、学习工具和辅助资料等。规则是在活动过程中，主体和共同体必须遵守的相关规范和要求。劳动分工即学习任务和角色的分工。通过合理的纵向及横向劳动分工，共同体成员能有效地完成学习任务。

## 三、学生深度参与的小学英语沉浸式课堂构建

基于小学英语沉浸式课堂的主体是未接触沉浸式英语教学的小学生，我们进行了沉浸式前期课堂指令的建设，课堂提问策略的建设，以及深度参与的活动化课堂的构建。通过精心合理的教学设计，充分实现活动主体、客体、工具、规则、共同体、劳动分工等要素之间的有机融合，促进学生课堂的深度参与，提高英语课堂教学质量。

### （一）沉浸式前期课堂指令建设

英语教师的课堂指令对于小学生的参与度与学习效果有直接关系。教师课堂指令是一种言语行为，是课堂话语的重要组成部分，是教师组织教学、引导学生开展课堂活动的重要渠道之一。教师指令语是课堂上教师组织各种教学活动、调控学生课堂行为时所使用的语言，教师用指令语或引导学生行为，或在活动前解释与之相关的内容和操作程序①。英语课堂作为一个特殊的语言使用环境，教师的课堂言语行为在语言课堂教学中具有重要作用。教师指令具有指导学生行为、

① 姚仁环、洪微，《英语课堂教师指令的有效性研究》，《中小学外语教学》2011年第34期，第39—43页。

引导课堂纪律和完成教学活动等功能[①]。哈默（J. Harmer）从学生的理解角度提出教师指令语有两个基本原则：一是指令语要尽可能简短，二是指令语要富有逻辑[②]。沉浸式课堂指令包括行为指令（如：Open the book、Stand up 等）和知识指令（如：What color is it? Where is the zoo? 等）。行为指令用于指导学生行为，进行课堂管理，引导课堂秩序；知识指令用于组织和开展学习活动，促进学生语言习得。（如图 2 所示）

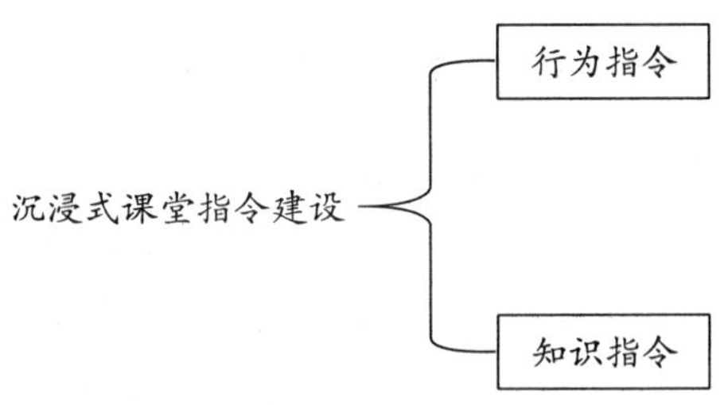


**图 2　沉浸式课堂指令课程建设**

### （二）课堂提问策略探索

提问策略就是教师提出问题的方法和策略。教师要掌握有效的课堂提问方式，使学生积极参与，获得知识、思维、情感等多维度的提升。学生“深度参与”的小学英语沉浸式课堂提问策略主要包括两部分：宏观提问策略和微观提问策略。宏观提问策略是基于文本内容和学习目标的要求，以提问的形式呈现整堂课的内容框架，提问与学生反馈的文本问题保持一致，使整个课程成为学生探求真实问题答案的过程。微观提问策略是指老师在具体的授课过程中基于对个体学生的提问反馈，调整提问的方式和内容，坚持“两性一度”（高阶性、创新性、挑战度）的标准，以促进学生对知识点的理解和获得。微观提问策略可以从提问形式和问题内容两方面进行运用。从提问形式上来看，教师可以灵活改变问题的形式，恰当运用特殊疑问句、选择疑问句和一般疑问句等对问题进行升阶或降阶。从问题内容上来看，当学生回答问题有困难时，教师采用学生更熟悉的话语内容进行替换，进行问题的难度降阶；当学生能准确回答老师的问题时，老师进一步提出略高于学生词汇、句法水平的问题，注入新知，进行问题难度的升阶。（如图 3 所示）

---

① 罗毅，《英语课堂教学策略与研究方法》，武汉：华中科技大学出版社，2011，第 12—15 页。

② J. Harmer, *How to Teach English*, Shanghai: Foreign Language Teaching and Research Press, 2010, p. 4.

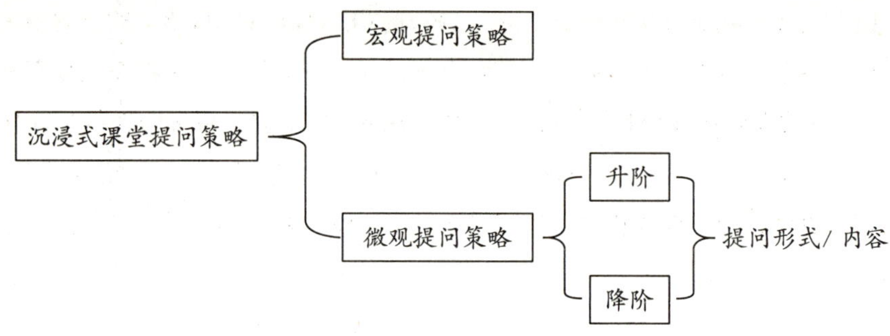


**图3　沉浸式课堂提问策略**

1. 宏观提问策略案例分析之课前引入

本文案例来自《黑布林英语阅读》小学b级，标题为“The dark in the box”。在上课之前，老师拿出一个抽奖箱，让同学们观察箱子然后提问；当学生猜测后请其抽奖；待其抽完奖后总结学生的回答，并继续提问还有哪些东西可以放进盒子里。

| Q1：Look，I've got a box. What's in the box? |
|---|
| Q2：Will there be... in the box? |
| Q3：What else can be put in the box? |

在引出主题后，老师展示文本的封面和标题使学生确认主题（The Dark in the Box）。随后，老师提出问题“Look at the cover，what questions do you have about the book?”引导学生就文本封面和标题提出自己的想法。老师首先做出示范：谁把黑暗装进盒子里？（Who put the dark in the box?）

学生提出的问题如下：

| Q1：Who is the boy? |
|---|
| Q2：What's in his box? |
| Q3：How to put the dark in the box? |
| Q4：Why did he put the dark in the box? |
| Q5：When did he put the dark in the box? |

此处老师设计的这两个问题作为课文引入，在于诱发学生的求知欲和好奇心，为阅读做好心理预期，使学生为进入课文做好准备。

2. 微观提问策略案例分析之提问形式降阶

在课前引入部分时，老师首先提问：“Look，I've got a box. What's in the

box?”这是一种特殊疑问句的形式。学生需要直接给出他所想到事物的名词表达。但是当学生大脑中没有存储这块知识点时，老师可以改变提问形式，使用选择疑问句“Will there be a pencil or a pen in the box?”对学生进行启发诱导；这时，学生从老师的提问中获得了方向性的提示，知道了答案可能是 It’s a pencil 或 It’s a pen。但是当学生还是无法判断，或者不明白这个物品到底是 a pencil，还是 a pen 的时候，老师可以选用一般疑问句“Will there be a pencil in the box?”对问题再次进行难度上的降阶。到这一步时，学生只需回答“Yes”或“No”。老师通过对学生回答问题的表现，逐渐降低问题的难度，无论学生的回答是“Yes”，还是“No”，学生是通过自己的努力得到了问题的答案，获得了知识性理解，同时也获得课堂参与感与满足感。

### （三）教师反馈语及案例分析

教师反馈语是课堂互动环节的一个重要组成部分，是指教师与学生在特定问题下的交流过程中，教师对学生的回答进行有针对性的反馈话语评价。外语教师课堂反馈语不仅是学生重要的语言输入来源，而且深刻影响着学生的语言输出效果。在反馈的过程中，教师应根据学生的回答和知识水平给予学生个性化的真实反馈，而不能笼统地使用“Very good”“Thank you”等无效反馈语。教师有针对性的反馈语有助于学生获得知识，解决问题，掌握具体知识点，获得成就感，增强学习的信心。教师的反馈语要具有鼓励性。老师要肯定和鼓励学生的参与，引导学生从问题中提取知识信息，在不同情景下，灵活采取拓展、建议、认可、纠正等不同反馈方式，激发和维持学生的英语学习兴趣。

课堂教师反馈语案例：

老师：What’s in the box?

学生：I don’t know.

老师：Will it be a pencil or a pen? Take it out please.

学生：It’s a pen.

面向全班同学：

老师：He said it’s a pen. Is he right?

全体学生：He is right!

这是课堂中的一个教学片段，深刻体现了教师反馈语对学生认知、情感和思维发展等的重要意义。老师提问“What's in the box?”当学生不知道是什么物品的时候，老师又问“Will it be a pencil or a pen? Take it out please.”学生拿出来一看，知道了答案，回答“It's a pen.”老师知道他回答正确了，但老师希望全班同学都能参与进来，于是老师面向全班同学说：“He said it's a pen. Is he right?”这时全班同学都说他是对的。在这样一个情境下，一个简单的师生双向问题互动变成了全班都参与的课堂互动。此外，全班同学对这个问题的回答，也是一种判断，体现了学生思想的深度参与。

（四）深度参与的活动化课堂构建

小学英语活动化教学是指教师根据学生的认知特点与身心发展情况，结合英语学科的教学内容和课程目标，设计多种形式的活动组织学生积极主动参与，并引导其在参与活动的过程中培养和提高英语综合能力（口语交流与听、说、唱、演等能力）的一种教学方式①。

1. 构建活动化课堂的原因

构建活动化课堂主要有以下三方面的原因。一是实施素质教育的需要。2011年版《义务教育英语课程标准》明确指出：教师要通过创设接近实际生活的各种语境，采用循序渐进的语言实践活动，培养学生用英语做事情的能力。二是适应英语语言教学的特征需要。英语作为语言教学的内容和工具，语言的本质是交流，并且语言习得是在实践中获得的，活动化教学能充分培养学生的语言交流能力。三是符合小学生生理和心理发展需求。小学生活泼好动、善于表演、乐于参与、敢于竞争，活动化教学能激发学习兴趣，适应学生生理和心理发展需要。

2. 构建活动化课堂的步骤

活动不是孤立地存在于某个教学环节，而是以目标为导向，以学生为中心，贯穿整个学习过程。活动化课堂主要由课前热身导入活动，课中语言知识学习及整合式学习活动，课中及课后知识迁移活动，以及课后知识延伸拓展活动等部分构成。每个活动之间衔接紧密，循序渐进，层层递进，最终帮助学生实现知识和能力的提升。

---

① 俞晓燕，《浅谈如何提高小学英语活动化教学的实效性》，《考试周刊》2020年第63期，第109—110页。

课前热身导入活动的目的主要有三点：

一是唤醒学生意识，进入课堂状态。

二是给话题搭支架，师生做好话题准备。

三是引起学生好奇心。

课前活动导入活动形式包括猜词游戏、头脑风暴、看视频或图片、唱歌、预测、问答等形式。课中语言知识学习及整合式学习活动在于实现点到面的学习，而课中及课后知识迁移活动在于实现从书内到书外和课内到课外的学习。主要包括角色扮演、问与答、对话、小组合作任务、复述、戏剧表演等几种形式。课后知识延伸拓展活动包括同学分享会活动、家庭分享会活动、主题探索活动和项目式活动等。

3. 案例分析之活动化课堂构建

本节课主要由6个活动串联而成，每个活动都有作者设计的意图，并且各个活动之间呈现递进的逻辑关系，活动开展顺利，学生参与度高。

（1）Activity 1 ：Question & Answer（师生活动）

这是课前引入的一个活动，老师手里抱着一个黑盒子，并提问："Look，I've got a box. What's in the box?"学生不断起来回答，说出他们心中的猜想。老师还根据学生们的回答，不断地进行启发："What else can be put in the box?"让学生们尽情猜想与表达。学生参与面的广度与积极回答问题的热情充分体现了学生"深度参与"的小学英语沉浸式课堂。

（2）Activity 2 ：Conversation（生生活动、师生活动）

老师在带领学生听读完第一遍内容后，开始不断发问，如"What do you know about Andy? Why doesn't Andy like night?"等，学生根据所听到的文本信息完成对问题的回答。同时，老师让身边的孩子对回答问题的孩子给出的答案进行判断，如"Is he right?""Anything else you want to say?"学生课堂参与的面与点都得到了突出。

（3）Activity 3 ：Role play（生生活动、师生活动）

在学习后半部分，涉及学生对文本信息的一些输出，老师采用role play的方式划分任务。此处需要解决的问题是"What's Andy doing?"老师让学生小组成员分工合作，在指定页内容找到相关信息，并上台汇报。这样以分工合作提取信息的方式可以加快成果的呈现，也为更多的学生提供了表现机会。

（4）Activity 4 ：Team work/Cooperative work（生生活动、师生活动）

当涉及对相关页内容的重点解读时，老师会采用 pair work，group work，whole class work 等合作活动方式。这种方式逐步扩大了学生参与活动的覆盖面，同时也充分体现学生之间不同形式的互动、合作方式，增强了学生之间的交流协作能力、培养合作精神，增进学生之间的感情。

（5）Activity 5：Retell（生生活动、师生活动）

在学生对故事内容有了整体把握后，老师采用个人复述（individual retelling）加深学生对所学内容的整体性理解和把握。老师对绘本内容进行主要信息提取，让不同的学生进行复述。这个环节结束后，老师又以思维导图的形式呈现之前讨论的问题、解决方式以及结果来完成对全文内容的大框架构建。在这个大框架下，全班一起来完成集体复述。

（6）Activity 6：Homework（个人活动）

本课老师在安排课后作业时，体现了文本与现实生活的结合，实现了知识的延伸和拓展。

作业 1：Think about more solutions for the things you are afraid of.

作业 2：Read more（Optional）.

老师为学生提供了两本与主题相关的阅读书目，让学生自由阅读。对于学有余力的同学来说，可以作为丰富拓展自己的一个渠道，充分实现对课本知识的灵活应用。基于沉浸式教学，学生积累了大量语料，通过结合现实语境，将语料附着在学到的目标语的语言结构上，来进行对自己的观点和判断的描述。

## 四、结语

综上所述，我们可以看到随着课程改革的推进，小学英语教学在实践中不断丰富着“以学生为中心”的教育理念内涵。对于小学英语教学来说，教师可以通过课堂行为指令和知识指令建设，灵活运用宏观和微观提问策略，机智运用教师反馈语，开展活动化课堂等，构建学生“深度参与”的小学英语沉浸式课堂，保证课堂教学质量，促进学生的语言知识习得、认知发展、思维提升和情感发展。

# 初中英语写作教学中的背诵输入探析*

周　莉

四川师范大学附属第一学校，四川成都　610066

**摘　要**：当前初中英语写作教学中的主要问题是学生作文的内容较为贫乏，语法错误较多，句子结构较破碎，表达方法欠地道，学生无法将自己已经学过的语言知识转化为语言输出产品。提升学生的语言输入、克服母语负迁移能够有效促进学生书面表达能力的提升。本文阐述了背诵式输入在初中英语写作教学中的意义，分析了初中英语写作教学中背诵式输入的应用原则，总结了初中英语写作教学中背诵输入的主要措施。

**关键词**：初中英语；写作教学；背诵输入

目前，初中英语教材中的听说背诵强调的是对英语语言进行理解和掌握。以人民教育出版社2021年出版的初中英语教材 *Go for It* 为例，教师在教学中根据分层教学原则，要求学生对每一个单元 Section A 和 Section B 的优美短篇文章或长篇文章中的优美句型背诵甚至默写。这些项目的目标多数涉及初中学生的心理特点、认知水平、兴趣爱好，与学生的生活实际和学习需求紧密相连，以达到教材编写者希望学生在英语学习过程中不感到枯燥乏味，能够有话可说、有话想说、有话能说。而在英语写作方面，教材对于学生的词汇要求较高，不仅要求掌握一定数量的词汇，而且要求能够正确使用所掌握的词汇，高度关注语法知识的应用水平。英语写作能够体现出学生词汇量的积累，学生语言综合应用的能力。学生

* 收稿日期：2021年10月26日

作者简介：周莉（1979—　），女，四川成都人，四川师范大学附属第一学校英语教师，中教一级，主要从事初中英语教学研究。

能否有效地、创造性地理解、使用英语语言是英语教育工作今后需要考虑的重点问题，既需要对学生进行单词背诵、单词听写，也需要加强学生对例句和范文进行背诵。背诵是输入，输入只是手段，化为己用是输出，输出才是目的，没有输入，就没有输出。对于初中英语教师来说，写作教学中的背诵式输入探讨是很有必要的。

## 一、背诵式输入在初中英语写作教学中的意义

背诵式输入在初中英语写作教学中是具有现实意义的，归纳起来，有两个方面。

### （一）语言理解能力和语感的提升

美国著名语言学家斯蒂芬·克拉申（Stephen D. Krashen，1941— ）的第二语言习得理论为背诵输入提供了有力的理论依据。1981 年，克拉申在爱思唯尔出版公司（Elsevier）出版《第二语言习得与学习》（*Second Language Acquisition and Second Language Learning*），提出了第二语言习得理论。1985 年，他在朗文出版社（Longman Publishing Press）出版《输入假说：理论与启示》（*The Input Hypothesis: Issues and Implications*），正式提出了习得—学得假说（The Acquisition-Learning Hypothesis）、监控假说（The Monitor Hypothesis）、输入假说（The Input Hypothesis）、情感过滤假说（The Affective Filter Hypothesis）与自然顺序假说（The Natural Order Hypothesis）五大假说。在这五个假说中，语言输入假说最为重要，是第二语言习得中理论的核心。语言输入假说认为，充分的语言输入是语言输出的前提。在使用语言之前，学习者必须接触大量的“可理解性的输入”（comprehensive input）。语言输入假说把可理解性的语言输入作为实现语言习得的前提。背诵输入是获得可理解的输入的有效方式之一。通过大量的背诵输入，学习者不仅能够逐步习得语言知识，而且还可以增强英语语感，为语言的最终输出也就是英语写作奠定坚实的基础①。

语感是感受和领悟语言的能力，语感的产生来自大量的语言实践项目。在不

① 符悦，《浅析背诵输入在中学英语写作中的作用》，《海外英语》2020 年第 19 期，第 69—70 页。

同的语言实践活动当中，人们广泛接触语言材料并理解语言知识，最终将这些内容转化为自身的语言技能。对于初中学生来说，要想具备敏锐的语感和写作能力，就需要通过背诵的方式受到语言刺激，强化对于所学内容的理解和感悟，由内而外吸收消化摆脱母语的负面干扰，形成英语思维，增强英语阅读能力和语篇理解能力，为书面表达能力的提高打好基础。

值得一提的是，初中学生在形成语感之后，通过大量的背诵，能够让自己学习到一些常用的、地道的短语、句型，提升英语敏感度，并且将学到的这些内容应用于写作之中。

### （二）英语思维与能力的培养

初级阶段外语学习者的表达很容易受到母语的影响，形成“中式英语”。如果用母语的思维来构建英语的表达结构，那么就有可能导致措辞不当甚至语法错误。背诵是强化记忆的重要手段，通过将词汇词组和习惯表达方式记在心中之后，就能在写作过程当中合理利用语言知识来思考问题，将常用词汇和固定表达方式应用在各类文章的创作当中，提升知识接受能力和产出能力①。在初中学生的整个背诵阶段，教师应该关注学生的语言知识掌握要求，避免和减少可能出现的各类语法错误。例如，学生在作文时词性意识淡薄是当前教学的主要问题，他们无法准确理解单词的全面意思，特别是对于一些单词的特殊词义了解较少，词汇的灵活应用能力较差。这样，就需要初中英语教师在后续的教学中改进方案，转而从句型和句子结构入手，最大限度加强学生对英语词汇的背诵、输入。

## 二、初中英语写作教学中背诵式输入的应用原则

关于初中英语写作教学中背诵式输入的应用原则，可以归纳为六条。

### （一）渐进原则

初中英语教师的教学内容在难度设计上应保持循序渐进的原则。在学生没有达到某一高度的学习水平时，过度提高学习难度反而会产生反作用，严重的可能

---

① 吴柳萍，《背诵输入时间长短在初中英语写作教学中的作用比较》，《中国科教创新导刊》2011 年第 3 期，第 131—132 页。

导致学生丧失信心，让学生产生厌学情绪。教师对知识和技能的传递应该遵循学生的实际写作要求，在了解学生目前水平的前提下将学习过程划分为若干个步骤，努力让学生将已有的知识经验转化为新的知识经验，并通过长期努力的阅读过程和背诵过程，将大量的可理解性信息进行输入，帮助学生开展语言输出，这样才能更好地提高学生的写作水平。

### （二）分层原则

分层原则指的是针对某些班级中的个体成员采取的教学方案，即便是同一个班级，学生的英语学习能力也会有明显差异，甚至部分学生进入初中之后，连一些简单易学的单词都无法正确拼写，也无法根据音标拼读单词和朗读文章。对此，这些学生参与教学活动的主动性和积极性显著下降，久而久之会因此放弃学习英语。作为教师应该考虑到班级当中不同能力层次的学生，按照学生的学习能力设置相应的教学目标，使整个班级学生的英语水平都能向前推进。新的教学大纲，充分体现了分层教学的思想，教师可以根据情况安排补偿性教学，内容是一些基础较差的学生也能完成基础模块的学习之后进入高层次的学习阶段。对于一些英语水平较好的学生，教师则应该培养他们知识的灵活应用能力，并且让他们在工具书的帮助下理解一些比教材难度更高的英文材料，能够书写和阅读主题相关的作文。对于一般学生，则要在巩固所学知识的同时培养综合应用能力，在掌握关键词汇后写简单的句子，将这些句子组合成日常对话和作文。

以初中九年级教材 Unit 1 为例，在谈论“How can we become good learners?”话题这一课中，在 Section A，阅读材料“How I learned to learn English?”话题贴近学生实际，内容具有实践指导意义。文章的三个段落包括作者过去英语学习的困扰及表现，观看英语电影成了学习的转折并由此在语音、听写、表达方面带来的进步，及最后对自己不足之处的要求和英语学习的展望。老师先让学生对英语学习的困难及经验进行小组分享和讨论，记下关键的信息点。然后学习文章，寻找和作者的相似与不同之处，并要求学生进行全文背诵，然后通过默写的方式验收。完成之后，根据学生学习能力的高低，要求学生根据自己的真实英语学习情况改写，或者用目标语言描写初中阶段提高明显的一门学科，比如数学或语文。

再以初中教材最后一个单元“I remember meeting all of you”为例。此单元语言目标是分享过去的记忆和令人怀念的经历，展望未来并同时对师长、同学表达情意。在 Section B 部分的阅读材料是一篇毕业演讲稿。老师布置学生背诵演讲稿中固定句型，如：

Thank you for coming today to attend the graduation ceremony at... Good luck and hope to see you again sometime soon!

还包括一些激励人心、进行思想升华的优美句子，如：

You'll make mistakes along the way, but the key is to learn from your mistakes and never give up...

学生进行了重点句型、优美句子的背诵，通过默写方式验收，之后写一篇给全班同学的毕业演讲稿，所学句子必须全部运用。由于演讲稿贴近学生的真实生活，三年初中的同窗情谊引起了共鸣，且素材及语言积累到位，学生们写出了感人的毕业演讲稿。由此，举办了别开生面的英语毕业演讲，在紧张而枯燥的毕业冲刺阶段留下了珍贵的回忆，并激励同学们更加努力冲刺学习。

## （三）精读、泛读协同发展原则

阅读过程是语言输入的过程，而阅读理解正是从阅读材料当中获取信息并认识语言符号。精读和泛读是背诵语言输入的主要组成部分，其中精读是一种自下而上的学习方式，让学习者按照单词、短语、句子、文章的顺序，不断进行信息辨认和信息感知，在背诵某些关键单词和短语的前提下将其组合为一个个段落。泛读则是一种自上而下的阅读方式，快速处理有关信息和关键词即可。对其中某些精彩的表达方式进行摘录，然后加以背诵。这说明精读更加关注语言输入质量，泛读更加关注语言输入数量。

从背诵的实施过程当中，教师可以以默写的方式检查学生对于单词短语的书写能力，纠正他们存在的错误，从而让学生对精读和泛读的语篇框架更加熟悉，对固定句型和语块表达越加熟练。随着一个个短语和句型背诵完毕之后，学生的学习就会从量变转化为质变，知识技能在此过程当中得到了有效提高，对书面表达能力的提升大有裨益①。即便是对于一些背诵不熟练的学生，他们也能从日常练习当中改变现有的学习习惯，养成良好的学习习惯，不断地提升学习效率和效果。

---

① 陈华，《“以输出驱动输入”模式在中学英语写作教学中的运用》，《江苏教育研究》2019 年第 Z5 期，第 81 页。

### （四）语篇综合学习原则

虽然在背诵式输入的过程当中需要重视词汇，但学生的词汇量仍然不足以支撑他们完全在作文当中应用自如，因此未来写作课程当中的词汇教学应该围绕语篇和词组进行教学兼顾，以解决学生在英语作文方面内容贫乏的缺陷和思想过于简单的劣势①。这一点在很多以往的研究当中得到了证实，相关专家学者认为写作是一种表达思想感情和个人艺术的行为，注意所写内容的安排和构建，能够基于宏观结构得到能力方面的提高。任何写作过程都需要用词汇来表达，如果学生能够将这些词汇进行合理背诵，在写作过程当中就会避免使用母语的思维方式或套用母语的语言规则，保持优美的句式和段落的完整结构。

未来的教学环节应该避免单独只讲词汇，然后分析讲解语法的教学方法，而是应该更加注重语篇分析和语篇的背诵，输入让学生对不同文体的文章有所了解之后，并整体把握组织结构和文章思想，了解写作的技巧要求，将课程与写作有机结合。

### （五）信息输入输出原则

输入输出层面的信息反馈是现代外语教学理论的关键点，该理论认为语言学习是输入信息，到吸收信息，最后转化为输出信息的过程。英语作为学生的第二语言，语言输入有着特定的意义和作用，学习者在听到或读到某些具有交际意图的语言之后，就会以特殊的方式进行默认和背诵。这些语言在输入人的头脑之后，可以进一步加工从短时记忆转变为常识记忆并最终转化为语言应用能力，而短期记忆未曾加工过的内容，则容易被学生遗忘。语言输出指的是目的语的信息输出过程，虽然并非所有的语言输入都能转化为语言应用能力，但通过背诵式输入的方法，学生可以了解某些环境下的特定语言用法，催化语言习得的有效性，让学习的过程产生一定的规律性和效益。实践过程是语言吸收并形成语言技能的主要过程，朗读也是培养学生语感的重要措施，写作和朗读虽然看似不存在联系，但在朗读的环节，学生可以运用自己的视觉器官来获取信息产生的声音，重新刺激到各个器官，调动感官协同合作，加深对于信息的记忆。学生进行输入的

---

① 何艳娴，《基于词块的背诵式输入渗入初中英语写作教学的应用研究》，《基础教育外语教学研究》2017年第3期，第44—50页。

内容可以是简短的句型和短语，也可以是文章的复述，但无论如何，学生都能尝试用自己的学习方法来进行背诵式输入，回头查询输入材料之后，再根据阅读内容选择不同的实践方法，为语言输出提前做好准备。所以语言输出需要从学习者现实的水平和知识能力出发，提升写作过程的语言使用频率和语言规则性引起对母语和目的语之间的差异分析，从语言规则的角度掌握目的语应用时的某些要求，让阅读对写作起到示范作用[①]。

### （六）信息反馈原则

从反馈层面来看，每一次反馈过程都是对信息的重新利用和加工过程，学生可以从教师的评价当中获得正向体验和动机反馈，激发内在的学习主动性，而学生对于教师的写作文章应更加关注细节方面的内容，做好激励性反馈。综合来看，作为教师，不仅要观察学生容易出现的错误，也要了解学生在写作过程当中对某些背诵式输入信息的掌握程度，从而培养学生解决问题和应用资源的能力。从宏观层面上看，要确定有利于学生自主学习的信息反馈方案；从微观层面上看，则需要促进学生的内在学习动机，养成良好的学习习惯，丰富学习策略。

## 三、初中英语写作教学中背诵输入的主要措施

初中英语写作教学中背诵输入的主要措施，可以归纳为三条。

### （一）背诵材料与背诵形式合理选择

背诵材料与背诵形式的合理选择是开展教学时的主要手段之一。中国中学生在写英语文章时会产生英语汉化现象，原因在于他们经常将需要转变的目的语，先用汉语的形式在脑海中进行表达，再翻译成英语，此时英语的结构和语感被完全破坏。不过如果学生能够完成背诵过程，那么在写作环节就能提升流畅性和准确程度，在阅读到句子或段落时，同时感悟某些单词的特殊用法，在写作当中也会更加注重语言的组织和句子的准确性。综合来看，背诵是一种非常有效的学习方法，是提升整体语言能力和扩充词汇量的关键，对于提升口语能力和书面表达

---

① 倪爱玲，《优选背诵法，提高初中英语教学的效率》，《语数外学习：八年级》2013 年第 4 期，第 74 页。

能力意义突出，是强化学生语言输出能力的核心组成部分。

教师可以考虑在今后的教学环节选择合适的背诵材料和背诵形式，以贴近学生生活和社会的内容帮助学生完成模仿过程。背诵过程不单纯拘泥于某一种特殊形式，而是吸引学生充分参与其中并采取互相监督的方式，引导他们围绕自己所感兴趣的内容完成知识的理解和深化①。

### （二）背诵策略详细分析

背诵策略是从心理学角度进行的研究，任何经过加工的信息才能被人们记住并有意识地完成记忆和应用，在未来的背诵式输入环节，应该重点提炼某些文章的关键词，按照此要求进行背诵也能提升学习效率。

以 *Go For It* 八年级下 Unit 8 句子为例：

However, country music brings us back to the "good old days" when people were kind to each other and trusted one another. ②

从这句话中可以看出以上句子存在关键句型，首先是 bring sb. back to，其次则是 when 引导的定语从句。初中阶段的英语教学，从词法到语法，再到句法和文法，是一个非常关键的过程。语法教学应该立足于产出的需要。比如，我们教定语从句，它本身是个枯燥的语法概念，但通过对相关背诵内容的熟练，再用所背诵的表达方式对教学目标进行句子的填充式连写，背诵产出式教学，也可以让它变得很有趣。这些结构可以按照两个不同的句型进行背诵，学习每个结构所用的时间基本相同，这样一来可以加深学生的记忆，理解短语在文章当中的前后顺序以及与句式之间的关系，在整篇文章背诵时也能更加轻松。很多短文是由某个段落组成，划分为主题句、扩展句和结尾句，采取这种分析方法可以有效梳理文章脉络，指导学生展开系统化语言学习③。

### （三）背诵效果不断巩固

背诵巩固阶段是为了检测背诵是输入信息的有效性，原有的机械式默写完全

---

① 王慧，《“以读促写、读写结合”模式在初中英语写作教学中的实践与思考》，《中小学教材教学》2018 年第 7 期。

② 教育部组织编写，《初中英语八年级（下）》，北京：人民教育出版社，2021，第 62 页。

③ 柯雪燕，《初中英语写作教学“背诵仿写法”与“小组合作法”的个案比较研究》，《当代教研论丛》2015 年第 8 期，第 105—106 页。

按照原文内容进行考核，虽然很多学生能够完成内容默写，但大多依靠死记硬背，未能理解语言的输入规律。教师应在巩固与检测方法方面做出改进，一方面通过适当指导的方式让部分能力较强的学生，在基于原文的基础上对一些短语和句子按照自己的想法进行改编式表达，即转换翻译（paraphrase）[①]。值得一提的是，这样还可以帮助学生掌握一词多义的有关技巧，遵循记忆遗忘规律，反复加强正确练习和背诵活用练习，不仅能培养学生的思维构建能力，同时还能在写作教学当中尝试使用模仿或对照方法起到关键的教学效果，让学生在练习后获得写作的成功体验。

背诵式语言输入更加强调学生在学习过程当中的感悟和需求，从情感层面和基础知识层面，总结了基础语法知识和阅读写作之间的联系，以培养良好的学习习惯和学习策略。在今后的学习实践当中，教师应设置更加多元化的教育目标，拓展学生的知识面和思想深度，准确理解中文和英文在语言表达习惯方面的差异，让初中英语写作环节的质量达到更高的层次。

---

① 范敏、高玉卉、蔡育红，《背诵式输入对非英语专业本科生英语写作能力提升的效用研究》，《湖北经济学院学报》（人文社会科学版）2014 年第 1 期，第 215—216 页、第 224 页。

# 高中英语跨文化口语教学探索

## ——以外研版高中《英语》必修一模块1为例*

谢逸雯

成都华西中学，四川成都 610057

**摘 要**：本文以外语教学与研究出版社出版的高中《英语》必修一 Module 1 "My First Day at Senior High"的口语教学设计为例，探索如何在学科核心素养指导下的口语教学中帮助学生理解中西文化差异，培养学生跨文化意识，建立学生跨文化交际能力。教学过程中，教师结合教材，按小组开展有利于帮助学生了解文化差异的教学活动，激发学生在语言能力、文化意识、思维品质和学习能力方面的提升。

**关键词**：高中英语；口语教学；文化差异

根据人民教育出版社2020年出版的修订版《普通高中英语课程标准》，"'英语学科核心素养'分为：语言能力、文化意识、思维品质、学习能力四个方面"①。语言能力、文化意识、思维品质、学习能力四个方面环环相扣联系紧密，需要在教学中不断渗透、影响学生。世界各国的课程标准中强调"关注学生的发展，培养学生核心能力"的趋势，推动了学生核心素养模型的制定②。受应

---

* 收稿日期：2021年9月22日

作者简介：谢逸雯（1993— ），女，四川成都人，英语翻译硕士，成都华西中学英语教师，主要从事英汉、汉英翻译、中学英语教学研究。

① 中华人民共和国教育部制订，《普通高中英语课程标准》，北京：人民教育出版社，2020，第4页。

② 黄良玉，《基于培养学生英语核心素养的教学设计及评价——以中学英语口语课教学为例》，《海外英语》2016年12月版，第18—19页。

试教育的影响，我国高中英语教学在学生听说读写能力的培养方面未能全面发力，致使学生即便英语考试成绩较好，却难以有效进行口语交流，英语的应用表达能力存在欠缺①。如今，各方开始重视学生听、说、读、写的综合能力，但四个方面相比，对口语交际能力的重视还有待提升。同时，还存在一些问题：教学模式相对单一，简单的问答难以涉及更广泛的知识，学生口语交际能力的锻炼也就更有限。此外，学生缺乏良好的语言环境和文化环境，难以脱离母语的束缚真正运用好英语。基于核心素养的教育，既包括传统的知识与能力的学习，更强调学生的全面发展和终身学习，特别关注人与社会的统一和协调发展②。学好英语需要了解中西方文化差异，在有限的课堂时间里，培养跨文化意识、建立跨文化交际能力，是一个漫长的过程，但漫长不意味着无用，时间跨度的长短，还取决于教师的教学观念。教学过程中，教师既要结合教材，也要跳出教材，开展有利于帮助学生了解文化差异的教学活动，激发学生在语言能力、文化意识、思维品质和学习能力方面的提升。本文拟以外语教学与研究出版社出版的高中《英语》必修一 Module 1 "My First Day at Senior High" 的口语教学设计为例，探索在学科核心素养指导下，如何在高中英语教学中通过课文帮助学生理解中西文化差异，培养学生跨文化意识，初步建立学生跨文化交际能力。

针对一个模块的主要内容来设计任务，让学生在完成任务的过程中完成对自己目标内容的学习，实现语言能力、文化意识、思维品质和学习能力的培养。通过小组合作的形式完成任务，以此提升学生的交流能力、思维能力，锻炼学生的口语能力，同时培养学生的合作能力。

在导入环节设置能够引起学生兴趣的问题。用问题导入课堂，既能调动学生，又能激发学生思考，在教师的引导下由浅入深，有层次地学习。在本课程进行前，学生已经学习了 Reading and Vocabulary、Listening and Vocabulary 和 Pronunciation 部分，对本模块的单词、短语、句型和单元整体内容都有一定程度的掌握，对进行口语教学起到了奠基的作用。

教师先以问题导入 "What similarities or differences do you know about American and Chinese school system?"

---

① 周艺，《核心素养框架下的高中英语口语教学研究》，《海外英语》2017 年 5 月版，第 24—25 页。

② 程晓堂、赵思奇，《英语学科核心素养的实质内涵》，《课程 · 教材 · 教法》2016 年第 5 期，2016 年 5 月，第 79—86 页。

学生分成6人一组对话题进行讨论，讨论时间4—5分钟。讨论过程中由组内代表逐条记录讨论内容，为后续发言做好准备。教师在学生分组讨论时，在班内游走，参与学生讨论，做初步语音、表达等纠正，但不多做内容上的点评。讨论结束以后，请各组学生代表发言。

在组内代表发言的环节，教师应多以鼓励学生表达为主。可以采用小组论点加分机制，鼓励学生多说、有条理地说，并让听的同学指出发言同学的语法错误，以此让同学们都参与进听和说的教学中来。学生提到了“公立学校”“私立学校”等不会表达的内容，借此进行补充“public school”“private school”。

小组讨论后，有同学针对“school system”提出了不同的理解和看法，本来应该是教师介绍的内容，由学生讨论后自动生成。因此，口语教学有了更深的推进——班内口语辩论。辩论期间，教师以倾听、引导为主。英语口语辩论，既能锻炼学生的口语表达能力，还能锻炼学生的应变能力，培养学生批判性思维。

通过小组讨论和班级内辩论等形式的合作学习，学生对文化有了更深一层的理解。在英语口语教学中，应用合作学习模式，可以为学生提供口语交际的舞台，为学生创造实践应用的机会，促使学生不断提升口语交际能力和英语实践能力，为学生未来发展奠定了良好基础①。通过合作学习模式，学生也懂得了团队合作中取长补短，整合讨论内容、去粗取精，为团队做出贡献。

通过组内讨论和班内辩论，学生已经对中美“school system”的相同点和差异有了初步的理解，但是这样的理解仅是基于学生平时的常识积累，需要教师做系统的总结才能更好地帮助学生了解。

根据教材Speaking中的图片，教师做了相应的补充：介绍美国校园中常有的社团活动，如橄榄球（football）社团活动、篮球（basketball）社团活动、棒球（baseball）社团活动、冰球（hockey）社团活动。再由这四种运动引出“美国四大职业体育联盟”，针对这四种运动的赛事名称做文化常识扩展，如美式橄榄球联盟（NFL，National Football League）、美国职业棒球大联盟（MLB，Major League Baseball）、美国职业篮球联赛（NBA，National Basketball Association）、国家冰球联盟（NHL，National Hockey League）。

在补充完后，教师布置表格任务，引入Cultural Corner的教学：“Here is a letter from a Senior High student. Please listen to the tape and tell me what information

① 魏晓燕，《合作学习在高中口语教学中的应用探究》，《英语广场》2019年第6期，第157—158页。

you can get to fill in the blanks."

| Things to compare | US secondary school system | Chinese secondary school system |
|---|---|---|
| Years (from... to...) | Ages 11—16/18 | Ages 12—18 |
| School diploma | They have to get | They have to get |
| First semester | September through December | September through January |
| Second semester | January through May | February through June |
| After-school activity | Football, basketball, volleyball, table, tennis, theater club... | Football, basketball, volleyball, tennis... |
| Summer vacation | June through August | July through August |
| School schedule | Start at 7: 50 am and finish at 3: 00 pm | Start at 8: 00 am and finish at 5: 00 pm |
| Compulsory subject | Mathematics, science, art, English, social science, physical education, hygiene, safety | Chinese, English, mathematics, biology, chemistry, history, physics, biology, politics... |
| Foreign languages to choose | Chinese, Spanish, Russian and so on | Mainly English |

通过听力训练，学生对照课文练习听力，同时根据课文提取填写表格的必要信息，练习阅读能力，并用英文将匹配的信息对应起来。最后请同学回答，订正答案，在这一过程中巩固学生的知识和口语表达能力。

同时，教师在此环节借助了互联网的资料图：

**THE AMERICAN SCHOOL SYSTEM**

| age | school | | grade | | |
|---|---|---|---|---|---|
| 3 | Nursery School | | | | |
| 4 | | | | | |
| 5 | Kindergarten | | | | |
| 6 | Elementary School or Primary School | | first | | |
| 7 | | | second | | |
| 8 | | | third | | |
| 9 | | | fourth | | |
| 10 | | | fifth | | |
| 11 | Middle School or Junior High School | | sixth | | |
| 12 | | Intermediate School | seventh | | |
| 13 | | | eighth | student | |
| 14 | | High School | ninth | freshman | Examinations / degrees |
| 15 | Senior High School | | tentht | sophomore | High school diploma |
| 16 | | | eleventh | junior | |
| 17 | | | twelfth | senior | |
| 18 | Community College | | 1 | undergraduate | |
| 19 | | | 2 | | Associate in Arts/Science |
| 20 | University or College | | 3 | | |
| 21 | | | 4 | | Bachelor of Arts/Science |
| 22 | | | | (post)graduate | Master of Arts/Science |
| | | | | | Doctor of Philosophy |

主要介绍了美国的基础教育“K12”，在此基础上回顾了“primary school”“elementary school”表示小学的词，并对比了中美两国不同的学制，美国是5年制，中国大部分地区实行的是6年制；不同的还有“Junior High school”，美国是4年制，中国大部分地区实行的是3年制；相同的是“Senior High school”，中国和美国都是3年制。此外，课文中还有“diploma”这个单词，教师也顺带补充了拿到“High school diploma”之后，中美的相同点和不同点，即“undergraduate”，本科4年，“（post）graduate”，研究生（年限不定）。

英语教学的过程是了解文化差异的文化交流过程，在英语学科核心素养指导下，能够有目的地进行高中英语口语教学。教师在教学中，通过听、说、读各环节的英语技能训练，帮助学生理解中西文化差异，激发学生在语言能力、文化意识、思维品质和学习能力方面的提升，培养学生的跨文化意识。

教师应以学生为中心，更多地把课堂交给学生，充分发挥学生的主观能动性。在学生层次允许的情况下，让学生组织课堂活动中的讨论与辩论部分；或学生学习环境或条件允许的前提下，可以提前让学生查阅相关资料并整理，结合有准备的资料讨论并辩论，更能够加深学生的自主学习能力以及对语言和文化的理解。